21世纪职业教育金融专业教材　司书举·总主编

JINRONG JICHU JINENG
金融基础技能

主　编　徐　琳
副主编　杨玉良
编　委　刘素玲
　　　　焦倩芳

河南大学出版社
郑州

图书在版编目(CIP)数据

金融基础技能/徐琳主编. —郑州:河南大学出版社,2015.11
ISBN 978-7-5649-2224-5

Ⅰ.①金…　Ⅱ.①徐…　Ⅲ.①金融学－职业教育－教材　Ⅳ.①F830

中国版本图书馆 CIP 数据核字(2015)第 268254 号

责任编辑　朱春华
责任校对　李　慧
封面设计　陈盛杰

出版发行	河南大学出版社			
	地址:郑州市郑东新区商务外环中华大厦 2401 号		邮编:450046	
	电话:0371-86059701(营销部)		网址:www.hupress.com	
排　版	郑州市今日文教印制有限公司			
印　刷	开封智圣印务有限公司			
版　次	2016 年 1 月第 1 版		印　次	2016 年 1 月第 1 次印刷
开　本	787mm×1092mm　1/16		印　张	12.75
字　数	302 千字		定　价	29.80 元

(本书如有印装质量问题,请与河南大学出版社营销部联系调换)

前 言

本书以学生就业为导向,以企业岗位需求为基础,以职业技能为本位,并结合中高职金融专业课程大纲及教学实际需要而编写。在编写中遵循知识实用、内容领先、突出技能的原则。本书共分六个模块:金融基础、银行知识、计算基础、会计基础(参考财政部颁布的会计从业资格考试科目《基础会计》考试大纲)、书写与录入基础、点钞基础。

目录

模块一　金融基础

第一章　货币与货币制度 …………………………………………………（1）
　　第一节　货币 ………………………………………………………（1）
　　第二节　货币制度 …………………………………………………（4）
第二章　金融体系 …………………………………………………………（6）
　　第一节　金融调控与金融监管体系 ………………………………（7）
　　第二节　中央银行 …………………………………………………（9）
　　第三节　金融机构体系 ……………………………………………（14）
　　第四节　金融行业自律组织体系 …………………………………（20）
　　第五节　金融市场体系 ……………………………………………（21）

模块二　银行知识

第一章　走近银行 …………………………………………………………（23）
第二章　商业银行的负债业务 ……………………………………………（26）
　　第一节　存款业务 …………………………………………………（26）
　　第二节　非存款业务 ………………………………………………（36）
　　第三节　存款保险制度 ……………………………………………（38）
第三章　商业银行的资产业务 ……………………………………………（41）
　　第一节　现金资产 …………………………………………………（41）
　　第二节　贷款、投资业务 …………………………………………（45）
第四章　商业银行的中间业务 ……………………………………………（52）
　　第一节　支付结算业务 ……………………………………………（53）
　　第二节　信用卡业务 ………………………………………………（57）
　　第三节　代理业务及其他 …………………………………………（61）

模块三　计 算 基 础

第一章　利息 …………………………………………………………………（63）
　　第一节　利息与利率 ……………………………………………………（63）
　　第二节　利息的计算 ……………………………………………………（69）
第二章　货币的时间价值 ……………………………………………………（72）
　　第一节　概述 ……………………………………………………………（72）
　　第二节　计算案例 ………………………………………………………（73）

模块四　会 计 基 础

第一章　会计概述 ……………………………………………………………（75）
　　第一节　会计的概念和职能 ……………………………………………（75）
　　第二节　会计核算的基本前提 …………………………………………（76）
第二章　会计要素 ……………………………………………………………（78）
　　第一节　会计要素 ………………………………………………………（78）
　　第二节　会计等式 ………………………………………………………（82）
第三章　借贷记账法 …………………………………………………………（84）
　　第一节　会计科目 ………………………………………………………（84）
　　第二节　借贷记账法 ……………………………………………………（86）
第四章　主要经济业务的核算 ………………………………………………（90）
　　第一节　资金筹集业务的会计处理 ……………………………………（90）
第五章　财务报表 ……………………………………………………………（105）
　　第一节　财务报表的基本内容 …………………………………………（105）
　　第二节　资产负债表 ……………………………………………………（107）
　　第三节　利润表和利润分配表 …………………………………………（110）
　　第四节　现金流量表 ……………………………………………………（113）
第六章　会计相关法律 ………………………………………………………（117）
　　第一节　会计工作管理体制 ……………………………………………（117）
　　第二节　会计核算 ………………………………………………………（118）
　　第三节　会计监督 ………………………………………………………（123）
　　第四节　会计机构和会计人员 …………………………………………（125）
　　第五节　法律责任 ………………………………………………………（127）

模块五　书写与录入基础

第一章　财经工作中数码字的要求 …………………………………………（129）

第一节 阿拉伯数码字的书写	(129)
第二节 中文大写数字的书写	(131)
第三节 票据日期的填写方法	(132)

第二章 录入基础知识 (135)

第三章 五笔字型输入法基础 (139)

 第一节 字根 (139)

 第二节 五笔字形输入法 (144)

模块六 点钞基础

第一章 人民币发展史 (152)

第二章 点钞的基本要求和方法 (184)

 第一节 手工点钞的基本要求 (184)

 第二节 手工点钞 (185)

 第三节 机器点钞 (189)

 第四节 钞票的扎 (191)

主要参考书目 (193)

模块一　金融基础

第一章　货币与货币制度

第一节　货　币

> 她在美索不达米亚平原的泥板上,她在亚细亚海边的贝壳里,她在太平洋岛上的石头上,她在印第安人的珍珠项链里。她阳光,成就了一切的一切,让自由成为自由,让财富成为财富;她冰冷,定义了今天的格局,让欲望成为欲望,让战争成为战争。人们知道她从哪里来,但却不知道她将往哪里去。她,就是人们熟悉而又陌生的货币。
>
> 五千多年前,商品交换的需要促使人类创造了货币,货币又反过来改变了人类的生产方式,推动着经济的发展,甚至影响着人类的行为模式和思维方式;同时,人性的暴露又一次次将货币变成欲望与利益的载体。
>
> ——摘自央视大型纪录片《货币》解说词

在当今社会,无论是个人还是群体都无时无刻地不与货币发生着密切的关系。人们的衣食住行、通信交通、文体娱乐等等日常生活离不开货币;企事业单位、机关、公司、商户的正常业务运转离不开货币;整个国家乃至世界的运作也离不开货币。

一、货币的本质

1. 货币的产生

人类社会的历史可以追溯到几百万年以前,但货币的出现才仅有几千年。在货币出现之前,人们一直生活在自给自足的生活状态中。随着生产力的发展,人们手中的剩余物品增多,人们逐渐形成互相依赖的生活状态,采用以物易物的方式,出让自己多余的物品来交换自己所需要的物品。比如,一只羊换一把斧子。随着生产分工的发展,人们交换的剩余产品越来越多,简单的物物交换的缺陷慢慢也就暴露出来了,不是所有人对产品的需求都能得到满足,也不是所有人的产品都能顺利地交换出去。这就迫使人们不得不去寻找一种交换双方都能够接受的物品。这样,作为中间交易媒介的最原始的货币就产生了。牲畜、盐、稀有的贝壳、珍稀鸟类羽毛、宝石、沙金、石头等不容易大量获取的物品都曾作为货币使用过。

2. 货币的本质

货币是商品生产与商品交换内在矛盾发展的必然产物,是从商品中分离出来的固定地充当一般等价物的特殊商品,体现了商品经济条件下人们之间的相互关系。正如马克思所说,货币是以商品交换发展到一定高度为前提的,货币起源于商品。货币是商品,商品是用来交换的劳动产品,具有价值和使用价值。价值是凝结在商品中的无差别的人类劳动,使用价值是商品能够满足人们某种需要的属性。

由于金银贵金属的优越特性,被固定地充当一般等价物。马克思说过,金银天然不是货币,但货币天然是金银。

二、货币的形式

随着人类历史的发展,货币的形式也在不断地发生变化,经历了从低级向高级不断演化的过程,一般认为货币形式大致经历了实物货币、金属货币、代用货币、信用货币和电子货币几个过程。

1. 实物货币

实物货币是由普通商品充当的,基本保持原有形态,且在交易过程中不固定地充当交易媒介,是最早的货币。中国古代最早的货币是天然海贝,汉语中有很多以"贝"作为偏旁的汉字,意思都和价值有关,例如货、财、贸、贷、账、赚、赔等等。古代欧洲以牛作为货币,美洲地区以盐、烟草等作为货币。

实物货币有它本身不能消除的缺陷,比如不易携带、不易分割、难于储存等。

2. 金属货币

以金、银、铜为代表的金属货币价值比较高,易于分割、便于携带,很好地弥补了实物货币的缺陷,最终取代了实物货币。早期的金属货币是以条块形式出现,每次交易都需要对其重量和成色进行鉴定,非常麻烦。进入近代,由国家按照一定成色和一定重量铸造的金属铸币替代了金属货币。我国早在2000多年前的西周时期就已经出现了铸币,是最早流通金属铸币的国家之一。

金属货币也有它自身的缺陷,比如容易磨损、不易大量携带、金银贵金属数量有限等。

实物货币与金属货币统称为商品货币,因为它们既可以作为货币使用,也可以作为商品使用。

3. 代用货币

代用货币是金属货币的代表物,它通常是由政府或银行发行,代替金属货币执行流通和支付手段的纸质货币。代用货币本身没有价值,它之所以能在市场上流通,被人们接受,是因为其面额所代表的是金属货币的价值,是可兑现的纸币。

代用货币的优点在于：发行成本较低、携带简便、便于交易保管、可以自由兑换等。

4. 信用货币

20世纪30年代爆发了全球性的经济危机，世界各国先后脱离了金本位，纸币成了不可兑换的信用货币。信用货币是代用货币进一步演变的结果，只作为信用关系的产物，不再作为金属货币的代表物，不能与金属货币相兑换，是纯粹的货币价值符号。

信用货币的形式有：纸币，即钞票；辅币，包括纸辅币和金属辅币。银行存款货币，主要指银行的活期存款。存款人在有支付需要时，可以签发支票或转账等支付方式来完成支付行为。

5. 电子货币

电子货币是现代商品经济高度发展和银行电子转账结算技术不断进步的产物，代表着现代信用货币形式的发展方向。电子货币通常指利用计算机或储值卡进行的金融活动。

三、货币的职能

按经济学的标准，货币的职能主要有：价值尺度、流通手段、贮藏手段、支付手段和世界货币。

1. 价值尺度

价值尺度指货币衡量和表现一切商品价值大小的作用。在货币的基本职能中，价值尺度是最重要的功能，其他功能都是在这个功能的基础上派生出来的。

为了用货币来衡量商品价值量的大小，必须给货币本身确定一种计量单位。如人民币的"元"、英镑的"镑"等。通过一定数量的货币表现出来的商品价值，叫作价格。货币执行价值尺度职能，就是把商品的价值表现为一定的价格，这是货币本质的体现。货币之所以能够充当价值尺度，是因为它本身也是商品，具有价值。

2. 流通手段

流通手段，即货币充当商品交换媒介的职能。在货币执行流通手段这一作用的情况下，商品与商品不再是互相直接交换，而是以货币为媒介来进行交换。商品所有者先把自己的商品换成货币，然后再用货币去交换其他的商品。这种由货币作媒介的商品交换，叫作商品流通。因此可以说，货币流通是由商品流通引起的，并为商品流通服务，商品流通是货币流通的基础。由于货币只是商品交换的媒介，因此它可以用不足值的，甚至是毫无内在价值的货币符号来代替。这也是信用货币产生的原因之一。

3. 贮藏手段

当货币退出流通领域而被当作社会财富的一般代表储藏起来时，它就发挥着贮藏手段的职能。人们早期是通过保存剩余产品来储藏价值的。但当货币成为一般等价物后，人们开始把多余的产品换成货币保存起来，贮藏金银被看成是富裕的表现。随着商品生产的发展，生产者为了能连续不断地进行生产，必须贮藏一部分货币。随着商品交换范围的扩大，货币的权力亦越来越大，掌握货币的多少成为衡量人们权力和地位的标志，人们贮藏货币的欲望也越强烈，货币贮藏的规模也就更大。充当贮藏手段的货币，必须是现实的、足值的货币。金银铸币时期，人们会储藏足值的金银货币。在现代纸币流通的情况下，物价与币值的稳定是货币发挥贮藏手段的关键，只有当纸币币值长期保持稳定的条件下，人们才会储藏纸币。反之，人们会选择其他形式的资产来进行保值。

4. 支付手段

当货币作为交换价值的独立形态进行单方面转移时，它就执行了支付手段的职能。支付手段最早是随着商品赊账买卖的产生而出现的。在赊销赊购中，货币被用来支付债务。后来，它又被用来支付地租、利息、税款、工资等。作为支付手段的货币，在购买商品或服务时，可以是分次交付的，在时间和空间上是可以分开的，或先交钱后服务，或先服务后交钱。

5. 世界货币

当货币超越国界，在国际商品流通中发挥一般等价物作用时，就执行了世界货币的职能。世界货币是随着商品生产和交换的发展而产生和发展的。世界货币除作为价值尺度之外，还是国际支付手段、国际购买手段和财富的国际转移手段。世界货币是实现国际经济贸易联系的工具，它促进了国际经济联系的扩大与发展。随着世界货币的出现，世界各地区在经济上逐渐联结起来。

货币的五种职能并非独立的，而是相互联系的，他们共同表现了货币作为一般等价物的本质。

第二节 货币制度

货币制度是国家对货币的有关要素、货币流通的组织与管理等加以规定所形成的制度。它使货币流通的各个要素结合成为一个有机的整体，体现了国家在不同程度上、从不同角度对货币进行的控制。

货币制度是为消除货币流通的分散和混乱现象，以适应商品生产和商品流通扩大的需要而形成的。

【阅读资料】

秦始皇统一货币

公元前221年，秦始皇兼并了六国，建立起中国第一个统一的专制主义的中央集权制的封建国家。与此同时，进行了一系列政治、经济改革，统一货币是其中重要的一项。

战国时期，七雄割据，关卡林立，币制十分复杂，给各国间的贸易交往带来不便，客观上要求统一币制的趋势已十分明显，在原来刀、布流通区域内都出现了一种较为统一的圜钱，秦始皇在此基础上，废除了原六国的刀、布、贝等货币体系，以秦"半两"圜钱为法定货币，通行全国。《史记·平准书》记载："及至秦，中一国之币为三等，黄金以镒名，为上币；铜钱识曰'半两'，重如其文，为下币；而珠玉龟银锡之属为器饰宝藏,不为币。"国家进一步掌握了铸币权,中国古代铸币在形制上第一次得到统一。

一、货币制度的构成要素

1. 规定货币材料

规定货币材料就是规定币材的性质,确定不同的货币材料就形成不同的货币制度。世界上许多国家曾经长期以金属作为货币材料,确定用什么金属作为货币材料就成为建立货币制度的首要步骤。选择哪种金属作为货币材料是国家通过法律机制形成的,同时受客观经济发展条件以及资源禀赋的制约。由于目前各国都实行不兑现的信用货币制度,确定货币材料已无经济意义。

2. 规定货币单位

货币单位是货币本身的计量单位,表现为国家规定的货币名称。规定货币单位包括两方面:一是规定货币单位的名称,二是规定货币单位的值,即每个货币单位包含的货币金属的重量和成色。规定了货币单位及其等分,就有了统一的价格标准,从而使货币更准确地发挥计价流通的作用。当今,世界范围内流通的都是信用货币,货币单位值的确定,就是确定本国货币与外国货币比价的关系。

3. 规定货币种类

规定流通中货币的种类是一个货币制度的重要内容,主要指规定本位币和辅币。本位币,是一国的基本通货和法定价格标准,是按照国家规定的货币单位所铸成的铸币,是法定的计价与结算货币,也称主币。国家规定本位币具有无限法偿能力。辅币是主币的等分,是小面额货币,主要用于小额交易支付、日常零星交易与找零。辅币一般用贱金属铸造,其所包含的实际价值低于名义价值,是一种不足值货币。辅币仅具有限法偿性,但可以与主币自由兑换。在金属货币制度和信用货币制度下均存在。

4. 规定货币发行准备制度

货币发行准备制度是为约束货币发行规模、维护货币信用而制定的,要求货币发行者在发行货币时必须以某种金属或资产作为发行准备。准备制度主要是建立准备金,即黄金储备。在金属货币制度下,货币发行以法律规定的贵金属作为发行准备,用以保证货币流通的稳定。在现代信用货币制度下,黄金已不再作为国内货币的准备金,而只作为国际支付的准备金。为了稳定货币,各国都建立了准备金制度,这是货币制度的一项重要内容。准备金有三个方面的用途:作为国际收支,调节国内金属货币流通,支付存款和兑换银行券。

二、我国的货币制度

我国的中央银行——中国人民银行成立于1948年12月1日,成立当日即发行了人民币,作为全国的统一货币。中国人民币制度的建立就是以1948年12月1日的人民币发行为标志的。为了统一货币,中华人民共和国成立前后推行了一系列货币改革措施。《中华人民共和国中国人民银行法》规定,人民币是我国的法定货币,由中国人民银行统一印制、发行。

人民币作为我国的法定货币具有以下特征:① 人民币是我国境内唯一合法货币,具有无限法偿的能力。② 人民币是价值符号,是商品价值计价的尺度。③ 人民币是相对稳定的货币,即人民币能够保持相对稳定的购买力。④ 人民币是独立自主的货币,是国家经济主权的象征。国内一切货币收付、计价单位和汇价的确定都由人民币承担。

我国现在实行"一国多币"政策,即在大陆实行人民币制度,而在香港、澳门、台湾实行不同的货币制度。表现为不同地区各有自己的法定货币,各种货币各限于本地区流通,各种货币之间可以兑换,人民币与港元、澳门元之间按以市场供求为基础决定的汇价进行兑换,澳门元与港元直接挂钩,新台币主要与美元挂钩。

人民币是我国大陆的法定货币,人民币主币"元"是我国货币单位,具有无限法偿能力;人民币辅币与人民币主币一样具有无限法偿能力。人民币由国家授权中国人民银行统一发行与管理。人民币是不兑现的信用货币,并以现金和存款货币两种形式存在,现金由中国人民银行统一发行,存款货币由银行体系通过业务活动进入流通。

【小知识】

纪念币

中国人民银行自1948年发行人民币以来,至今已发行了五套纸币、四套硬币以及多套普通纪念币(钞)和贵金属纪念币。目前,我国市场上流通的人民币以第五套为主,第四套人民币仍在继续流通,但在逐步回收,前三套人民币除硬币分币外已停止流通。

中国人民银行还限量发行具有特定主题的人民币——纪念币。纪念币分为普通纪念币和贵金属纪念币,普通纪念币包括普通纪念币和纪念钞,它与市场上流通的同面额的纸币、硬币价值相等,可同时在市场上流通,任何单位和个人不得拒收;贵金属纪念币是指用金、银等贵金属或其他合金铸造的纪念币,其面额只是象征性的,不能参与实际流通。

中国人民银行自1979年开始发行贵金属纪念币,1984年开始发行普通纪念币,纪念币规格材质多种多样,题材涉及重大事件、人物、文化体育、珍稀动物、文化遗产等多方面。

第二章 金融体系

金融体系是一个经济体中资金流动的基本框架,是指由众多金融机构构成的一个相互联系、相互影响的组织系统。

在金融体系中,中央银行是核心,商业银行是主体,各类银行和非银行金融机构同时并存,它们统一构成了现代市场经济的金融体系。在现代社会中,无论是信用资金的筹集和运用、信用的扩张和收缩还是信用形式在经济中的运用,都必须借助于金融体系。

我国现代金融体系主要包括了金融调控与金融监管体系、金融组织体系和金融市场体系。我国的金融体系由监管机构、银行类金融机构、证券类金融机构、保险类金融机构、其他类金融机构和金融行业自律组织构成。

第一节 金融调控与金融监管体系

一、我国的金融调控与监管体系的演变

1983年9月,中国人民银行剥离商业银行业务,专门行使中央银行职能。自此之后,我国的金融监管体制逐渐由中央银行单一全能型体制,转向独立于中央银行的分业监管体制。1992年以前,中国人民银行作为中央银行,是全国唯一的金融监管机构,随后成立了证券委和证监会,证券委是中国证券分业管理的最高领导机构,证监会是证券委的监督管理执行机构。1998年,我国进行金融监管体制改革,在实施银行业、证券业、保险业分业经营的基础上,建立了银行、证券、保险分业监管的体制框架,分别由中国人民银行负责监管商业银行、信托投资公司、信用社和财务公司;证监会负责监管全国证券期货业;保监会负责监管金融保险业,至此我国基本形成了由中国人民银行、证监会和保监会组成的分业管理体制。2000年6月,中国人民银行、证监会和保监会建立了联席会议制度。2003年成立了银监会,负责审批、监管银行、金融资产管理公司、信托投资公司及其他存款类金融机构等的职责和相关职责。

目前,"一行三会"是我国金融调控与监管体系的主要组成部分。"一行三会"是对中国人民银行、中国银行业监督管理委员会、中国证券监督管理委员会、中国保险监督管理委员会这四家金融管理和监督部门的简称,它构成了中国金融业分业监管的格局。

二、"一行三会"

1. 中国人民银行

中国人民银行是国务院的组成部门,是中华人民共和国的中央银行,是在国务院领导下制定和执行货币政策、维护金融稳定、提供金融服务的宏观调控部门。(详细内容见本章第二节)

2. 中国银行业监督管理委员会

中国银行业监督管理委员会,简称银监会,为国务院直属事业单位。根据中华人民共和国十届人大一次会议通过的《关于国务院机构改革方案的决定》,国务院决定设立银监

会,2003年4月28日,银监会正式挂牌。

银监会整合了中国人民银行对银行、资产管理公司、信托投资公司及其他存款类金融机构的监管职能。作为国务院直属的正部级事业单位,银监会将根据授权,统一监督管理商业银行、政策性银行、信托公司、农村合作金融机构、金融资产管理公司、金融租赁公司、企业集团财务公司、汽车金融公司和货币经纪公司等金融机构。银监会既要防范银行业的系统性风险,也要防范个别银行机构的非系统性风险,其主要职责包括:制定银行业监管的规章制度和办法,统一编制并按规定公布全国银行业数据、报表,通过各种手段监管和审批各个银行机构及其分支机构的准入、业务与高级管理人员的任职资格等,维护银行业的合法、稳健运行。

3. 中国证券监督管理委员会

中国证券监督管理委员会,简称证监会,为国务院直属事业单位。1992年10月,国务院证券委员会和中国证券监督管理委员会宣告成立,标志着中国证券市场统一监管体制开始形成。1997年11月,中央召开全国金融工作会议,决定对全国证券管理体制进行改革,将原由中国人民银行监管的证券经营机构划归中国证监会统一监管。1998年4月,根据国务院机构改革方案,决定将国务院证券委员会与中国证监会合并。经过这些改革,基本形成了集中统一的全国证券监管体制。

依照2004年8月修订的《证券法》规定,证监会的职责是依法对证券市场实行监督管理,维护证券市场秩序,保障其合法运行。具体来说主要包括:制定有关证券市场监督管理的规章、规则,并依法行使审批或者核准权;对证券的发行、交易、登记、托管、结算,进行监督管理;对证券发行人、上市公司、证券交易所、证券公司以及中介公司等机构的证券业务活动,进行监督管理;制定从事证券业务人员的资格标准和行为准则,并监督实施;监督检查证券发行和交易的信息公开情况;对违反证券市场监督管理法律、行政法规的行为进行查处等。

4. 中国保险监督管理委员会

中国保险监督管理委员会,简称保监会,为国务院直属事业单位。保监会于1998年11月成立,是全国商业保险机构的主管部门。

2009年2月修订的《中华人民共和国保险法》规定,保监会的职责是根据国务院授权,履行行政管理职能,依照法律、法规统一监督管理全国保险市场,对保险业实施监督管理,维护保险市场秩序,保护投保人、被保险人和受益人的合法权益,维护保险业的合法、稳健运行。具体来说主要包括:拟订保险业规章制度、发展方针政策,制订行业发展战略和规划;审批监管保险公司、保险代理公司等保险中介机构及其分支机构的设立、分立、经营变更、解散以及破产清算等;审批境外保险机构代表处的设立,境内保险机构和非保险机构在境外设立保险机构;会同有关部门审批保险资产管理公司的设立。制定保险从业人员及其保险条款和保险费率,监管保险公司的偿付能力和市场行为。负责统一编制并按规定公布全国保险业的数据、报表,并按照国家有关规定予以发布;制定保险行业信息化标准;建立保险风险评价、预警和监控体系;跟踪分析、监测、预测保险市场运行状况等。

第二节 中央银行

一、中央银行概述

(一) 中央银行的地位

中央银行(Central Bank)是国家最高的货币金融管理组织机构,在各国金融体系中居于主导地位。国家赋予其制定和执行货币政策,对国民经济进行宏观调控,对其他金融机构乃至金融业进行监督管理,保障金融安全与稳定,提供金融服务。

(二) 中央银行的职能

中央银行的职能是由中央银行的性质决定的,同时也是中央银行性质的具体体现。

1. 中央银行是"发行货币的银行"

统一货币发行,使中央银行可以通过对发行货币量的控制来调节流通中的基础货币量,并以此稳定币值,调控商业银行创造信用的能力。

2. 中央银行是"银行的银行"

它集中保管银行的存款准备金,并对它们发放贷款,充当"最后贷款者"。这一职能体现了中央银行是特殊金融机构的性质,是中央银行作为金融体系核心的基本条件。中央银行通过这一职能对商业银行和其他金融机构的活动施加影响,以达到调控宏观经济的目的。

3. 中央银行是"国家的银行"

为政府提供服务,是政府管理国家金融的专门机构。它是国家货币政策的制定者和执行者,执行金融政策;代理国家财政,也是政府干预经济的工具;同时为国家提供金融服务,对金融机构活动进行领导、管理和监督。这一职能具体体现在:代理国库,代理发行政府债券,为政府筹集资金,为国家持有和经营管理国际储备,代表政府参加国际金融组织和各种国际金融活动,为政府提供经济金融情报和决策建议,向社会公众发布经济金融信息。

(三) 中央银行的主要业务

中央银行的主要业务有:货币发行、集中存款准备金、贷款、再贴现、证券、黄金占款与外汇占款、为商业银行及其他金融机构办理资金的划拨清算和资金转移等业务。

中央银行所从事的业务与其他金融机构所从事的业务的根本区别在于,中央银行所从事的业务不是为了营利,而是为实现国家宏观经济目标而服务,这是由中央银行所处的地位和性质决定的。

二、我国的中央银行

(一) 我国中央银行的发展

1905年8月,清末官商合办的户部银行在北京开业,它是模仿西方国家中央银行而建立的我国最早的中央银行。1908年,户部银行改为大清银行。1911年的辛亥革命,促使大清王朝覆灭,大清银行改组为中国银行。1908年交通银行成立,后来成了北洋政府的中央银行。1913年,交通银行取得了与中国银行同等地位的货币发行权。1914年,交通银行改定章程,具备了中央银行的职能。自此中国银行与交通银行共同成为北洋政府的中央银行。1924年8月,孙中山领导的广东革命政府在广州创立中央银行。1926年7月,国民政府迁移武汉,同年12月在汉口设中央银行。原广州的中央银行改组为广东省银行。1928年,汉口中央银行停业。1928年11月1日,南京国民政府成立中央银行,总行设在当时全国的经济金融中心——上海,法定中央银行为国家银行,行使中央银行职责。1949年12月,"中央银行"随国民党政府撤往台湾省。

1932年2月1日,共产党领导下的苏维埃国家银行正式成立,苏维埃国家银行还在各地设分支机构,以带动根据地银行走向集中和统一。1934年10月,苏维埃国家银行跟随红军长征转移,1935年11月,它改组为中华苏维埃共和国国家银行西北分行。同年10月,国家银行西北分行改组为陕甘宁边区银行,总行设在延安。随着解放战争的胜利,解放区迅速扩大并逐渐连成一片,整个金融事业趋于统一和稳定。1948年11月,成立中国人民银行。

1948年12月1日,中国人民银行在石家庄正式宣告成立。1949年2月,中国人民银行总行随军迁入北京,以后按行政区设立分行、中心支行和支行(办事处),支行以下设营业所,基本上形成了全国统一的金融体系。1948~1978年的中国人民银行,一方面全部集中了全国农业、工业、商业短期信贷业务和城乡人民储蓄业务;另一方面,既发行全国唯一合法的人民币,又代理国家财政金库,并管理金融行政。中国共产党十一届三中全会后,各专业银行和其他金融机构相继恢复和建立。1983年9月,国务院决定中国人民银行专门行使中央银行的职能,不再兼办工商信贷和储蓄业务,专门负责领导和管理全国的金融事业。1984年1月1日,中国工商银行从中国人民银行分离出来正式成立,中国人民银行专门行使中央银行的职能。

1998年10月始,中国人民银行及其分支机构在全国范围内进行改组,撤销中国人民银行省级分行,在全国设立9个跨省、自治区、直辖市的一级分行,重点加强对辖区内金融业的监督管理。一个以中央银行为领导,以商业银行为主体,多种金融机构并存、分工协作的具有中国特色的金融体系已经形成。

(二) 我国中央银行的职能

中国人民银行是我国的中央银行,主要职能是制定和执行货币政策、维护金融稳定、提供金融服务。

1. 制定和执行货币政策

货币政策是中国人民银行运用货币政策工具,调节货币供求以实现宏观经济调控目标的策略和方针的总称。货币政策的要素包括:货币政策的最终目标、货币政策的中间目标、货币政策的操作目标、货币政策工具和货币政策传导机制。

我国货币政策的最终目标是维护币值稳定,并以此促进经济增长。

为了实现货币政策目标,中国人民银行综合使用公开市场操作、存款准备金、再贷款与再贴现、常备借贷便利、短期流动性调节工具、利率政策等多种工具组合,同时健全宏观审慎政策框架,发挥其逆周期调节作用。

2. 维护金融稳定

金融是现代经济的核心,金融市场一旦出现动荡,整个经济和社会都会大受影响。历史上,股灾、银行倒闭、金融危机屡见不鲜,而金融危机的后果往往是经济发展停滞和社会动荡。

中国人民银行作为我国的中央银行,承担着防范和化解系统性金融风险、维护国家金融稳定的重要职责。中国人民银行通过监测和评估金融风险、处置金融领域风险隐患、推进金融业改革发展、强化金融安全网建设、承担最后贷款人职能,保持金融体系流动性,确保金融体系平稳运行。中国人民银行综合运用利率和汇率政策、公开市场操作、资本账户管理、再贷款和支付体系支持等工具,以及宏观审慎管理、监管协调机制、金融消费权益保护等制度安排,为金融机构和市场的稳健运行创造良好环境,维护金融体系的整体稳定。

3. 提供金融服务

很多人认为中国人民银行只是一个制定和实施货币政策、维护金融稳定的国家机关,与人们的日常生活离得很远。事实并非如此,中国人民银行也为全社会提供金融服务,而且这些服务与老百姓的生活息息相关。

人们日常普遍使用的人民币,就是由中国人民银行印制和发行的。人们在不同银行间进行的每一笔转账或汇款,都要通过中国人民银行建立的清算系统完成。人们去商业银行申请贷款时,也需要借助中国人民银行建立的征信系统提供信用证明。而且,中国人民银行提供的金融服务还远不止这些,它还经理国库、管理国家外汇储备和黄金储备、统计金融数据,组织反洗钱工作……人们能够享受方便快捷的金融服务,这背后就有中国人民银行的重大贡献。

【阅读资料】

央行有关负责人就出台降息降准等措施答记者问

(2015年8月25日)

1. 此次出台降息降准等组合措施的主要考虑是什么?

答:当前,我国经济增长仍存在下行压力,稳增长、调结构、促改革、惠民生和防风险的任务还十分艰巨,全球金融市场近期也出现较大波动,需要更加灵活地运用货币政策工具,为经济结构调整和经济平稳健康发展创造良好的货币金融环境。

此次降低贷款及存款基准利率，主要目的是继续发挥好基准利率的引导作用，促进降低社会融资成本，支持实体经济持续健康发展。2014年11月以来，人民银行先后四次下调贷款及存款基准利率，引导金融机构贷款利率持续下降。2015年7月份，金融机构贷款加权平均利率为5.97%，自2011年以来首次回落至6%以下的水平，社会融资成本高问题得到有效缓解。虽然近两个月CPI略有回升，但主要是受猪肉价格明显上涨等结构性因素影响，总体物价水平仍处于历史低位，也为再次使用价格工具进一步促进降低社会融资成本提供了条件。为此，经国务院批准，人民银行决定进一步下调贷款及存款基准利率，促进金融机构贷款利率和各类市场利率继续下行，巩固前期宏观调控的政策效果。

此次降低存款准备金率，主要是根据银行体系流动性变化，适当提供长期流动性，以保持流动性合理充裕，促进经济平稳健康发展。人民银行近期完善了人民币兑美元汇率中间价的报价机制，并对过去中间价与市场汇率的点差进行了校正，外汇市场在趋近均衡的过程中，也会引起流动性的波动，需要相应弥补所产生的流动性缺口，降低存款准备金率可以起到这样的作用。此外，此次还额外降低县域农村商业银行、农村合作银行、农村信用社、村镇银行以及金融租赁公司、汽车金融公司的存款准备金率，主要是为了引导相关金融机构进一步加大对"三农"、小微企业以及扩大消费的支持力度。

2. 此次结合降息放开一年期以上定期存款利率浮动上限的背景和意义是什么？为什么要继续保持一年期以内定期存款及活期存款利率浮动上限不变？

答：按照党中央、国务院的战略部署，近年来，人民银行加快推进利率市场化改革，并取得了重要进展。目前，除存款外的利率管制已全面放开，存款利率浮动上限已扩大至基准利率的1.5倍，面向企业和个人的大额存单正式发行，市场利率定价自律机制不断健全，央行利率调控能力逐步增强，存款保险制度顺利推出，进一步推进利率市场化改革的条件更趋成熟。同时，当前我国物价水平总体处于低位，银行体系流动性总量充裕，市场利率上行压力相对较小，也为推进利率市场化改革提供了较好的宏观环境和时间窗口。

在此情况下，寓改革于调控之中，结合降息进一步推进利率市场化改革，放开一年期以上定期存款利率浮动上限，标志着我国利率市场化改革又向前迈出了重要一步。随着金融机构自主定价空间的进一步拓宽，既有利于促进金融机构提高自主定价能力，加快经营模式转型，提升金融服务水平，也有利于促使资金价格更真实地反映市场供求关系，充分发挥市场的决定性作用，进一步优化资源配置，促进经济结构调整和转型升级，为经济金融健康可持续发展创造良好条件。

此次继续保留一年期以内定期存款及活期存款利率浮动上限不变，体现了按照"先长期、后短期"的基本顺序渐进式放开存款利率上限的改革思路，也与国际上的通行做法相一致。从国际经验看，按此顺序推进利率市场化改革，有利于培育和锻炼金融机构的自主定价能力，为最终全面实现利率市场化奠定更为坚实的基础；也有利于稳定金融机构的存款付息率和整体筹资成本，促进降低社会融资成本,对于保持经济持续健康发展具有积极意义。

3. 放开一年期以上定期存款利率浮动上限后,如何引导金融机构科学合理定价?

答:放开一年期以上定期存款利率浮动上限后,人民银行将继续完善相关配套措施,进一步引导金融机构科学合理定价,维护公平有序的市场竞争秩序。一是继续按现有期限档次公布存款基准利率。进一步发挥基准利率的引导作用,为金融机构一年期以上定期存款利率定价提供重要参考。二是完善利率调控和传导机制。进一步健全中央银行利率调控体系,增强利率调控能力。加强金融市场基准利率培育,完善市场利率体系,提高货币政策传导效率。三是发挥行业自律管理作用。指导市场利率定价自律机制,进一步发挥好行业定价自律的重要作用,按照依法合规、激励与约束并举的原则,对利率定价较好的金融机构继续优先赋予更多的市场定价权和产品创新权,扩大大额存单发行主体和同业存单投资范围;对存款利率超出合理水平、扰乱市场秩序的金融机构,加以必要的自律约束。

4. 近期央行提供流动性的操作有哪些?

答:央行提供流动性的渠道和工具较多,除降准外,近期央行还实施了扩大逆回购、中期借贷便利(MLF)、抵押补充贷款(PSL)等增加市场流动性和可贷资金的举措。8月份以来,累计开展逆回购操作投放流动性5650亿元,开展中央国库现金管理商业银行定期存款操作投放流动性600亿元。8月19日开展6个月期MLF操作1100亿元,利率3.35%,在增加市场流动性的同时,引导金融机构加大对小微企业和"三农"等国民经济重点领域和薄弱环节的支持力度。继续通过PSL为开发性金融支持棚改提供长期稳定、成本适当的资金来源,7月末PSL余额为8464亿元,比年初增加4633亿元。为适时发挥价格杠杆的作用,以及适应存贷款基准利率的调整,今年以来三次下调PSL资金利率,以加大对棚户区改造的支持力度,促进降低融资成本。此外,央行继续通过支农、支小再贷款、再贴现,支持金融机构增加对"三农"、小微企业的信贷投放。7月末,支农再贷款余额2139亿元,比上年同期增加262亿元;支小再贷款余额625亿元,比上年同期增加254亿元;再贴现余额1272亿元,比上年同期增加118亿元。

下一步,央行将继续密切监测流动性变化,综合运用各种工具组合适当调节流动性,保持流动性合理充裕和货币市场稳定运行,引导货币信贷平稳适度增长,促进经济平稳健康发展。

(资料来源:央行网站)

第三节　金融机构体系

一、银行类金融机构体系

（一）政策性银行和国家开发银行

政策性银行是指：由政府发起、出资成立，为贯彻和配合政府特定经济政策和意图，而进行融资和信用活动的机构。

政策性银行不以营利为目的，专门为贯彻、配合政府社会经济政策或意图，在特定的业务领域内，直接或间接地从事政策性融资活动，充当政府发展经济、促进社会进步、进行宏观经济管理的工具。

为促进"瓶颈"产业的发展，促进进出口贸易，支持农业发展，并促进国家专业银行向商业银行的转化，1993年12月25日，国务院发布《国务院关于金融体制改革的决定》及其他文件，提出深化金融改革，将工、农、中、建四大行建设成国有大型商业银行，为此，从四大行中剥离出政策性业务，组建了专门承担政策性业务的专业银行，即政策性银行。1994年，我国成立了国家开发银行、中国进出口银行和中国农业发展银行三家政策性银行，直属国务院领导，主要承担国家重点建设项目融资、支持进出口贸易融资和农业政策性贷款业务的任务，分别从事"两基一支"（基础设施、基础产业、支柱产业）、机电产品和成套设备出口、粮棉油收购融资等政策性业务。三家银行均实行自主经营、企业化管理、保本微利。其资金来源主要有两个渠道：一是财政拨付，二是发行金融债券。

（二）大型商业银行

改革开放以后，中国工商银行、中国农业银行、中国银行及中国建设银行逐步得以建立、恢复和发展，曾被称为四大专业银行。随着四家银行改制进程的不断深入，以及交通银行的发展壮大，这五家银行统一归类为"国有及国有控股的大型商业银行"，并称为"大型商业银行"或"五大行"。

大型商业银行是我国银行体系的主体，以获取利润为经营目标，以经营存贷款、办理转账结算为主要业务，以多种金融资产和金融负债为经营对象，具有综合性服务功能，对我国经济金融的发展起着重要作用。

【阅读资料】

五大行

中国工商银行成立于1984年1月1日，总部设在北京，是中国内地规模最大的银行。工行是在中国人民银行专门行使中央银行职能的同时，从中国人民银行分离出的专业银行。工商银行是现今中国资产规模最大的商业银行,根据人民银行数据,2014年末,工商银行公司类贷款和公司存款余额保持同业第一,市场份额分别为11.17%和11.64%。2006年10月27日,中国工商银行在上海证券交易所和香港交易所首次公开发行股票,融资额高达219亿美元,为全球最大的IPO(IPO就是首次公开募股的英文Initial Public Offerings缩写,指股份公司首次向社会公众公开招股的发行方式)。工行上市后,成为上交所市值最大的股份公司,港交所第三大的股份公司,仅次于汇丰控股和中国移动。

中国建设银行前身是中国人民建设银行,成立于1954年。当时是财政部下属的一家国有独资银行。1979年,中国人民建设银行成为一家国务院直属的金融机构。随着国家开发银行在1994年成立,承接了中国人民建设银行的政策性贷款职能,中国人民建设银行逐渐成为一家综合性的商业银行。1996年,中国人民建设银行更名为中国建设银行。2004年9月15日建设银行、中国建银投资有限责任公司(中国建投)与汇金公司签署分立协议,中国建设银行分立为建设银行和中国建投。中国建设银行将由国有独资商业银行改制为国家控股的股份制商业银行。中国建设银行改制为国家控股的股份制商业银行后,名称为中国建设银行股份有限公司,简称中国建设银行。中国建设银行股份有限公司承继原中国建设银行商业银行业务及相关资产、负债和权益。建设银行于2004年9月17日成为一家股份制商业银行。2005年10月27日建行H股在香港联合交易所挂牌上市,2007年9月25建行A股在上海证券交易所挂牌上市。

中国银行,全称中国银行股份有限公司,是中国大型国有控股商业银行之一,1912年由孙中山先生批准成立,至1949年中华人民共和国成立的37年间,中国银行先后是当时的国家中央银行、国际汇兑银行和外贸专业银行。中国银行的业务范围涵盖商业银行、投资银行和保险领域,旗下有中银香港、中银国际、中银保险等控股金融机构。1929年,中国银行在伦敦设立了中国金融业第一家海外分行。此后,中国银行在世界各大金融中心相继开设分支机构。中国银行拥有遍布全球29个国家和地区的机构网络,其中境内机构超过10 000家,境外机构600多家。1994年和1995年,中国银行先后成为香港、澳门的发钞银行。中国银行所属的中国银行(香港)有限公司,简称"中国银行(香港)"或"中银香港",于2001年10月1日正式成立,是一家在香港注册的持牌银行。中银香港是香港地区三家发钞银行之一,也是香港银行公会轮任主席银行之一。重组后的中银香港于2002年7月在香港挂牌上市。在全球范围内为个人和公司客户提供全面和优质的金融服务。按核心资本计算,2008年中国银行在英国《银行家》杂志"世界1000家大银行"排名中列第10位。

中国农业银行最初成立于1951年,是新中国成立的第一家国有商业银行、中国大型现代化股份制商业银行,也是中国金融体系的重要组成部分,总部设在北京,位列世界五百强企业之一。截至2007年末,在中国内地设有分支机构24 452个,同时在新加坡及中国香港设有分行、国际结算中心和农银国际、农银财务等控股子公司,在伦敦、东京、纽约、法兰克福、悉尼、首尔设有支行和代表处,在上海设有农银汇理基金公司和农银租赁公司。经国务院批准,中国农业银行整体改制(以下称"改制")为中国农业银行股份有限公司(以下称"股份公司"),注册资本为2600亿元。股份公司于2009年1月15日依法成立。2010年7月15日,农行公司网上发行的103.10亿股在上交所挂牌交易;H股于7月16日在香港成功上市交易。

交通银行始建于1908年(光绪三十四年),是中国早期四大银行之一,也是中国早期的发钞行之一。现为中国五大国有大型商业银行之一。中华民国成立后,交通银行受中央银行委托,与中国银行共同承担国库收支与发行兑换国币业务。1928年,国民政府立法院通过《交通银行条例》,交通银行成为扶助农矿工商的专责银行。交通银行总行于1951年迁回北京,1958年除香港分行仍继续营业外,交通银行国内业务分别并入当地中国人民银行和在交通银行基础上组建起来的中国人民建设银行。1986年7月24日,国务院批准重新组建交通银行。1987年4月1日,重新组建后的交通银行正式对外营业,成为中国第一家全国性的国有股份制商业银行,总行设在上海。2004年,香港上海汇丰银行投资了近17亿美元,收购了交通银行19.9%股权。2005年6月23日,交通银行在香港联合交易所上市。2007年5月15日在上海证券交易所上市。

(资料来源:各银行网站)

(三) 股份制商业银行

在我国,股份制商业银行是指大型商业银行以外的全国性股份制商业银行、区域性股份制商业银行的总称。

改革开放后,国家采取了多项举措,使国内银行业呈现多元化发展态势。国家向深圳、广东、福建、上海四地政府发放了银行牌照,由当地政府主持创办深圳发展银行(1987)、广东发展银行(1988)、兴业银行(1988)、上海浦东发展银行(1992);向招商局集团、中信集团、光大集团、首钢集团四家国有企业发放了银行牌照,开办了招商银行(1987)、中信实业银行(1987)、中国光大银行(1992)、华夏银行(1992),打破了银行由政府创办的垄断局面。此后,还成立了诸如中国民生银行、平安银行、恒丰银行、浙商银行、渤海银行等全国性股份制商业银行。

(四) 城市商业银行

城市商业银行是中国银行业的重要组成部分和特殊群体,其前身是20世纪80年代设立的城市信用社,当时的业务定位是:为中小企业提供金融支持,为地方经济搭桥铺路。20世纪90年代中期,以城市信用社为基础,各地纷纷组建城市商业银行,至今全国城市商业银行已过百家。经过十几年的发展,城市商业银行已经逐渐发展成熟,尽管其发展程度良莠不齐,但有相当多城市的商业银行已经完成了股份制改革,并通过各种途径逐步消化历史上的不良资产,降低不良贷款率,转变经营模式,在当地占有了相当大的市场份额。其中,更是出现了像上海银行这样迅速发展,已经跻身于全球银行500强行列的优秀银行。

(五) 农村金融机构

农村金融机构主要包括农村信用社、农村商业银行、农村合作银行、村镇银行、农村资金互助社和贷款公司,主要从事农村地区的银行金融服务业务,按照商业原则依据监管部门核定的业务范围,为"三农"提供各类农村金融服务。

(六) 中国邮政储蓄银行

中国邮政储蓄银行是在邮政储蓄的基础上组建的,2007年3月中国邮政储蓄银行有限责任公司正式成立。中国邮政储蓄银行的服务网络2/3以上分布在县及县以下农村地区。市场定位是:坚持普惠金融理念,自觉承担"普之城乡,惠之于民"的社会责任,充分依托和发挥网络优势,完善城乡金融服务功能,以零售业务和中间业务为主,为城市社区和广大农村地区居民提供基础金融服务,服务"三农"、服务中小企业、服务社区,与其他商业银行形成互补关系,支持社会主义新农村建设。

【小知识】

中国邮政储蓄银行已成为全国网点规模最大、覆盖面最广、服务客户数量最多的商业银行。截至2015年6月末,邮储银行拥有营业网点超过4万个,打造了包括网上银行、手机银行、电话银行、电视银行、微博银行、微信银行和易信银行在内的电子金融服务网络,服务触角遍及广袤的城乡,服务客户近4.9亿人。在英国《银行家》杂志"2015年全球银行1000强排名"评选中,邮储银行按总资产位居第23位、按一级资本位居第54位。

(七) 外资银行

外资银行是指依照中华人民共和国有关法律、法规,经批准在中华人民共和国境内设立的下列机构:一家外国银行单独出资或者一家外国银行与其他金融机构共同出资设立的外商独资银行;外国金融机构与中国的公司、企业共同出资设立的中外合资银行;外国银行分行;外国银行代表处。

【阅读资料】

我国的外资银行

花旗银行作为第一家美资银行于1902年来到中国上海,开立了在华的第一家分行,也是花旗银行开始在亚洲营运的第一家海外分行。2007年4月,花旗银行(中国)有限公司在上海正式成立,作为在中国的总部。今天,花旗银行已成为美国最大的银行以及中国最大的外资银行之一。

渣打银行作为第一家英国银行,于1858年在上海成立第一家分行,总部在伦敦,近150年来从未间断营业。渣打银行中国区总部坐落在上海。

东亚银行自从1918年以来,一直致力服务于香港客户,并与内地及海外企业或个人提供银行服务。在此期间内地分行获准为外国人、内地和外商投资企业提供人民币银行服务,东亚银行中国区业务总部现设在上海浦东陆家嘴。

香港上海汇丰银行有限公司于1865年在香港和上海成立。2000年5月,汇丰将其中国业务总部移至上海的浦东,成立"汇丰驻中国总代表处",统筹业务发展。

苏格兰皇家银行集团建于1727年,是欧洲领先的金融服务集团,也是英国最大的银行,总部在英国爱丁堡。其业务遍及英国和世界各地。该银行在英国的法人、个人及海外银行业中排名第一,在零售银行业及私人汽车保险业中排名第二。苏格兰皇家银行集团在英国和爱尔兰拥有2000多家分行,服务于1500多万客户。2010年,上海荷兰银行(中国)有限公司正式更名为苏格兰皇家银行(中国)有限公司,现中国区总部坐落在上海浦东陆家嘴金融区。

星展银行(DBS)原名新加坡发展银行,是新加坡最大的商业银行。1995年,星展银行于上海设立了在华第一家分行,并在1998年作为首批10家外资银行之一,获得人民币执照。

恒生银行1985年在深圳设立首间代表处。1997年香港回归,恒生是首家获批将上海代表处升格为分行的香港银行。1998年底,恒生在北京成立代表处。2004年5月,恒生银行取得合格境外机构投资者(QFII)资格。

澳新银行是全澳大利亚四大银行之一,全球排名在前50位。在中国上海、北京、广州、成都、重庆、杭州设有分行。

华侨银行自1925年在厦门成立分行以来,成为首家在中国开展银行业务的新加坡银行。其中国大陆经营网络包括4个分行、1个支行和2个代表处,分别位于上海、北京、成都、青岛、天津和厦门。

东京银行作为京城第一家外资银行,1995年经中国人民银行总行批准在北京设立。该行已在上海、大连、深圳市开设了分行,在广州、成都也设立了办事处。深圳市开设了分行,在广州、成都也设立了办事处。

二、非银行类金融机构体系

(一)证券类机构

1. 证券交易所

证券交易所是为证券集中交易提供场所和设施、组织和监督证券交易,实行自律管理的法人。目前,中国内地已注册两家证券交易所,即上海证券交易所和深圳证券交易所,其职能是:提供证券交易的场所和设施,制定证券交易所的业务规则,接受上市申请、安排证券上市,组织、监督证券交易,对会员和上市公司进行监督,设立证券登记结算公司,管理和公布市场信息及国家证监会许可的其他职能。

证券交易所的设立和解散,由国务院决定。投资者应当与证券公司签订证券交易委托协议,并在证券公司开立证券交易账户,以书面、电话、互联网以及其他方式,委托该证券公司代其买卖证券。

2. 证券公司

证券公司是指依照《中华人民共和国公司法》和《中华人民共和国证券法》的规定设立,并经国务院证券监督管理机构审查批准而成立的专门经营证券业务,具有独立法人地位的有限责任公司或者股份有限公司。证券公司具有证券交易所的会员资格,可以承销发行、自营买卖或自营兼代理买卖证券。普通投资人的证券投资都要通过证券公司来进行。

3. 证券服务机构

证券服务机构是指依法设立的,从事证券服务业务的法人机构。证券服务业务包括:证券投资咨询;证券发行及交易的咨询、策划、财务顾问、法律顾问及其他配套服务;证券资信评估服务;证券集中保管;证券清算交割服务;证券登记过户服务;证券融资;经证券管理部门认定的其他业务。

4. 期货公司

期货公司是指依法设立,接受客户委托,按照客户的指令,以自己的名义为客户进行期货交易并收取交易手续费的中介组织,其交易结果由客户承担。期货公司是交易者与期货交易所之间的桥梁。

5. 基金管理公司

基金管理公司是指依据有关法律法规设立的对基金的募集、基金份额的申购和赎回、基金财产的投资、收益分配等基金运作活动进行管理的公司。证券投资基金的依法募集由基金管理人承担。基金管理人由依法设立的基金管理公司担任。担任基金管理人应当经国务院证券监督管理机构核准。

(二) 保险类机构

1. 保险公司

保险公司是指依照法律法规和国家政策设立的经营商业保险和政策性保险的金融机构。1980年以后,中国人民保险公司逐步恢复停办多年的国内保险业务。

2. 保险中介机构

保险中介机构是介于保险人和被保险人之间,专门从事保险业务咨询与推销、风险管理与安排、保险价值评估、损失鉴定与理算等中间服务活动,并获取佣金或手续费的组织。

(三) 其他非银行类金融机构

1. 金融资产管理公司

金融资产管理公司,是指经国务院决定设立,收购国有银行不良贷款,管理和处置因收购国有银行不良贷款形成的资产的国有独资非银行金融机构。

2. 信托公司

信托是指委托人基于对受托人的信任，将其财产权委托给受托人，由受托人按委托人的意愿，以自己的名义为受益人的利益或者特定目的，进行管理或者处分的行为。信托公司是指依法设立，以营业和收取报酬为目的，以受托人身份承诺信托和处理信托事务的金融机构。

3. 企业集团财务公司

企业集团财务公司是以加强企业集团资金集中管理和提高企业集团资金使用效率为目的，为企业集团成员单位提供财务管理服务的非银行金融机构。

4. 金融租赁公司

金融租赁公司是指经国务院银行业监督管理机构批准，以经营融资租赁业务为主的非银行金融机构。融资租赁，是指出租人根据承租人对租赁物和供货人的选择或认可，将其从供货人处取得的租赁物按合同约定出租给承租人占有、使用，并向承租人收取租金的交易活动。

5. 汽车金融公司

汽车金融公司是指经国务院银行业监督管理机构批准设立，为中国境内的汽车购买者及销售者提供金融服务的非银行金融机构。

6. 货币经纪公司

货币经纪公司是指经批准在中国境内设立，通过电子技术或其他手段，专门从事促进金融机构间资金融通和外汇交易等经纪服务，并从中收取佣金的非银行金融机构。

7. 消费金融公司

消费金融公司是指经国务院银行业监督管理机构批准，在中华人民共和国境内设立，不吸收公众存款，以小额、分散为原则，为中国境内居民个人提供以消费为目的的贷款的非银行金融机构。

第四节　金融行业自律组织体系

一、中国银行业协会

中国银行业协会经中国人民银行和民政部批准成立，并在民政部登记注册的全国性非营利社会团体，是中国银行业自律组织。2003年中国银监会成立后，中国银行业协会主管单位由中国人民银行变更为中国银监会。

二、中国证券业协会

中国证券业协会是依据《中华人民共和国证券法》和《社会团体登记管理条例》的有关规定设立的证券业自律性组织，属于非营利性社会团体法人，接受中国证监会和国家民政部的业务指导和监督管理。

三、中国期货业协会

中国期货业协会是依据《中华人民共和国证券法》、《期货交易管理条例》和《社会团体登记管理条例》的有关规定设立的期货行业自律性组织,属于非营利性社会团体法人,接受中国证监会和国家民政部的业务指导和监督管理。

四、中国证券投资基金业协会

中国证券投资基金业协会是依据《中华人民共和国证券法》、《中华人民共和国证券投资基金法》和《社会团体登记管理条例》的有关规定设立的证券投资基金业自律性组织,属于非营利性社会团体法人,接受中国证监会和国家民政部的业务指导和监督管理。

五、中国保险行业协会

中国保险行业协会是经中国保险监督管理委员会审查同意,并在国家民政部登记注册的中国保险业的全国性自律组织,是自愿结成的非营利性社会团体法人。

六、中国银行间市场交易商协会

中国银行间市场交易商协会是由市场参与者自愿组成的,包括银行间债券市场、同业拆借市场、外汇市场、票据市场和黄金市场在内的银行间市场的自律组织。其是经国务院、民政部批准成立的全国性非营利性社会团体法人。

第五节 金融市场体系

金融市场体系由货币市场、资本市场、外汇市场和黄金市场四个部分组成。

一、货币市场

货币市场是指期限在一年以内、以短期金融工具为媒介进行资金融通和借贷的市场,是一年期以内的短期融资工具交易所形成的供求关系及其运行机制的总和。货币市场是典型的以机构投资者为主体的市场,其活动的主要目的是保持资金的流动性:一方面满足资金需求者的短期资金需要,另一方面为资金充裕者的闲置资金提供盈利机会。就结构而言,货币市场主要包括同业拆借市场、回购市场、票据市场、大额可转让定期存单市场等。

二、资本市场

资本市场是指以长期金融工具为媒介进行的、期限在一年以上的长期资金融通市场。在资本市场上,发行主体所筹集的资金大多用于扩大再生产的投资,融通的资金期限长、流动性相对较差、风险较大而收益相对较高。我国资本市场包括股票市场、债券市场、基金市场等。

三、外汇市场

外汇市场是进行外汇买卖的交易场所,它是由外汇需求者、外汇供给者及买卖中介机构组成的外汇买卖场所或网络。外汇市场有狭义和广义之分:狭义的外汇市场是指银行间的外汇交易,包括同一市场各银行间的外汇交易、不同市场各银行间的外汇交易、中央银行与外汇银行之间以及各国中央银行之间的外汇交易活动;广义的外汇市场是指由各国中央银行、外汇银行、外汇经纪人及客户组成的外汇买卖、经营活动的总和。

四、黄金市场

黄金市场是金融市场的重要组成部分,是集中进行黄金买卖的交易场所。黄金兼具金融和商品两种属性,发展黄金市场,有利于发挥黄金不同于其他金融资产的独特作用,形成与其他金融市场互补协调发展的局面。我国黄金市场包括上海黄金交易所黄金业务、商业银行黄金业务和上海期货交易所黄金期货业务。

模块二　银行知识

第一章　走近银行

一、银行的由来

"银行"一词最早起源于拉丁文"Banco",意思是"长板凳"。在中世纪中期的欧洲,各国之间的贸易往来日益频繁,意大利的威尼斯、热那亚等几个港口城市由于水运交通便利,各国商贩云集,成为欧洲最繁荣的商业贸易中心。各国商贩带来了五花八门的金属货币,不同的货币由于品质、成色、大小不同,兑换起来有些麻烦。于是就出现了专门为别人鉴别、估量、保管、兑换货币的人。按照当时的惯例,这些人都在港口或集市上坐着长板凳,等候需要兑换货币的人。渐渐地,这些人就有了一个统一的称呼——"坐长板凳的人",他们也就是最早的银行家。这些人在经营货币兑换的过程中慢慢发展壮大,又开始为商人们提供汇兑业务。

【阅读资料】

银行起源

一般认为最早的银行成立于1407年,是该年意大利在威尼斯成立的银行。其后,荷兰在阿姆斯特丹、德国在汉堡、英国在伦敦也相继设立了银行。18世纪末至19世纪初,银行得到了普遍发展。

中世纪的时候,西方只有两种人有钱,一种是贵族,另一种是主教。所以,银行是不必要的,因为没有商业活动。在17世纪,一些平民通过经商致富,成了有钱的商人。他们为了安全,都把钱存放在国王的金库里。这里要注意,那个时候还没有纸币,所谓存钱就是指存放黄金。

因为那时实行"自由铸币"(Free Coinage)制度,任何人都可以把金块拿到铸币厂里,铸造成金币,所以铸币厂允许顾客存放黄金。但是很不幸,这些商人没意识到,铸币厂是属于国王的,如果国王想动用铸币厂里的黄金,根本无法阻止。

1638年，英国国王查理一世（见左图）同苏格兰贵族爆发了战争，为了筹措军费，他就征用了铸币厂里平民的黄金，贷款给国王。后来1649年，他被克伦威尔砍了头，这就是著名的英国资产阶级革命。

虽然，被征用的黄金最终都还给了原来的主人，但是商人们感到，铸币厂不再安全了。于是，他们把钱存到了金匠那里。金匠就为存钱的人开立了凭证，以后拿着这张凭证，就可以取出黄金。很快地，商人们就发现需要用钱的时候，根本不需要取出黄金，只要把黄金凭证交给对方就可以了。

再后来，金匠恍然大悟，原来自己开立的凭证，居然具有货币的效力！他们抵抗不了诱惑，就开始开立"假凭证"。但是神奇的是，只要所有客户不是同一天来取黄金，"假凭证"就等同于"真凭证"。这就是现代银行中"准备金制度"的起源，也是"货币创造"机制的起源。银行体系可以将信用货币的数量放大，实物货币就做不到这一点。

查理一世

此时，是17世纪60年代末，现代银行就是那个时候诞生的。

二、银行发展史

近代银行出现在中世纪的欧洲，1171年，在当时的世界中心意大利成立了威尼斯银行，这是世界上最早的近代银行。1407年设立的热那亚圣乔治银行是第一个国家存款银行。此后相继成立的一些银行，主要从事存、放款业务，大多具有高利贷性质。

1580年，在意大利水城威尼斯诞生了金融界公认的最早的银行。1656年，私人创办的欧洲第一家发行银行券的银行——私营瑞典里克斯银行成立，1668年由政府出面改组为国家银行，对国会负责，这是最早的中央银行。1694年在英国根据国王特准法创办的英格兰银行是第一家私人股份制银行，也是最早的股份制银行，它是现代商业银行制度诞生的标志。

【小知识】

瑞士是全球最富有的国家之一。在瑞士有两样东西举世闻名，一是钟表，二是银行。瑞士是名副其实的银行王国，银行产业是瑞士的第一大支柱产业，瑞士的银行管理着全球1/4到1/3的国际投资私人财富。瑞士银行集团是全球最成功的银行之一，其成功与它的市场选择、业务取舍、团队精神、风险控制等因素密不可分。

【阅读资料】

伊斯兰银行

伊斯兰银行，现代时，部分阿拉伯、伊斯兰国家依据《古兰经》禁止利息的原则在其国内建立的金融信贷机构的统称，亦称"伊斯兰银行运动"。它是第三世界的伊斯兰国家为在国际社会中获得经济上、金融上的独立自主，调动国内的经济力量，促进民族金融业的成长，为发展民族经济和文化教育事业而建立的新的金融体制。

伊斯兰银行出现于20世纪50年代末。最早在巴基斯坦和印度北部的穆斯林中开始出现一种没有利息的金融往来，客户与银行分摊盈亏的银行机构，很快传到阿拉伯世界。1963年埃及出现了第一家无息银行——米特贾姆斯储蓄银行。1975年以后，伊斯兰银行在各地大规模兴起。中东地区著名的阿联酋迪拜伊斯兰银行、沙特阿拉伯的伊斯兰开发银行、埃及和苏丹的费萨尔伊斯兰银行、科威特的金融社等，一批拥有大量资金的伊斯兰银行在20世纪70年代中期先后建立起来。至今几乎所有的伊斯兰国家都建立了某种形式的伊斯兰银行。

伊斯兰银行不是按照传统商业银行模式，而是根据《古兰经》教义来运营管理，其在日常管理、利息支付、经营领域、风险控制和与贷款人关系等方面均与传统商业银行有所区别。按照《古兰经》和伊斯兰教法规定，利息属不合法的收入，必须禁止。故此类银行的信贷不计利息，即贷款不收利息，存款不付利息。其资金来源主要靠客户存款、政府无息贷款。

伊斯兰银行的经营者和客户相信，没有利息的银行，能够控制富人变得更富、穷人变得更穷的"马太现象"，有助于创建没有贫富差距的社会。因此虽然伊斯兰银行比西式银行的利息低很多，有时甚至没有利息，但很多人仍然会遵守宗教义务而选择把钱存在伊斯兰银行。

我国银行业的产生可追溯到1000多年前的唐代，当时出现了一些兼营银钱的机构，如国家开办的专门借贷机构质库、邸店等，在唐宣宗时期（公元847～858年），苏州就有"金银行"出现。北宋嘉祐二年（1057年），蔡襄知福州时，作《教民十六事》，其中第六条为"银行轧造吹银出卖许多告提"，这是"银行"一词单独出现最早的时间。随后，宋代有钱馆、钱铺，明代有钱庄、钱肆，清代有票号、汇票庄等。这些机构虽还称不上是真正的银行，但它们融汇天下的货币，方便了往来的商旅，已具备了银行的某些特征。

中国旧时的钱庄是由集市银钱兑换业发展而形成的信用机构，大体上，北方及华南称为银号，长江流域包括上海称为钱庄。最早的钱庄诞生于明朝中期，晚清时期则为鼎盛期。成立于道光三年（1823年）的日升昌票号是中国第一家专营存款、放款、汇兑业务的私人金融机构，开中国银行业之先河。1845年，英国的丽如银行首先在香港设立分行，同年该行又在广州建立它的机构；道光二十八年（1848年），该行在上海正式开办了"东方银行分行"（也叫丽如银行或金宝银行），这是中国最早出现的银行。

1897年5月，中国通商银行成立。该行是由清政府督办全国铁路大臣盛宣怀奏请清廷后成立的,是中国人自办的第一家商办银行,总行设在上海,股东为封建官僚、买办及钱庄的资本家,它被允许发行银元和银两两种钞票。

1905年清政府在北京设立"户部银行",这是中国最早由官方开办的国家银行,后改称"大清银行"(也叫"京师总行"),当时在上海、天津、汉口等地设立了20家分行,除经营一般银行业务外,还兼有发行纸币等职能。

民国时期钱庄增多,后期倒闭也多,新中国成立后,钱庄多数停业,上海等地未停业者则于1952年12月实行公私合营而成为公私合营银行。

【小知识】

1912年中华民国成立后,孙中山下令将大清银行改名为中国银行,赋予中央银行职能。1928年中国银行成为政府特许的国际汇兑银行。1929年中国银行成立伦敦分行,成为中国银行业在海外成立的第一家分支机构。1949年中华人民共和国接管了中国银行。1950年中国银行归中国人民银行领导。1953年中央人民政府政务院公布《中国银行条例》,明确其为唯一特许的外汇专业银行。1979年经国务院批准,中国银行为国务院直属机构,负责统一经营和集中管理全国外汇业务。1983年中国银行与国家外汇管理总局分设,成为国家外汇外贸专业银行。1994年金融体制改革之后,中国银行开始向国有商业银行转化。1994和1995年中国银行分别在香港和澳门成为发钞行。2005年中国银行引入苏格兰皇家银行和淡马锡等战略投资者。2006年中国银行于6月1日在香港交易所上市。2006年中国银行于7月5日在上海证券交易所上市。

第二章 商业银行的负债业务

作为金融中介,商业银行的业务经营管理的突出特征是"因债务,得债权"。商业银行的负债主要由存款和其他负债两方面构成。

第一节 存款业务

存款是银行负债业务中最重要的业务,是商业银行资金的主要来源。吸收存款是商业银行赖以生存和发展的基础,占到负债总额的70%以上。商业银行只有通过存款业务将资金集中起来,才能实现放款和投资等资产业务,因此,不断扩大商业银行的存款业务是扩大放款和实现投资规模的主要途径。商业银行存款的业务量决定了放款的业务量,直接决定商业银行未来的利差收入,从而决定商业银行的经济效益。

由于银行可吸收存款数额的大小、时间的长短等最终取决于存款客户的决定,所以与其他借入资金相对应的是,存款被称为银行的"被动型负债"。

按存款客户的不同,可划分为单位存款和个人存款。本书主要介绍个人存款业务(见下表)。

存款的分类

存款人	业务品种
个人存款	活期储蓄存款
	定期储蓄存款,包括整存整取、零存整取、整存零取和存本取息
	定活两便储蓄存款
	个人通知存款
	教育储蓄存款
单位存款	单位活期存款
	单位定期存款
	单位通知存款
	单位协定存款
	保证金存款

储蓄,是指城乡居民将暂时不用或结余的货币收入存入银行或其他金融机构的一种存款活动。又称储蓄存款。

我国的储蓄原则是"账户实名、存款自愿、取款自由、存款有息、为储户保密"。储户个人所持有的现金是个人财产,任何单位和个人均不得以任何方式强迫其存入或不让其存入储蓄机构。同样,储户可根据其需要随时取出部分或全部存款,储蓄机构不得以任何理由拒绝提取存款,并要支付相应利息。储户的户名、账号、金额、期限、地址等均属于个人隐私,任何单位和个人没有合法的手续均不能查询储户的存款,储蓄机构必须为储户保密。

【阅读资料】

银行账户实名制

一、银行账户实名制的作用

银行账户是资金运动的起点和终点,是单位或个人进行转账结算和现金存取的基础,记录着社会资金运动的轨迹。加强银行账户管理,落实银行账户实名制,有利于抑制违法犯罪,维护经济、金融秩序稳定;有利于建立健全社会信用制度,促进社会信用体系建设;有利于掌握准确的经济金融数据,为国家制定宏观经济政策提供重要依据;有利于增强企业和个人金融资产的透明度,促进反洗钱、反腐败工作的开展;并且为建立合理的税收征管体制创造有利条件。进一步完善银行账户实名制对于保护银行和社会公众的财产权,维护正常的经济金融秩序,从源头上打击偷税漏税、贪污受贿、金融诈骗、洗钱等违法犯罪活动有着重要的社会意义;同时也是人民银行、各商业银行义不容辞的责任,并且对于商业银行有效识别客户身份、降低经营风险、完善内部控制制度、提升社会形象具有重要的意义。

二、银行账户实名制制度演变

2000年,国务院发布了《个人存款账户实名制规定》(中华人民共和国国务院令[2000]第285号)以行政法规的形式明确了个人银行账户实名制;2003年,中国人民银行发布了《人民币银行结算账户管理办法》(中国人民银行令[2003]第5号发布)以部门规章形式明确单位银行账户实名制;2006年,《中华人民共和国反洗钱法》颁布,以国家法律的形式,从最高立法层级上确定了银行账户实名制。2007年,中国人民银行会同银监会、证监会、保监会颁布《金融机构客户身份识别和客户身份资料及交易记录保存管理办法》(中国人民银行、银监会、证监会、保监会令[2007]第2号),规范并明确要求银行建立客户身份识别及资料保存制度。2008年,中国人民银行下发《中国人民银行关于进一步落实个人人民币银行存款账户实名制的通知》(银发[2008]191号),重新梳理并规范了新形势下个人银行账户的开立及使用规定,有效指导了银行的实名制落实工作。

与此同时,为保障《人民币银行结算账户管理办法》的贯彻落实,规范银行结算账户的开立和使用,维护正常的经济金融秩序,中国人民银行2005年完成人民币银行结算账户管理系统在全国的推广运行,确保存款人开立基本存款账户的唯一性和其他账户的合规性和完整性,对落实单位银行账户实名制发挥了积极作用。2007年6月底中国人民银行会同公安部组织建设的联网核查公民身份信息系统在全国推广应用,在落实银行账户实名制,特别是个人账户实名制方面取得了突破性进展。为进一步加强金融账户实名制实施管理力度,中国人民银行于2009年、2011年分别组织银行业金融机构,开展存量单位和个人银行账户真实性核实工作,是金融账户实名制工作推向深入的重要突破口和攻坚战,具有里程碑意义。

(资料来源:央行网站)

储蓄按时间约定可分为:

一、活期存款

活期存款是储户可随时存取或支付使用的存款。持有活期存款账户的储户可以用各种方式提取存款。

1. 活期储蓄存款

活期储蓄:指不约定存期,储户可随时存取、存取金额不限的一种储蓄方式。活期储蓄是银行最基本、常用的存款方式,以一元为起存点,由储蓄机构发给存折或卡,开户后每季度结息一次。持有活期存款账户的存款者可以随时用各种方式提取存款,如开出支票、本票、汇票、电话转账、使用自动柜员机或其他各种方式等手段。活期储蓄具有自由、灵活管理资金的特点,适合于个人生活待用款以及商业运营周转资金的存储,是居民进行各项理财活动的基础。

商业银行活期储蓄存款的储户大都是工商企业和非盈利性单位(包括个人),存款的目的是为了结算方便,且活期存款存取频繁,银行还要提供多种服务,因此活期存款成本也较高,因此一般对活期储蓄存款不支付利息或者是收取手续费。但我国的商业银行一直对活期储蓄存款支付较低的利息,是世界上少数对活期储蓄存款付息的国家之一。

【小知识】

活期存款的办理程序及注意事项

1. 储户凭有效身份证件办理开户。申请开户时储户需正确填写开户申请书。

2. 银行操作员认真审查存款凭条各要素,核实储户提交的有效身份证件。收妥资金后,由银行发给存款凭证(存折或银行卡)。若储户要求办理通存通兑业务的,应提示储户输入密码。

3. 通常情况下,储户凭存折或银行卡办理续存或支取手续。

在办理通存通兑业务时,对有下列情况之一者不予通存通兑,需提请储户回原开户银行网点办理业务:① 储户要求凭印鉴支取的账户;② 各种原因止付的存款的销户;③ 正式挂失及解除挂失,冻结账户及解除冻结;④ 账号、公章、经办员名章及字迹辨认不清的存单。

2. 个人通知存款

通知存款:是指在存入款项时不约定存期,支取时事先通知银行,约定支取存款日期和金额的一种个人存款方式。最低起存金额为人民币五万元(含),外币等值五千美元(含)。个人通知存款需一次性存入,可以一次或分次支取,但分次支取后账户余额不能低于最低起存金额,当低于最低起存金额时银行给予清户,转为活期存款。个人通知存款按存款人选择的提前通知的期限长短,划分为一天通知存款和七天通知存款两个品种。其中一天通知存款需要提前一天向银行发出支取通知,并且存期最少需两天;七天通知存款需要提前七天向银行发出支取通知,并且存期最少需七天。储户通知后若按约支取,则按通知存款一天或七天利率档次计息。

3. 定活两便储蓄存款

定活两便:指在存款开户时不必约定存期,银行根据储户存款的实际存期按规定计息,可随时支取的一种个人存款种类。最低起存金额为五十元。存期不限。存期不足三个月的,利息按支取日挂牌活期利率计算;存期三个月以上(含三个月),不满半年的,利息按支取日挂牌定期整存整取三个月存款利率打六折计算;存期半年以上的(含半年)不满一年的,整个存期按支取日定期整存整取半年期存款利率打六折计息;存期一年以上(含一年),无论存期多长,整个存期一律按支取日定期整存整取一年期存款利率打六折计息。

二、定期储蓄

定期储蓄是指事先约定存入时间,存入后,期满方可提取本息的一种储蓄。它的积蓄性较高,对银行来讲是一项比较稳定的信贷资金来源。定期存款的存单可以作为抵押品取得银行贷款。定期储蓄的开户起点、存期长短、存取时间和次数、利率高低等均因储蓄种类不同而有所区别。我国的定期储蓄有整存整取、零存整取、整存零取、存本取息四种。

1. 整存整取定期储蓄存款

整存整取:指开户时约定存期,整笔存入,到期一次整笔支取本息的一种个人存款。人民币50元起存,外汇整存整取存款起存金额为等值人民币100元的外汇。计息按存入时的约定利率计算,利随本清。整存整取存款可以在到期日自动转存,也可根据客户意愿,到期办理约定转存。人民币存期分为三个月、六个月、一年、两年、三年、五年六个档次。外币存期分为一个月、三个月、六个月、一年、两年五个档次。

2. 零存整取定期储蓄存款

零存整取:指开户时约定存期,分次每月固定存款金额(由储户自定),到期一次支取本息的一种个人存款。开户手续与活期储蓄相同,只是每月要按开户时约定的金额进行续存。储户提前支取时的手续比照整存整取定期储蓄存款有关手续办理。一般5元起存,每月存入一次,中途如有漏存,应在次月补齐,未补齐者,到期支取时按实存金额和实际存期计算利息。存期分为一年、三年、五年。利息按存款开户日挂牌零存整取利率计算,到期未支取或提前支取按支取日挂牌的活期利率计算利息。

3. 整存零取定期储蓄存款

整存零取:指在存款开户时约定存款期限、本金一次存入,固定期限分次支取本金的一种个人存款。存款开户的手续与活期相同,存入时1000元起存,支取期分一个月、三个月及半年一次,由储户与银行商定。利息按存款开户日挂牌整存零取利率计算,于期满结清时支取。到期未支取部分或提前支取,按支取日挂牌的活期利率计算利息。存期分一年、三年、五年。

4. 存本取息定期储蓄

存本取息:指在存款开户时约定存期、整笔一次存入,按固定期限分次支取利息,到期一次支取本金的一种个人存款。一般是5000元起存。可一个月或几个月取息一次,可以在开户时约定的支取限额内多次支取任意金额。利息按存款开户日挂牌存本取息利率计算,到期未支取部分或提前支取,按支取日挂牌的活期利率计算利息。存期分一年、三年、五年。其开户和支取手续与活期储蓄相同,提前支取时与定期整存整取的手续相同。

定期存款利率视期限长短而定,期限越长,利率越高。若在存款到期前要求提前支取,有时会受到限制,而且还有利息损失。

(1) 到期支取的定期存款计息公式为:

利息金额＝本金×年(月)数×年(月)利率;

取回金额＝本金＋利息。

(2) 逾期支取的定期存款计息方式为:

超过原定存期的部分,除约定自动转存外,按支取日挂牌公告的活期存款利率计付利息。

(3) 提前支取的定期存款计息方式为:

提前支取部分按活期存款利率计付利息,其利息同本金一并支取。

(4) 存期内利率调整的定期存款计息为:

存期内遇有利率调整,仍按存单开户日挂牌公告的相应定期存款利率计息。

附:

定期存款一览表

存款种类	存款方式	取款方式	起存金额	存款期类别	特点
整存整取	整笔存入	到期一次性支取本息	50元	三个月、六个月、一年、二年、三年、五年	长期闲置资金
零存整取	每月存入固定金额	到期一次性支取本息	5元	一年、三年、五年	利率低于整存整取定期存款利率,高于活期存款利率
整存零取	整笔存入	固定期限分期支取	1000元	存期分为一年、三年、五年;支取期分一个月、三个月、半年一次	如因特殊原因,在非支取期需要提前支取的,本金可全部提前支取,不可部分提前支取。利息于期满结清时支付。利率高于活期存款利率
存本取息	整笔存入	约定取息期到期一次性支取本金、分期支取利息	5000元	存期分一年、三年、五年;可以一个月或几个月取息一次	如因特殊原因,在非支取期需要提前支取的,本金可全部提前支取,不可部分提前支取。取息日未到不得提前支取利息,取息日未取息,以后可随时取息,但不计复利

【阅读资料】

储蓄小窍门

虽然目前理财手段丰富,但储蓄仍然是普通百姓最主要的投资手段。不管账户里钱多钱少,只要是闲钱,都要被充分利用起来。充分利用好每一天、每一分钱,让钱通过时间的复利赚钱,尽可能不要让钱闲置着。

曾几何时,网上流传着一个有关"极品存款法"的"神帖",即一个网友在"青岛漫漫"社区发布的一则题为《一天也不放过,榨干银行利息》的帖子。

该帖算账:"今天想到用网上银行每天都存50元,充分榨干银行利息。1天50元,30天1500元,1年1.8万元。这样,我们以后每天都有钱,充分榨干银行的利息,1天都不要放过。"

细心的网友发现,这种算法并不现实,可操作性也不强。毕竟大多数人的工资都是月结形式,考虑到时间成本,完全没有必要拆分成每天存50元。但是这个"神帖"无疑点醒了人们打理钱财的理念,那就是要充分利用好每一天、每一分钱,让钱通过时间的复利赚钱,尽可能不要让钱闲置着。

那么,究竟怎样存钱最划算,既能多得利息,又不需要承担太多风险?

※少存活期

同样是存钱,存期越长,利率越高,所得的利息就越多。如果手中活期存款一直较多,不妨采用零存整取的方式,其一年期的年利率大大高于活期利率。

※到期支取

储蓄条例规定:定期存款提前支取,只按活期利率计息,逾期部分也只按活期计息。有些特殊储蓄种类(如凭证式国库券),逾期则不计付利息。这就是说,存了定期,期限一到,就要取出或办理转存手续。如果存单即将到期,又马上需要用钱,可以用未到期的定期存单去银行办理抵押贷款,以解燃眉之急。待存单一到期,即可还清贷款。

※N单定存法滚动存款

如果你是一个工薪族,每月在固定的日子发薪水,那你千万不要直接把钱留在工资账户里。因为工资账户一般都是活期存款,利率很低,如果大量的工资留在里面,无形中就损失了一笔利息收入。

你可以每月提取工资收入的10%~15%,做一个1年期定期存款单。每月都这么做,一年下来,你就会有12张一年期的定期存款单。从第二年起,每个月都会有一张存单到期,如果有急用,就可以使用,也不会损失存款利息;如果没有急用的话,这些存单可以自动续存,而且从第二年起,可以把每月要存的钱添加到当月到期的存单中,重新做一张存款单,继续滚动存款。

12存单法的好处就在于,从第二年起,每个月都会有一张存款单到期,供你备用。如果不用,则加上新存的钱,继续做定期,既能比较灵活地使用存款,又能得到定期的存款利息,是一个两全其美的做法。假如你这样坚持下去,日积月累,就会攒下一笔不小的存款。如小美同学在工作1年后就为自己攒下了12张1500元的定期存单。

当然,如果你有更好耐性的话,还可以尝试"24存单法"、"36存单法""60存单法",其原理与"12存单法"完全相同,不过是每张存单的周期变成了2年、3年、5年。这样做的好处是,你可以获得较多的利息。但也可能在没完成一个存款周期时,出现资金周转困难,这需要根据自己的资金状况调整。

另外,在实行N存单法时,每张存单最好都设定到期自动续存,这样就可以免去多跑银行之苦了。也可以用网上银行操作,那就更方便了。

点评:此储蓄方法适合收入比较稳定,又没什么较大开销的家庭,可以取得较高的利率。

※分阶梯储蓄赚取更高利息

假定手中有5万元现金,可以平均分成5份,分别开设1年期、2年期、3年期、4年期、5年期的存单。1年期的1万元存单到期后,可重新存为5年期的1万元存单;2年期的1万元存单到期后,也改成5年期。以此类推,5年后,最后一个5年到期的1万元也改成5年期。这样,以后每年都有一份5年期的存单到期,可赚取更高的利息。

假设手上有6万元现金,也可分别存为1年期、2年期、3年期定期储蓄各2万元。1年期的2万元到期后,再存为3年期的2万元存单。以此类推,3年后持有的存单则全部为3年期,只是到期的年限不同,依次相差1年。

中信银行理财师说,阶梯存储使储蓄到期额保持等量平衡,既能应对储蓄利率的调整,又可获取更长期限存款的较高利息。

点评:此储蓄方式较适合生活支出有规律、有计划的家庭,能够让生活井井有条。

※分额度储蓄将损失降到最低

假定有1万元现金,可将它分成不同额度的4份,分别是1000元、2000元、3000元、4000元,然后将这4张存单都存成1年期的定期存款。在1年之内,不管什么时候需要用钱,都可以取出和所需数额接近的那张存单,这样既能满足用钱需求,也能最大限度得到利息收入。

点评:这种方法适用于在1年内有用钱预期,但不确定何时使用和一次用多少的小额闲置资金。用分开储蓄法,不仅利息会比存活期储蓄高很多,而且在取出时,也能将损失降到最低。

※存本取息组合存储

"组合存储是一种存本取息与零存整取相结合的储蓄方法。"某银行理财师如是说。

如果你有一笔额度较大的闲置资金,可以选择将这笔钱存成存本取息的储蓄。在一个月后,取出这笔存款第一个月的利息,然后再开设一个整存整取的储蓄账户,把取出来的利息存到里面。以后每个月固定把第一个账户中产生的利息取出,存入整存整取账户。这样,不仅存本取息储蓄得到了利息,而且其利息在参加整存整取储蓄后,又取得了利息。

比如一笔10万元的闲置资金,若是选择存2年期,存款年利率为3.75%,每月有312.5元的利息。这样,24个月都有一笔312.5元的利息存入另外一个账户,再去计息。

点评:即使选择的是较低风险的储蓄,也要尽可能让每一分钱都滚动起来,包括利息在内,尽可能让自己的收益达到最大的程度。

※存本存利

即将存本取息与零存整取相结合,通过利滚利达到增值的最大化。具体来说,就是先将本金存一个5年期存本取息,然后再开一个5年期零存整取户头,将每月得到的利息存入。

※细择外币

由于外币的存款利率和该货币本国的利率有一定关系,所以有些时候某些外币的存款利率也会高于人民币。储蓄时应随时关注市场行情,适时购买。

(资料来源:东方财富网)

除了活期存款、定期存款以外,还有下表中所列的几种常见储蓄存款种类(如下表)。

其他储蓄存款一览表

存款种类	业务特点
定活两便储蓄存款	存期灵活:开户时不约定存期,一次存入本金,随时可以支取,银行根据客户存款的实际存期按规定计息 利率优惠:利息高于活期储蓄
个人通知存款	开户时不约定存期,预先确定品种,支取时提前一定时间通知银行,约定支取日期及金额。目前银行提供一天、七天通知存款两个品种。一般5万元起存
教育储蓄存款	父母为子女接受非义务教育而存钱,分次存入,到期一次支取本金和利息 利率优惠:一年期、三年期教育储蓄按开户日同期同档次整存整取定期储蓄存款利率计息;六年期按开户日五年期整存整取定期储蓄存款利率计息 总额控制:教育储蓄起存金额为50元,本金合计最高限额为2万元 储户特定:在校小学四年级(含四年级)以上学生。如果需要申请助学贷款,金融机构优先解决 存期灵活:教育储蓄属于零存整取定期储蓄存款。存期分为一年、三年和六年。提前支取必须全额支取

三、创新存款

创新存款是指银行根据客户的动机和需求,在原有存款种类的基础上推出新品种以满足客户需求的举措。

可转让存单最早产生于20世纪60年代的美国。由于美国政府对银行支付的存款利率规定上限,上限往往低于市场利率水平。为了吸引客户,商业银行推出可转让大额存单。购买存单的客户随时可以将存单在市场上出售变现。这样,客户能够以实际上的短期存款取得按长期存款利率计算的利息收入。

2015年6月2日晚间,中国人民银行正式发布《大额存单管理暂行办法》(下称《办法》)。根据该《办法》,大额存单发行利率以市场化方式确定。央行此举意味着我国利率市场化改革向前迈进了重要一步。大额存单的推出,有利于有序扩大负债产品市场化定价范围,健全市场化利率形成机制;也有利于进一步锻炼金融机构的自主定价能力,培育企业、个人等零售市场参与者的市场化定价理念。同时,在市场化竞争下,存款相对稀缺的小银行未来会有揽储压力,可能会迫使其提高存款利率来对抗存款的分流。

《办法》指出,大额存单采用标准期限的产品形式。个人投资人认购大额存单起点金额不低于30万元,机构投资人认购大额存单起点金额不低于1000万元。大额存单期限包括1个月、3个月、6个月、9个月、1年、18个月、2年、3年和5年共9个品种。

大额存单发行利率以市场化方式确定。固定利率存单采用票面年化收益率的形式计息,浮动利率存单以上海银行间同业拆借利率为浮动利率基准计息。大额存单自认购之日起计息,付息方式分为到期一次还本付息和定期付息、到期还本。

首批大额存单将于2015年6月15日起发行,首批发行机构包括工商银行、农业银行、中国银行、建设银行、交通银行、浦发银行、中信银行、招商银行、兴业银行等9家银行,均为市场利率定价自律机制核心成员。

【小知识】

银行卡安全使用须知

一、刷卡注意事项

在申请到信用卡后,请立即在卡背面签名条上签名。刷卡时,如银行卡是银联金融IC卡,请提示收银员首选IC卡受理方式;在商场或餐厅刷卡消费时,不要让银行卡离开视线范围,留意收银员的刷卡次数;输入密码时,应尽可能用身体或另一只手遮挡操作手势,以防不法分子窥视。刷卡后,请认真核对签购单上的卡号、交易日期以及交易金额等信息是否正确,卡片是否为本人的卡片;不要在非本人交易的签购单上签名。

二、保管好个人资料

通过正当途径办卡,勿随意委托他人代办银行卡。注意个人资料保密,勿将银行卡卡号、有效日、密码、身份证号码等信息告知他人。谨慎对待要求提供个人资料的可疑电话,须问清情况,不要盲目随意提供资料。请勿使用生日数字、"1、2、3、4、5、6"等简单数字排列作为密码;请牢记,任何人(包括银行工作人员)都无权询问您的个人密码。

三、理性透支、合法用卡

不要申请超过所能负担的信用卡数量,以免背上无法承担的债务。不可以恶意透支为目的,通过非法中介机构办理信用卡,更不能参与信用卡套现,以免对个人资信状况造成负面影响,甚至触犯相关法律法规。

四、网上安全用卡

在互联网上使用银行卡时,对陌生人发送的网页链接应保持高度警惕,不轻易点击链接或直接复制网址进行访问;要确认网上银行或支付网站网址是否正确;不轻易点击他人通过邮箱、聊天工具发来的网址链接;查看地址前缀是否为"https",地址栏右侧或窗口右下角是否有安全锁图标;不向他人透露账号、密码、信用卡有效期、后三码和支付验证码;网上支付密码最好包含数字、字母和符号;应根据自身风险偏好设置"单笔金额上限"、"日(月)累计金额上限"和"日(月)累计笔数上限"等信息;要安装防火墙和杀毒软件,确保电脑安全;定期查询账户余额和明细,如有问题及时与银行或支付机构联系。

安全、正确办理跨行授权支付业务。跨行授权支付是商业银行依托网上支付跨行清算系统(IBPS)开办的网上银行业务产品,客户开办该业务需要与开户银行签订跨行授权支付协议。协议约定开户行收到客户指定的收款人通过特定机构(收款银行或第三方机构)发来的扣款指令时,根据协议约定的条件进行核验,核验通过后即从客户账户扣款支付,无需付款人再次授权。该业务旨在便利客户办理公用事业缴费、网络购物支付等业务。办理业务时应确认指定收款人的身份信息,不轻易指定陌生账户为指定收款人;不再使用跨行授权支付业务功能时,应及时撤销授权支付协议。

(资料来源:央行网站)

四、外汇储蓄存款

外币存款业务与人民币存款业务除了存款币种和具体管理方式不同之外,有许多共同点:两种存款业务都是存款人将资金存入银行的信用行为,都可按存款期限分为活期存款和定期存款。许多银行提供"本外币一本通"之类的存款产品,实际上已将人民币账户与外币账户的界限淡化。

目前,我国银行开办的外币存款业务主要有美元、欧元、日元、港元、英镑、澳大利亚元、加拿大元、瑞士法郎(简称"瑞郎")、新加坡元等几种。其他可自由兑换的外币不能直接存入账户,需由存款人自由选择已开办外币存款中的一种,按存入日的外汇牌价折算存入。

【小知识】

储蓄存款利息个人所得税

储蓄存款利息个人所得税,经常被简称为利息税,是对个人在中华人民共和国境内的储蓄机构存储人民币、外币取得的利息所得征收的个人所得税。

为配合国家宏观调控政策需要,经国务院批准,自2008年10月9日起,对储蓄存款利息所得暂免征收个人所得税。即储蓄存款在1999年10月31日前孳生的利息所得,不征收个人所得税;储蓄存款在1999年11月1日至2007年8月14日孳生的利息所得,按照20%的比例税率征收个人所得税;储蓄存款在2007年8月15日至2008年10月8日孳生的利息所得,按照5%的比例税率征收个人所得税;储蓄存款在2008年10月9日后(含10月9日)孳生的利息所得,暂免征收个人所得税。

第二节 非存款业务

商业银行的非存款业务,是指商业银行吸收各种非存款资金的业务,主要包括同业拆借、向中央银行或向国际金融市场借款、发行金融债券等。

商业银行的非存款业务,常常被称为商业银行的"主动型负债"。由于非存款业务是商业银行以各种方式从资金市场上获得资金,各种不稳定的影响因素较多,会加大商业银行的经营成本及经营风险。

商业银行对外借款根据时间不同,可分为短期借款和长期借款。

一、短期借款

商业银行短期借款是指期限在一年以内的债务,包括同业借款、向中央银行借款和其他渠道的短期借款。同业借款,是指金融机构之间的短期资金融通,主要用于支持日常性的资金周转、满足资金流动性的需要。它是商业银行为解决短期余缺,调剂法定准备金头寸而融通资金的重要渠道。取得短期借入资金的途径,包括同业拆借、向中央银行借款、转贴现和转抵押、向国际金融市场借款等。

1. 同业拆借

同业拆借,是头寸不足的银行向有超额准备的银行借入资金。由于同业拆借一般是通过中央银行的存款账户进行的,实际上是超额准备金的调剂,因此又称为中央银行基金,在美国则称为联邦基金。同业拆借期限一般较短,多在7日之内。同业拆借在方式上比向中央银行借款灵活,手续也比较简便。

2. 向中央银行借款

中央银行借款,是中央银行向商业银行提供的融通资金的信用,主要有两种形式:一是再贴现,二是再贷款。

再贴现,是中央银行对金融机构持有的未到期已贴现商业汇票予以贴现的行为。在我国,中央银行通过适时调整再贴现总量及利率,明确再贴现票据选择,达到吞吐基础货币和实施金融宏观调控的目的,同时发挥调整信贷结构的功能。自1986年人民银行在上海等中心城市开始试办再贴现业务以来,再贴现业务经历了试点、推广到规范发展的过程。再贴现作为中央银行的重要货币政策工具,在完善货币政策传导机制、促进信贷结构调整、引导扩大中小企业融资、推动票据市场发展等方面发挥了重要作用。

中央银行贷款,指中央银行对金融机构的贷款,简称再贷款,是中央银行调控基础货币的渠道之一。中央银行通过适时调整再贷款的总量及利率,吞吐基础货币,促进实现货币信贷总量调控目标,合理引导资金流向和信贷投向。自1984年人民银行专门行使中央银行职能以来,再贷款一直是我国中央银行的重要货币政策工具。近年来,适应金融宏观调控方式由直接调控转向间接调控,再贷款所占基础货币的比重逐步下降,结构和投向发生重要变化。新增再贷款主要用于促进信贷结构调整,引导扩大县域和"三农"信贷投放。

商业银行其他渠道的短期借款还有转贴现、回购协议、大额定期存单和欧洲货币市场借款等。

商业银行的短期借款主要有以下特征:

一是对时间和金额上的流动性需要十分明确。短期借款在时间和金额上都有明确的契约规定,借款的偿还期约定明确,商业银行对于短期借款的流动性需要在时间和金额上既可事先精确掌握,又可计划地加以控制,为负债管理提供了方便。

二是对流动性的需要相对集中。短期借款不像存款对象那样分散,无论是在时间上还是在金额上都比存款相对集中。

三是存在较高的利率风险。在正常情况下,短期借款的利率一般要高于同期存款,尤其是短期借款的利率与市场的资金供求状况密切相关,导致短期借款的利率变化因素很多,因而风险较高。

四是短期借款主要用于短期头寸不足的需要。

二、长期借款

商业银行长期借款是指偿还期限在一年以上的借款。商业银行的长期借款主要采取发行金融债券的形式,以满足商业银行的中长期资金需求。

1. 发行金融债券与存款相比有以下特点

(1)筹资的目的不同。吸收存款在一定意义上是全面扩大银行资金来源的总量,而发行债券则是着眼于增长长期资金来源和满足特定用途的资金需要。

(2)筹资机制不同。吸收存款是经常性的、无限额的,而金融债券的发行是集中的、有限额的。在存款市场上,商业银行在很大程度处在被动地位,存款规模取决于存款者的意愿,因而存款市场属于买方市场性质。而发行金融债券的主动权在银行手中,因而它属于卖方市场,是银行的"主动负债"。

(3)筹资的效率不同。由于金融债券的利率高于存款的利率,对客户具有较强的吸引力,因而其筹资的效率在一般情况下高于存款。

(4)所筹集资金的稳定性不同。金融债券一般都具有明确的偿还期,因而资金的稳定性强;存款的期限具有较大的弹性,即便是定期存款,在特定的状况下也可提前支取,因而资金的稳定性较差。

(5)资金流动性不同。金融债券一般不记名,由广泛的二级市场流通转让,具有较强的流动性。而存款,一般都是记名式的,资金一旦转化为存款,债权债务关系便被固定在银行和客户之间,因而资金的流动性差。

(6)吸收存款受到准备金率的影响,而金融债券获得的资金则不受其影响。

2. 金融债券的类型

金融债券类型多种多样,根据期限的长短,可划分为短期债券、中期债券和长期债券;根据是否记名,可划分为记名债券和不记名债券;根据担保情况,可划分为信用债券和担保债券;根据是否能提前赎回,可划分为可提前赎回债券和不可提前赎回债券;根据债券票面利率是否变动,可划分为固定利率债券、浮动利率债券和累进利率债券;根据发行人是否给予投资者选择权,可划分为附有选择权的债券和不附有选择权的债券等。

第三节 存款保险制度

当商业银行因经营不善而面临破产清算的时候,会引发出如何保护存款人利益的问题。许多市场经济国家都建立了官方或行业性的存款保险制度，在必要的时候能够向存款人提供某种程度的保护。

对商业银行而言，存款保险制度的存在，无疑是一个重要的稳定因素。在有效的存款保险制度下，即使发生市场波动和信用危机，在受保护范围内的存款人也不会大规模地出现挤兑行为，从而大大减轻了商业银行的压力。

截至2014年11月，世界上已有110多个国家和地区建立了存款保险制度。实践证明，存款保险制度在保护存款人权益、及时防范和化解金融风险、维护金融稳定中发挥了重要作用，已成为各国普遍实施的一项金融业基础性制度安排。

一、世界各国的存款保险制度

1. 美国

美国是世界上最早建立存款保险制度的国家。在20世纪30年代的经济大萧条中，全美有9755家银行倒闭，存款人损失约14亿美元，美国金融体系遭受重创。为了应对危机，1933年，美国成立了联邦存款保险公司（FDIC），1934年，建立了联邦储蓄信贷保险公司，负责向储蓄信贷协会提供存款保险。

联邦存款保险公司（FDIC）是一个独立的联邦政府机构，直接向美国国会负责，并接受美国会计总署的审计。其首要职能是为全美9900多家独立注册的银行和储蓄信贷机构的8种存款账户提供限额10万美元的保险，全美约有97%的银行存款人的存款接受FDIC的保险。其次是银行监管职能，其直接监管5616家非美联储成员的州注册银行和储蓄信贷机构。最后是处置倒闭存款机构的职能。

值得注意的是，FDIC只对银行存款人提供保险保护，不保护非存款债权人或倒闭银行股东的利益；只对支票账户、储蓄账户、存单、退休金账户等银行存款账户进行保险，对共同基金投资、股票、债券、国库券等其他投资产品不予保险。

2. 英国

1982年，根据1979年银行法，英国设立了存款保险委员会，负责对存款进行保护。存款保险委员会在英格兰银行领导下，经营存款保险业务，管理保险基金。存款保险的目标是保障小额存款人利益，因此规定：有保证的存款、原定期限为5年以上的存款、在英国发行的英镑定期存款单存款不在受保护存款之列。

英国采取部分保险的存款保险制度，但其理赔标准和方式很特殊：当一个投保机构倒闭时，对存款人的赔偿是按比例计算的，即存款人最终只能得到其存款75%的赔偿，且最高不超过两万英镑。

3. 德国

德国的存款保险体系由三部分组成，即设立在科隆的商业银行保护系统、设立在波恩的储蓄银行保护系统和设立在波恩的合作银行保护系统。

4. 加拿大

1967年，加拿大国会通过了《加拿大存款保险公司法》，加拿大联邦政府根据该法在当年成立了加拿大存款保险公司（CDIC），专门负责魁北克省之外的全国范围内的存款保险业务。由于民族及其他历史原因,魁北克省内的存款保险事务,由本省专门成立的魁北克存款保险局负责。与其他国家制定此法的背景不同,加拿大存款保险制度是在其经济强劲发展、没有发生存款挤兑事件和银行危机的背景下建立并付诸实施的。

加拿大存款保险制度采取强制加入的方式。要求加入的机构仅限于注册银行、联邦注册信托及贷款公司、省属信托及贷款公司。不在 CDIC 保险范围之列的账户包括:外汇存款、银行发行的债券、政府和公司债券、国库券、共同基金、抵押投资和股票。

二、我国的存款保险制度

中国的存款保险制度从提出至今,已经历 20 余年。自 1993 年着手研究论证建立存款保险制度的有关问题至今,存款保险制度草案的出台,经过了各有关部委、立法部门、专家学者和金融机构的充分讨论。

存款保险制度建立后,一是有利于更好地保护存款人的权益,维护金融市场和公众对我国银行体系的信心,推动形成市场化的金融风险防范和化解机制,建立维护金融稳定的长效机制;二是有利于进一步加强和完善我国金融安全网,使风险早发现和少发生,增强我国金融业抵御和处置风险的能力;三是有利于强化市场纪律约束,创造公平竞争的市场环境,为加快发展民营银行和中小银行、加大对小微企业的金融支持进行保驾护航。

《存款保险条例》是为了建立和规范存款保险制度,依法保护存款人的合法权益,及时防范和化解金融风险,维护金融稳定,由国务院法制办牵头,央行、财政部、银监会、发改委联合制定,已经 2014 年 10 月 29 日国务院第 67 次常务会议通过。2015 年 3 月 31 日,国务院正式公布中国《存款保险条例》(下称《条例》),将于 2015 年 5 月 1 日起正式实施。

《条例》第二条规定,在中华人民共和国境内设立的商业银行、农村合作银行、农村信用合作社等吸收存款的银行业金融机构(以下统称投保机构),应当依照本条例的规定投保存款保险。

投保机构在中华人民共和国境外设立的分支机构,以及外国银行在中华人民共和国境内设立的分支机构不适用前款规定。但是,中华人民共和国与其他国家或者地区之间对存款保险制度另有安排的除外。

《条例》第四条规定,被保险存款包括投保机构吸收的人民币存款和外币存款。但是,金融机构同业存款、投保机构的高级管理人员在本投保机构的存款以及存款保险基金管理机构规定不予保险的其他存款除外。

《条例》第五条规定,存款保险实行限额偿付,最高偿付限额为人民币 50 万元。中国人民银行会同国务院有关部门可以根据经济发展、存款结构变化、金融风险状况等因素调整最高偿付限额,报国务院批准后公布执行。

同一存款人在同一家投保机构所有被保险存款账户的存款本金和利息,合并计算的资金数额在最高偿付限额以内的,实行全额偿付;超出最高偿付限额的部分,依法从投保机构清算财产中受偿。

存款保险基金管理机构偿付存款人的被保险存款后,即在偿付金额范围内取得该存款人对投保机构相同清偿顺序的债权。

社会保险基金、住房公积金存款的偿付办法由中国人民银行会同国务院有关部门另行制定,报国务院批准。

第三章 商业银行的资产业务

商业银行通过负债业务获得相应的资金来源后,在保证安全性、流动性的前提下,需要对资金进行运用,以达到盈利性目标。

商业银行的资产业务,是指商业银行运用资金的业务,也就是商业银行将其吸收的资金放贷或投资出去赚取收益的活动。商业银行盈利状况如何、经营是否成功,很大程度上取决于资金运用的结果。其中,贷款和投资最为重要。

第一节 现金资产

商业银行在经营活动中保持足够的流动性资产,来满足存款人提取现金、支付到期债务和借款者正常贷款的需要。

银行现金资产就是商业银行预先准备为应付存款支取所需的资金,主要由库存现金、中央银行的存款、在同业的存款和托收中的现金等项目组成。

现金资产是商业银行所有资产中最富流动性的部分,是银行随时用来支付客户现金需要的资产。各个商业银行均把现金资产作为支付客户提取、满足贷款的需求,以及支付各种费用的一线准备。但现金资产是非盈利性资产,不能为商业银行带来收益或只带来甚微的收益,故各个商业银行都希望把现金资产量减低到必要的最低水平。

一、库存现金

库存现金指银行为应付每天的现金收支活动而保存在银行金库内的纸币和硬币。我国商业银行的库存现金由业务库存现金和储蓄业务备用金两部分构成。库存现金的主要作用是银行用来应付客户提现以及银行其他的日常零星开支。库存现金属非盈利性资产,而且其所需的防护和保险费用较高,因此商业银行通常仅保持必要的适度的数额。

二、在中央银行存款

商业银行存放在中央银行的资金可分为一般性存款和法定存款准备金两部分。

一般性存款又称超额准备金,是商业银行可以自主运用的资金,主要用于转账结算、支付票据交换的差额、发放贷款和调剂库存现金的余缺。法定存款准备金是商业银行按法定比例向中央银行缴纳的存款准备金,其初始目的主要是使商业银行能够有足够的资金应付提存,避免发生挤兑而引起银行倒闭。

【小知识】

存款准备金是指金融机构为保证客户提取存款和资金清算需要而准备的资金,金融机构按规定向中央银行缴纳的存款准备金占其存款总额的比例就是存款准备金率。存款准备金制度是在中央银行体制下建立起来的,世界上美国最早以法律形式规定商业银行向中央银行缴存存款准备金。存款准备金制度的初始作用是保证存款的支付和清算,之后才逐渐演变成为货币政策工具,中央银行通过调整存款准备金率,影响金融机构的信贷资金供应能力,从而间接调控货币供应量。

中国人民银行决定,自2015年6月28日起有针对性地对金融机构实施定向降准,以进一步支持实体经济发展,促进结构调整。(1)对"三农"贷款占比达到定向降准标准的城市商业银行、非县域农村商业银行降低存款准备金率0.5个百分点。(2)对"三农"或小微企业贷款达到定向降准标准的国有大型商业银行、股份制商业银行、外资银行降低存款准备金率0.5个百分点。(3)降低财务公司存款准备金率3个百分点,进一步鼓励其发挥好提高企业资金运用效率的作用。

附:

银行存款准备金率历次调整一览表

次数	时间	调整前	调整后	调整幅度（单位：百分点）
48	2015年2月5日	（大型金融机构）19.50%		−0.5
		（中小金融机构）16.00%		−0.5
47	2014年6月16日	对符合审慎经营要求且"三农"和小微企业贷款达到一定比例的商业银行下调人民币存款准备金率0.5个百分点		
46	2014年4月25日	下调县域农村商业银行人民币存款准备金率2个百分点,下调县域农村合作银行人民币存款准备金率0.5个百分点		
46	2012年7月18日	（大型金融机构）20.50%	20.00%	−0.5
		（中小金融机构）17.00%	16.50%	−0.5
45	2012年5月18日	（大型金融机构）20.50%	20.00%	−0.5
		（中小金融机构）17.00%	16.50%	−0.5
44	2012年2月24日	（大型金融机构）21.00%	20.50%	−0.5
		（中小金融机构）17.50%	17.00%	−0.5
43	2011年12月5日	（大型金融机构）21.50%	21.00%	−0.5
		（中小金融机构）18.00%	17.50%	−0.5

续表

次数	时间	调整前	调整后	调整幅度（单位：百分点）
42	2011年6月20日	（大型金融机构）21.00%	21.50%	0.5
		（中小金融机构）17.50%	18.00%	0.5
41	2011年5月18日	（大型金融机构）20.50%	21.00%	0.5
		（中小金融机构）17.00%	17.50%	0.5
40	2011年4月21日	（大型金融机构）20.00%	20.50%	0.5
		（中小金融机构）16.50%	17.00%	0.5
39	2011年3月25日	（大型金融机构）19.50%	20.00%	0.5
		（中小金融机构）16.00%	16.50%	0.5
38	2011年2月24日	（大型金融机构）19.00%	19.50%	0.5
		（中小金融机构）15.50%	16.00%	0.5
37	2011年1月20日	（大型金融机构）18.50%	19.00%	0.5
		（中小金融机构）15.00%	15.50%	0.5
36	2010年12月20日	（大型金融机构）18.00%	18.50%	0.5
		（中小金融机构）14.50%	15.00%	0.5
35	2010年11月29日	（大型金融机构）17.50%	18.00%	0.5
		（中小金融机构）14.00%	14.50%	0.5
34	2010年11月16日	（大型金融机构）17.00%	17.50%	0.5
		（中小金融机构）13.50%	14.00%	0.5
33	2010年5月10日	（大型金融机构）16.50%	17.00%	0.5
		（中小金融机构）13.50%	不调整	—
32	2010年2月25日	（大型金融机构）16.00%	16.50%	0.5
		（中小金融机构）13.50%	不调整	—
31	2010年1月18日	（大型金融机构）15.50%	16.00%	0.5
		（中小金融机构）13.50%	不调整	—
30	2008年12月25日	（大型金融机构）16.00%	15.50%	−0.5
		（中小金融机构）14.00%	13.50%	−0.5
29	2008年12月05日	（大型金融机构）17.00%	16.00%	−1
		（中小金融机构）16.00%	14.00%	−2
28	2008年10月15日	（大型金融机构）17.50%	17.00%	−0.5
		（中小金融机构）16.50%	16.00%	−0.5
27	2008年09月25日	（大型金融机构）17.50%	17.50%	—
		（中小金融机构）17.50%	16.50%	−1
26	2008年06月07日	16.50%	17.50%	1
25	2008年05月20日	16%	16.50%	0.50
24	2008年04月25日	15.50%	16%	0.50
23	2008年03月18日	15%	15.50%	0.50
22	2008年01月25日	14.50%	15%	0.50
21	2007年12月25日	13.50%	14.50%	1
20	2007年11月26日	13%	13.50%	0.50

续表

次数	时间	调整前	调整后	调整幅度（单位：百分点）
19	2007年10月25日	12.50%	13%	0.50
18	2007年09月25日	12%	12.50%	0.50
17	2007年08月15日	11.50%	12%	0.50
16	2007年06月05日	11%	11.50%	0.50
15	2007年05月15日	10.50%	11%	0.50
14	2007年04月16日	10%	10.50%	0.50
13	2007年02月25日	9.50%	10%	0.50
12	2007年01月15日	9%	9.50%	0.50
11	2006年11月15日	8.50%	9%	0.50
10	2006年08月15日	8%	8.50%	0.50
9	2006年07月05日	7.50%	8%	0.50
8	2004年04月25日	7%	7.50%	0.50
7	2003年09月21日	6%	7%	1
6	1999年11月21日	8%	6%	−2
5	1998年03月21日	13%	8%	−5
4	1988年09月	12%	13%	1
3	1987年	10%	12%	2
2	1985年	央行将法定存款准备金率统一调整为10%	—	—
1	1984年	央行按存款种类规定法定存款准备金率，企业存款20%，农村存款25%，储蓄存款40%	—	—

三、存放同业存款

存放同业存款，是指商业银行存放在代理行和相关银行的存款。商业银行在其他银行保持存款的目的在于方便银行在同业间开展各种代理业务和清算收付。例如，结算收付、贷款参与及支付各种手续费等。存放同业的存款一般是活期存款性质，可以随时支用。

【小知识】

同业存放和存放同业的区别

同业存放是指金融机构在银行开立同业存放账户，银行为客户提供安全、快捷的存取款业务，同时满足客户与本银行之间各类业务往来的资金清算需求。这是银行同业业务中的一种。而存放同业是指商业银行存放在其他银行和非银行金融机构的存款。这是我国商业银行的现金资产之一。前者是银行的负债,而后者则是银行的资产。

四、在途资金

在途资金,也称托收未达款,是指在本行通过对方银行向外地付款单位或个人收取的票据款项。在途资金在收妥之前,是一笔占用的资金,又由于通常在途时间较短,收妥后即成为存放同业存款,所以将其视同现金资产。

商业银行在运营过程中,必须满足一定的现金需要。用以满足客户提取存款需要,满足央行监管需要,满足各种票据结算清偿需要,满足其他业务需要等。

商业银行现金资产管理的核心任务是保证银行经营过程中的适度流动性,即既要保证现金资产能满足正常的和非正常的现金支出需要,又要尽量降低持有现金的机会成本,以追求利润最大化。因此银行经营者必须正确计算和预测现金头寸,为流动性管理提供可靠依据。商业银行对现金资产的管理,必须坚持总量适度原则、适时调节原则和安全保障原则。

银行的库存现金越多、流动性越强,而盈利性则越差。要保证在必要流动性的条件下实现更多的盈利,就需将库存现金压缩到最低程度。为此,银行必须在分析影响库存现金数量变动的各种因素的情况下,准确测算库存现金的需要量,及时调节存量,并加强各项管理措施,确保库存现金的安全。商业银行对中央银行的法定存款准备金要求必须无条件服从。因此对法定存款准备金的管理,主要是准确计算其需要量和及时上缴应缴的准备金。超额准备金是商业银行在中央银行存款账户上超过法定存款准备金的那部分存款,是商业银行最重要的可用头寸,是用来进行贷款、投资、清偿债务和提取业务周转金的准备资产。对超额准备金的管理重点,就是要在准确测算其需要量的前提下,适当控制其规模,以尽量减少持有超额准备金的机会成本,增加银行盈利收入。商业银行对同业存款的管理,要准确地预测其需要量,使之能保持一个适度的量。因为同业存款过多,会使银行付出一定的机会成本;而同业存款过少,又会影响委托他行代理业务的展开,甚至影响本行在同业之间的信誉等。

第二节 贷款、投资业务

贷款是商业银行对借款人提供的按约定的利率和期限还本付息的一种借贷行为,是银行将资金直接贷给债务人所形成的债权。贷款是商业银行最基本、最主要的资产业务,是商业银行获取利润、实现利润最大化的主要手段。

【阅读资料】

获得诺贝尔和平奖的银行家和他的"格莱珉神话"

想要向银行贷款,就需要向银行提供房屋、工厂等财产来作抵押担保。在无法还贷的情况下,所抵押的东西就会成为银行的财产。穷人们没有什么东西能抵押给银行,所以很难从银行贷到款,不得不去借利息非常高的高利贷。

1974年,穆罕默德·尤努斯,孟加拉的一名大学教授,开始借给穷人们没有利息的低额资金,就是为了帮助那些只为了20美元而遭受高额利息摧残的穷人们。1976年"格莱珉银行"(孟加拉乡村银行)正式成立,这是全球第一家小额信贷组织,只为穷人提供不需要担保的面额较小的贷款。孟加拉乡村银行模式是一种利用社会压力和连带责任而建立起来的组织形式,是当今世界规模最大、效益最好、运作最成功的小额贷款金融机构,在国际上被大多数发展中国家模仿或借鉴。目前格莱珉银行在孟加拉有2500多个支行。在"格莱珉银行"的帮助下,该银行的639万个借款人中有58%的借款人及其家庭已经成功脱离了贫困线。通过格莱珉信托公司,"格莱珉银行"还将其模式复制到世界各地,包括中国。2006年,作为"格莱珉银行"创始人的穆罕默德·尤努斯教授,获得了诺贝尔和平奖。

截止2006年,格莱珉信托已在中国开展了16个项目,向5.35万人提供了共136万美元的贷款。

一、贷款种类

商业银行贷款可以按照不同的标准进行不同分类。

(一)按贷款期限分类

1. 活期贷款

活期贷款又称为通知贷款,是指银行在发放贷款时不确定偿还期限,可以随时由银行发出通知收回,客户也可以随时偿还的贷款。

2. 定期贷款

定期贷款是银行按固定偿还期限发放的贷款。定期贷款按照偿还期限的长短,又可分为短期贷款、中期贷款和长期贷款。按照我国《贷款通则》的规定,短期贷款是指贷款期限在1年以内(含1年)的贷款,中期贷款是指贷款期限在1年以上(不含1年)5年以下(含5年)的贷款,长期贷款是指贷款期限在5年以上(不含5年)的贷款。

3. 透支

透支是指活期存款户依照合同向银行超额提取账户资金,是没有固定期限的贷款。

（二）按贷款保障条件分类

1. 信用贷款

信用贷款，是指商业银行完全凭借借款人的信誉而无需借款人提供抵押物或第三人担保而发放的贷款。信用贷款是我国银行长期以来的主要放贷方式。但由于这种贷款方式风险较大，一般要对借款方的经济效益、经营管理水平、发展前景等情况进行详细的考察，以降低风险。而银行业往往对这类贷款收取较高的利息，而且只对那些声誉地位在业界出众、与银行有长期业务往来、资本实力雄厚的大公司发放，贷款期限也不长。

2. 担保贷款

担保贷款，是指商业银行需要借款人以一定的财产或信用作为还款保证的贷款。按照担保方式的不同，又分为保证贷款、抵押贷款和质押贷款。保证贷款是指按《中华人民共和国担保法》规定的保证方式，以第三人承诺在借款人不能偿还贷款时，按约定承担一般保证责任或者连带责任而发放的贷款；抵押贷款是指按《中华人民共和国担保法》规定的抵押方式以借款人或第三人的财产作为抵押物发放的贷款；质押贷款是指按《中华人民共和国担保法》规定的质押方式，以借款人或第三人的动产或权利作为质物发放的贷款。

《贷款通则》第十条规定，除委托贷款以外，贷款人发放贷款，借款人应当提供担保。贷款人应当对保证人的偿还能力，抵押物、质物的权属和价值，以及实现抵押权、质权的可行性进行严格审查。经贷款审查、评估，确认借款人资信良好，确能偿还贷款的，可以不提供担保。

3. 票据贴现

票据贴现是银行应客户（持票人）的要求，以现款买进客户持有但尚未到期的商业票据的方式而发放的贷款。贴现是贷款的一种特殊方式。票据贴现实现的是预扣利息，票据到期后，银行可向票据载明的付款人或承兑人收回票款。

（三）按贷款资金来源分类

1. 自营贷款

自营贷款是指贷款人以合法方式筹集的资金自主发放的贷款，其风险由贷款人承担，并由贷款人收回本金和利息。

2. 委托贷款

委托贷款是指由政府部门、企事业单位及个人等委托人提供资金，由贷款人（即受托人）根据委托人确定的贷款对象、用途、金额、期限、利率等代为发放、监督使用并协助收回的贷款。贷款人（受托人）只收取手续费，不承担贷款风险。

3. 特定贷款

特定贷款，是指经国务院批准并对贷款可能造成的损失采取相应补救措施后，责成国有独资商业银行发放的贷款。

(四) 按贷款发放的对象分类

1. 工商业贷款

工商业贷款是商业银行的主要贷款形式,一般用于企业补充流动资金、更新改造设备、扩建厂房、扩大生产规模等的长短期资金需要。

2. 不动产贷款

不动产贷款是商业银行将民用建筑、农场、工商业财产留为抵押,向建筑商提供的贷款,一般是在房屋建成并出售后进行偿还。

3. 个人贷款

个人贷款是指以自然人为借款人的贷款。个人贷款主要分为个人消费贷款(包括个人购买住房、购买汽车、住房装修、旅游、教育、购买大件耐用消费品及其他生活消费用途的贷款)和个人经营贷款。

(1) 个人住房贷款

个人住房贷款是贷款人向借款人发放的用于购买、建造和大修各类型住房的贷款。贷款人发放个人住房贷款时,借款人必须提供担保,如果借款人到期不能偿还贷款本息,贷款人有权依法处理其抵押物。

个人住房贷款有三种,分别是个人住房商业性贷款、住房公积金贷款和个人住房组合贷款。个人住房商业性贷款是银行用信贷资金发放的贷款;住房公积金贷款的资金来自于职工缴存的住房公积金存款,因此这类贷款只贷给那些住房公积金缴存人,但有余额上的限制;个人住房组合贷款是上述两种贷款的组合。

(2) 个人汽车贷款

个人汽车贷款是指授权开办汽车贷款业务的银行经办机构,向个人借款人发放购买汽车(含二手车)的贷款业务,包括个人自用车贷款和个人商用车贷款。

(3) 教育助学贷款

教育助学贷款是指银行向正在接受高等教育的在校学生及其直系亲属、法定监护人,或准备接受各类教育培训的自然人发放的人民币贷款业务。其中,国家助学贷款是指对符合中央和地方财政贴息规定的高等学校在校学生发放的人民币贷款;生源地信用助学贷款是指符合条件的家庭经济困难的普通高校新生、在校生和家长(或其他法定监护人),向学生入学户籍所在县(市区)的学生资助管理中心或金融机构申请办理,由国家开发银行等金融机构发放,帮助家庭经济困难学生支付在校学习期间所需的学费、住宿费的助学贷款。生源地信用助学贷款为信用贷款,不需要担保和抵押,学生和家长(或其他法定监护人)为共同借款人,共同承担还款责任;一般助学贷款是指对高等学校在校学生和新录取学生,以及在职深造、再就业培训、出国留学人员发放的商业性人民币贷款。

教育助学贷款一般最长期限不超过 8 年(含 8 年,特例可达 12 年),可根据中国人民银行有关规定适当展期。

【小知识】

一、申请住房商业性贷款的借款人应同时具备的各项条件

(1) 具有城镇常住户口或有效居留身份；

(2) 有稳定的职业和收入，信用良好，有偿还贷款本息的能力；

(3) 具有购买住房的合同或协议；

(4) 有一定比例的首付款；

(5) 有贷款行认可的资产作为抵押或质押，或有足够代偿能力的单位或自然人作为保证人；

(6) 有贷款人规定的其他条件。

二、申请住房公积金贷款的借款人，应同时具备的各项条件

(1) 具有城镇常住户口或有效居留身份；

(2) 有稳定的职业和收入，信用良好，有偿还贷款本息的能力；

(3) 在本市(包括所属区县)购买自住住房；

(4) 具有购买住房的合同和相关证明文件；

(5) 申请贷款前已连续缴存住房公积金 6 个月(含)以上或累计缴存住房公积金 12 个月(含)以上，且申请贷款时仍正常缴存；

(6) 提供住房公积金管理中心及所属管理部(简称委托人)认可的担保方式；

(7) 符合委托人规定的其他条件。

二、贷款操作程序

商业银行建立贷款操作程序，主要在于了解和掌握借款人和贷款的信息，以便判断借款人的信用和偿还能力，判断贷款的风险大小，以保证银行信贷资金的安全。下面以企业贷款为例，简要说明商业银行发放贷款的一般程序。

1. 贷款申请

借款人需要贷款，应当向主办银行或者其他银行的经办机构直接申请。借款人应当填写包括借款金额、借款用途、偿还能力及还款方式等主要内容的《借款申请书》并提供以下资料：

(1) 借款人及保证人基本情况；

(2) 财政部门或会计(审计)事务所核准的上年度财务报告，以及申请借款前一期的财务报告；

(3) 原有不合理占用的贷款的纠正情况；

(4) 抵押物、质物清单和有处分权人的同意抵押、质押的证明及保证人拟同意保证的有关证明文件；

(5) 项目建议书和可行性报告；

(6) 贷款人认为需要提供的其他有关资料。

2. 对借款人的信用等级评估

银行应当根据借款人的领导者素质、经济实力、资金结构、履约情况、经营效益和发展

前景等因素,评定借款人的信用等级。评级可由银行独立进行,内部掌握,也可由有权部门批准的评估机构进行。

3. 贷款调查

银行受理借款人申请后,应对借款人的信用等级以及借款的合法性、安全性、盈利性等情况进行调查,核实抵押物、质物、保证人情况,测定贷款的风险度。

4. 贷款审批

银行应当建立审贷分离、分级审批的贷款管理制度。审查人员应当对调查人员提供的资料进行核实、评定,复测贷款风险度,提出意见,按规定权限报批。

5. 签订借款合同

所有贷款应当由银行与借款人签订借款合同。借款合同应当约定借款种类,借款用途、金额、利率、借款期限、还款方式,借、贷双方的权利、义务,违约责任和双方认为需要约定的其他事项。

保证贷款应当由保证人与银行签订保证合同,或保证人在借款合同上载明与银行协商一致的保证条款,加盖保证人的法人公章,并由保证人的法定代表人或其授权代理人签署姓名。抵押贷款、质押贷款应当由抵押人、出质人与银行签订抵押合同、质押合同,需要办理登记的,应依法办理登记。

6. 贷款发放

银行要按借款合同规定按期发放贷款。银行不按合同约定按期发放贷款的,应偿付违约金。借款人不按合同约定用款的,应偿付违约金。

7. 贷后检查

贷款发放后,贷款人应当对借款人执行借款合同情况及借款人的经营情况进行追踪调查和检查。

8. 贷款归还

借款人应当按照借款合同规定,按时足额归还贷款本息。银行在短期贷款到期1个星期之前、中长期贷款到期1个月之前,应当向借款人发送还本付息通知单;借款人应当及时筹备资金,按期还本付息。银行对逾期的贷款要及时发出催收通知单,做好逾期贷款本息的催收工作。

银行对不能按借款合同约定期限归还的贷款,应当按规定加罚利息;对不能归还或者不能落实还本付息事宜的,应当督促归还或者依法起诉。

借款人提前归还贷款,应当与银行协商。

9. 贷款的还款方式

贷款的还款方式由借贷双方在合同中约定,一般采用一次性还本付息、定期付息到期还本、等额本息还款法、等额本金还款法、滞后等额本息还款法、滞后等额本金还款法等多种还款方式。

(1)等额本息还款,即贷款的本金和利息之和采用按月等额还款的一种方式。住房公积金贷款和多数银行的商业性个人住房贷款都采用了这种方式。这种方式每月的还款额相同;

(2)等额本金还款,即借款人将贷款额平均分摊到整个还款期内,每期(月)归还,同时付清上一交易日到本次还款日间的贷款利息的一种还款方式。这种方式每月的还款额逐月减少；

(3) 按月付息到期还本，即借款人在贷款到期日一次性归还贷款本金〔期限一年以下(含一年)贷款适用〕，贷款按日计息，利息按月归还；

(4) 提前偿还部分贷款，即借款人向银行提出申请，可以提前偿还部分贷款金额，一般金额为1万或1万的整数倍，偿还后贷款银行应出具新的还款计划书，其中还款金额与还款年限是发生变化的，但还款方式是不变的，且新的还款年限不得超过原贷款年限；

(5) 提前偿还全部贷款，即借款人向银行提出申请，可以提前偿还全部贷款金额，偿还后贷款银行应终止借款人的贷款，并办理相应的解除手续。

【小知识】

金融机构人民币存贷款基准利率调整表

%	
	调整后利率
一、城乡居民和单位存款	
（一）活期存款	0.35
（二）整存整取定期存款	
三个月	1.35
半年	1.55
一年	1.75
二年	2.35
三年	3
二、各项贷款	
一年以内（含一年）	4.6
一至五年（含五年）	5
五年以上	5.15
三、个人住房公积金贷款	
五年以下（含五年）	2.75
五年以上	3.25

三、商业银行投资业务的目的

商业银行的投资业务，是指银行用其资金购买有价证券的活动。投资是商业银行一项重要的资产业务，是商业银行收入的主要来源之一。

商业银行买卖金融产品的行为构成了投资业务，它的目的在于：

1. 获取利润

商业银行投资的主要目的是取得利润。通过投资，商业银行不仅可以获得稳定的利息收入，而且还可以获得资本增值收益。

2. 分散风险

证券投资是商业银行实现资产多元化以分散风险的重要措施。一是投资可以回避和抵消贷款的风险损失；二是投资的种类多、选择面广，流动性大、变现力强；三是投资可以进行套期保值。

3. 保持并增强流动性

商业银行为了保持资金的流动性，必须保持一定量的现金资产，而现金资产的存在会影响银行的机会成本，从而影响资产的收益。证券投资则具有很强的流动性，可以迅速地进行变现，从而满足银行的流动性需求。

此外，还可以控制其他企业或与其他企业保持密切关系。

四、商业银行投资业务的对象

商业银行投资业务的对象，一般包括短期的货币市场产品和长期的资本市场产品。

1. 货币市场产品

货币市场产品，一般指一年以内的短期金融产品，主要包括国库券、商业票据、银行承兑汇票、中央银行票据等。

2. 资本市场产品

资本市场产品，一般指一年以上的中长期金融产品，主要包括股票、债券和基金等。

第四章 商业银行的中间业务

商业银行的中间业务，广义上讲是指"不构成商业银行表内资产、表内负债，形成银行非利息收入的业务"（2001年7月4日人民银行颁布《商业银行中间业务暂行规定》）。

随着我国银行业的市场化改革，利率逐步实现市场化，存贷款利差逐步缩小。同时，伴随着我国资本市场的逐步完善，银行客户的融资方式日益多元化，商业银行传统业务的盈利空间日益缩小，这就使得商业银行要发展中间业务来开辟新的利润增长来源。

商业银行在资产业务和负债业务的基础上，利用技术、信息、机构网络、资金和信誉等方面的优势，不运用或较少运用银行的资财，以中间人或代理人的身份，替客户办理收付、咨询、代理、担保、租赁及其他委托事项，提供各类金融服务并收取一定费用的经营活动。在资产业务和负债业务两项传统业务中，银行是作为信用活动的一方来参与，而中间业务则不同，银行不再直接作为信用活动的一方，扮演的只是中介或代理的角色，通常实行有偿服务。

第一节 支付结算业务

支付结算类业务,是指由商业银行为客户办理因债权债务关系引起的与货币支付、资金划拨有关的收费业务。支付结算类业务是商业银行在存款业务的基础上产生的,多年来一直是我国商业银行主要的中间业务,主要收入来源是手续费收入。

支付结算业务借助的主要结算工具包括银行汇票、商业汇票、银行本票和支票。

一、银行汇票

银行汇票,是出票银行签发的、由其在见票时按照实际结算金额无条件支付给收款人或者持票人的票据。

单位和个人各种款项的结算,包括同城和异地,均可使用银行汇票。银行汇票可以用于转账,填明"现金"字样的银行汇票也可以用于支取现金。

银行汇票一律记名,无起点金额限制,付款期(从签发之日起到办理兑付之日止的时期)为1个月。银行汇票有使用灵活、票随人到、兑现性强等特点,适用于先收款后发货或钱货两清的商品交易,是目前结算中较为广泛采用的一种结算方式。商业银行对每笔银行汇票收取手续费。

二、商业汇票

商业汇票,是出票人签发的、委托付款人在指定日期无条件支付确定的金额,给收款人或持票人的票据。商业汇票与银行汇票等相比,商业汇票的适用范围相对较窄,各企业、事业单位之间只有存在真实的交易关系或债权债务关系,才能签发商业汇票。

商业汇票可以由付款人签发,也可以由收款人签发,但都必须经过承兑。只有经过承兑的商业汇票才具有法律效力,承兑人负有到期无条件付款的责任。商业汇票按承兑人的不同,分为银行承兑汇票和商业承兑汇票。其中银行承兑汇票使用较多,商业银行对每笔银行承兑汇票收取手续费。

商业汇票在同城、异地都可以使用,而且没有结算起点的限制。商业汇票一律记名并允许背书转让。商业汇票到期后,一律通过银行办理转账结算。商业汇票的付款期限最长不得超过6个月,提示付款期限自汇票到期日起10日内。

【阅读资料】

汇票的使用(包括银行汇票、商业汇票)

一、出票

出票,是指出票人签发票据并将其交付给收款人的票据行为。汇票的出票人必须与付款人具有真实的委托付款关系,并且具有支付汇票金额的可靠资金来源。出票人签发汇票后,即承担保证该汇票承兑和付款的责任。不得签发无对价的汇票,用以骗取银行或者其他票据当事人的资金。

汇票必须记载下列事项:① 表明"汇票"的字样;② 无条件支付的委托;③ 确定的金额;④ 付款人名称;⑤ 收款人名称;⑥ 出票日期;⑦ 出票人签章。汇票上未记载上述规定事项之一的,汇票无效。

二、背书

背书是指在票据背面或者粘单上记载有关事项并签章的票据行为。持票人可以将汇票权利转让给他人或者将一定的汇票权利授予他人行使。如果出票人在汇票上记载"不得转让"字样的,汇票不得转让。

以背书转让的汇票,背书应当连续。持票人以背书的连续,证明其汇票权利;非经背书转让,而以其他合法方式取得汇票的,依法举证,证明其汇票权利。以背书转让的汇票,后手应当对其直接前手背书的真实性负责。汇票被拒绝承兑、被拒绝付款或者超过付款提示期限的,不得背书转让;背书转让的,背书人应当承担汇票责任。

汇票可以设定质押,质押时应当以背书记载"质押"字样。被背书人依法实现其质权时,可以行使汇票权利。

三、承兑

承兑是指汇票付款人承诺在汇票到期日支付汇票金额的票据行为。定日付款或者出票后定期付款的汇票,持票人应当在汇票到期日前向付款人提示承兑。见票即付的汇票无需提示承兑。

四、追索权

汇票到期被拒绝付款的,持票人可以对背书人、出票人以及汇票的其他债务人行使追索权。持票人行使追索权时,应当提供被拒绝承兑或者被拒绝付款的有关证明。持票人应当自收到被拒绝承兑或者被拒绝付款的有关证明之日起三日内,将被拒绝事由书面通知其前手;其前手应当自收到通知之日起三日内书面通知其再前手。持票人也可以同时向各汇票债务人发出书面通知。

三、银行本票

银行本票是银行签发的、承诺自己在见票时,无条件支付确定的金额给收款人或者持票人的票据。银行本票适用于同一票据交换区域内,单位和个人的各种款项结算。银行本票可以用于转账,填明"现金"字样的银行本票,也可以用于支取现金。

银行本票按照其金额是否固定,可分为不定额和定额两种。银行本票的提示付款期限,自出票日起最长不得超过两个月。由于银行本票由银行签发,到期银行本票有代替现钞的功能,所以银行本票具有见票即付、当场抵用、付款保证程度高、不予挂失的特点。

【阅读资料】

本票的使用

本票的出票人必须具有支付本票金额的可靠资金来源,并保证支付。本票的出票人在持票人提示见票时,必须承担付款的责任。

本票必须记载下列事项:① 表明"本票"的字样;② 无条件支付的承诺;③ 确定的金额;④ 收款人名称;⑤ 出票日期;⑥ 出票人签章。本票上未记载上述规定事项之一的,本票无效。

本票自出票日起,付款期限最长不得超过两个月。本票的持票人未按照规定期限提示见票的,丧失对出票人以外的前手的追索权。

四、支票

支票,是出票人签发的、委托办理支票存款业务的银行,在见票时无条件支付确定的金额给收款人或持票人的票据。同城票据交换地区内的单位和个人之间的一切款项结算,均可使用支票。自2007年6月25日起支票实现了全国通用,异城之间也可使用支票进行支付、结算。支票提示付款期为十天(从签发支票的当日起)。

支票出票人签发的支票金额,不得超出其在付款人处的存款金额。如果存款低于支票金额,这种支票称为空头支票,银行将拒付给持票人。

【阅读资料】

支票的使用

开立支票存款账户,申请人必须使用其本名,并提交证明其身份的合法证件,并预留其本名的签名式样和印鉴。开立支票存款账户和领用支票,应当有可靠的资信,并存入一定的资金。

支票必须记载下列事项:① 表明"支票"的字样;② 无条件支付的委托;③ 确定的金额;④ 付款人名称;⑤ 出票日期;⑥ 出票人签章。支票上未记载上述规定事项之一的,支票无效。

支票上的金额、日期、收款人名称不得更改,票据金额以中文大写和数码同时记载,且二者必须一致,如果违反这些规定,都将导致支票无效。

一、支票的填写

(1) 签发支票应使用碳素墨水或墨汁填写。

(2) 大写金额数字应紧接"人民币"字样填写,不得留有空白,以防加填;大小写金额要对应并按规定书写;阿拉伯小写金额数字前面,均应填写人民币符号"¥";阿拉伯小写金额数字要认真填写,不得连写分辨不清。

（3）为防止变造支票的出票日期，在填写月、日时应注意：月为壹、贰、壹拾的，日为壹至玖、壹拾、贰拾和叁拾的，应在其前加"零"；日为拾壹至拾玖的，应在其前加"壹"。

（4）支票的出票人签发支票的金额，不得超过付款时在付款人处实有的金额。

（5）支票的出票人在票据上的签章，应为其预留银行的签章，该签章是银行审核支票付款的依据。银行也可以与出票人约定使用支付密码，作为银行审核支付支票金额的条件。出票人不得签发与其预留银行签章不符的支票；使用支付密码的，出票人不得签发支付密码错误的支票。

二、支票的背书

支票的背书是指以转让支票权利为目的，或者以将支票权利授予他人行使为目的，在支票背面或者粘单上记载有关事项并签章的票据行为。

支票的背书应遵循以下规定：

（1）支票的背书人可以在支票上记载"不得转让"、"委托收款"、"质押"字样。支票上记载了"不得转让"字样后，被背书人不能将支票继续背书转让，否则，原背书人对被背书人的后手不承担保证责任。

（2）支票的背书不得附有条件，背书时附有条件的，所附条件不具有效力。

（3）不得将支票金额部分转让或将支票转让给二人以上，背书人作出以上背书的，视为未背书或者支票的转让无效。

（4）用于支取现金的支票不得背书转让。

（5）以背书转让的支票，背书应当连续。所谓背书连续是指在支票转让中，转让支票的背书人与受让支票的被背书人在支票上的签章依次前后衔接。背书连续是持票人拥有合法票据权利的证明，如果背书不连续，支票付款人可以拒绝付款。

三、支票的接收

（1）没有签名盖章的支票不能收。鉴章空白的支票是"不完全票据"，这种票据无法律效力，必须请出票人补盖印鉴方可接收。

（2）出票签名或盖章模糊不清的支票不能收。这种鉴章不清楚或不明的支票经常被银行退票。

（3）支票上签章处只有出票人的指印，没有其他签名或盖章，最好拒收。支票上的签名能以盖章的方式代替，但不能以捺指印代替签名。

（4）图章颠倒的支票是有效的，可以收。

（5）盖错印章涂销后，再加盖正确印鉴的支票，可以收。出票人在盖错的印鉴上打"/"涂销，这枚印鉴视为没有记载，只要第二次所盖的印鉴和银行内原有的印鉴相同，而且户头内有足够存款，这张支票是安全的。

（6）大小写金额不符的支票不能收。

（7）出票金额、出票日期、收款人名称更改的支票不能收，其他记载事项更改、没有原记载人签章证明的支票不能收。

（8）背书不连续的支票不能收。背书使用粘单的，粘单上的第一记载人没有在支票和粘单的粘接处签章的不能收。

（9）超出支票10天提示付款期的支票不能收。

四、签发空头支票或签发与其预留的签章不符的支票的法律后果

出票人签发的支票金额超过其付款时在付款人处实有的存款金额的，为空头支票。签发空头支票或签发与其预留的签章不符的支票的法律后果，包括刑事责任、行政责任和民事责任三个方面。

五、汇兑

汇兑是汇款人委托银行将款项汇给异地收款人的一种结算方式。汇兑适用于企事业单位和个人的各种款项的异地结算。按凭证传递方式不同，汇兑可分为信汇和电汇两种。商业银行对汇兑业务收取相应的手续费和邮电费（信汇）或电子汇划费（电汇）。

六、委托收款

委托收款是收款人向银行提供收款依据，委托银行向付款人收取款项的结算方式。委托收款便于同城或异地的收款人主动收款。委托收款分为邮寄和电报划回两种。

商业银行对委托收款业务收取相应的手续费和邮电费。

七、托收承付

托收承付是收款单位（销货方）根据经济合同法的规定，委托其开户银行向异地付款单位收取费用，付款单位（购货方）根据经济合同，核对单证并验货后，向银行承认付款，由银行办理款项划转的一种结算方式。

商业银行对托收承付业务收取相应的手续费和邮电费。

第二节 信用卡业务

信用卡是指由发卡机构向其客户提供的具有消费信用、转账结算、存取现金等功能的信用支付工具。持卡人可依据发卡机构给予的消费信贷额度，凭卡在特约商户直接消费或在其指定的机构、地点存取款及转账，在规定的时间内向发卡机构偿还消费贷款本息。

最早的信用卡出现于19世纪末的英国。我国的信用卡发行始于20世纪80年代，1985年中国银行珠江分行发行了第一张信用卡——珠江卡（后于1986年由中国银行总行统一为长城卡）。20世纪90年代以后，我国的信用卡业务得到了快速的发展。

一、信用卡组织

国际上有五大信用卡品牌,威士国际组织(VISA International)、万事达卡国际组织(Master Card International)两大组织及美国运通国际股份有限公司(America Express)、大莱信用卡有限公司(Diners Club)、日本国际信用卡公司(JCB)三家专业信用卡公司。在各地区还有一些地区性的信用卡组织,如欧洲的 EUROPAY,我国的银联,台湾地区的联合信用卡中心,等等。

中国银联是经中国人民银行批准的,由 80 多家国内金融机构共同发起设立的股份制金融服务机构,注册资本 16.5 亿元人民币。公司于 2002 年 3 月 26 日成立,总部设在上海。

二、信用卡种类

信用卡分为贷记卡和准贷记卡两类(见下表)。贷记卡是指发卡机构给予持卡人一定的信用额度,持卡人可在信用额度内先消费、后还款的信用卡。准贷记卡是指持卡人须先按发卡机构的要求交存一定金额的备用金,当备用金账户余额不足支付时,可在发卡银行规定的信用额度内透支的信用卡。

信用卡的种类

分类标准	信用卡种类
清偿方式	贷记卡、准贷记卡
结算币种	人民币卡、外币卡(境内外币卡、境外银行卡)
发行对象	公务卡、个人卡
信息载体	磁条卡、IC 卡
信誉等级	金卡、普通卡等不同等级
流通范围	国际卡、地区卡
持卡人地位和责任	主卡、附属卡

【小知识】

金融 IC 卡

一、什么是金融 IC 卡

金融 IC 卡是由银行业金融机构或支付机构发行的,采用集成电路技术,遵循国家金融行业标准,具有消费信用、转账结算、现金存取等全部金融功能,并具有承载其他商业服务和社会管理功能的金融工具。

金融 IC 卡又称为芯片银行卡,是以芯片作为介质的银行卡(如下图)。芯片卡容量大,可以存储密钥、数字证书、指纹等信息,其工作原理类似于微型计算机,能够同时处理多种功能,为持卡人提供一卡多用的便利。

二、金融IC卡与传统磁条卡相比较的优势

一是安全性更高。金融IC卡具备的高安全性极大地降低了伪卡的风险,不仅提升了联机交易的安全性,也使卡片可以实现安全的脱机交易,有效地保障了银行和持卡人资金的安全。二是支付更快捷。金融IC卡能够提供脱机交易、非接触式交易,支付效率大大提高。三是应用范围广。金融IC卡拓展了银行卡的支付领域,使银行卡能满足公用事业、交通等众多行业的支付和服务需要,实现"一卡多用"。

我国金融IC卡推广规划中明确,自2015年1月1日起,所有新发行的银行卡应为金融IC卡。

三、信用卡消费信贷的特点

(1) 循环信用额度。我国发卡银行一般给予持卡人60天内的免息期,持卡人的信用额度根据信用状况核定。

(2) 具有无抵押无担保贷款性质。

(3) 一般有最低还款额要求。我国银行规定的最低还款额一般是应还金额的10%。

(4) 通常是短期、小额、无指定用途的信用。

(5) 信用卡除具有信用借款外,还有存取现金、转账、支付结算、代收代付、通存通兑、额度提现、网上购物等功能。

【小知识】

借记卡与信用卡的区别

借记卡是指银行发行的一种要求先存款后消费(或取现)、没有透支功能的银行卡。借记卡具有转账结算、存取现金、刷卡消费等功能,它还附加了买卖基金、外汇买卖、缴费等大量增值服务。

借记卡按功能的不同分为转账卡(含储蓄卡)、专用卡、储值卡。转账卡是实时扣账的借记卡,具有转账结算、存取现金和消费功能。专用卡是具有专门用途、在特定区域使用的借记卡,具有转账结算、存取现金功能。储值卡是发卡银行根据持卡人的要求将其资金转至卡内存储,交易时直接从卡内扣款的预付钱包式借记卡。

一般借记卡没有期限,而信用卡是有期限的。借记卡不具备透支功能,消费特点是"先付款,后消费",而信用卡则可以透支,即"先消费,后付款"。银行对借记卡中的资金支付利息,而对信用卡中的资金不仅不支付利息,在取款时还需支付手续费。

【阅读资料】

银行卡使用常识

一、如何使用银行卡

挑选银行卡前,你应当先了解银行卡的种类,各类银行卡具有哪些功能,自己的需求是什么,综合考虑这些因素后再作挑选。如果是信用卡,还需要考虑相应的利率、年费、延期付款等一些细节。要特别注意仔细阅读发卡机构的信用卡领用合约。

二、怎么计算利息

银行卡(贷记卡除外)内存款的利息按活期利率支付,计算方法与活期储蓄存款类似,一般使用日利率;计算存款期限时,从存入日起算到支取的前一天为止,算头不算尾。信用卡如果有透支,您一定要记着及时还款,否则会多付利息,并影响您的信用记录。

三、银行卡如何收费

信用卡如未开卡消费,则不收年费。使用信用卡后,银行根据您申请的信用卡种类的不同进行收费,一般的信用卡则规定刷卡几次免年费。借记卡一般要收取年费和账户管理费,但代发工资账户、退休金账户、低保账户、医保账户、失业保险金账户、住房公积金账户的年费和账户管理费(含小额账户管理费)是免收的。

四、银行卡丢了怎么办

银行卡丢失后,应迅速通过电话拨打银行服务电话,进行口头挂失,实现该账户的立即停止支付。但口头挂失只是临时挂失,有一定的有效期,各银行的口头挂失有效期各异。口头挂失后,应尽快持本人有效身份证件到发卡行的营业网点办理挂失手续,一段时间后就能获得一张新卡。办完新卡后,旧卡将被自动注销。为了安全起见,持卡人应谨慎保管好银行卡。不记名式的存单、储值卡和IC卡内的电子钱包是不能挂失的。

五、密码忘了怎么办

在申请银行卡时,银行就为你"分配"了一个密码,你可以将它改成自己熟悉的密码。如果哪一天想不起密码来,你凭自己的有效身份证件和银行卡,向发卡银行书面申请密码挂失,一般7天后就可以办理重置密码了。

六、避免信用卡恶意透支

对信用卡,银行允许善意透支,不过有额度和时间上的限制。如果超出限制,银行就可能认为你在恶意透支,轻则罚款,重则让你吃官司,你的信用记录也会增添一个污点,下一次要取得银行信任就不那么容易了。使用信用卡时,请养成按时还款的习惯,避免恶意透支。

七、信用卡还款方式

信用卡的还款方式主要有发卡行柜台、ATM、网上银行、自动转账、电话银行等,免息还款期从银行记账日起至到期还款日之间的日期为免息还款期。在此期间,你只要全额还清当期对账单上的本期应还金额,便不用支付任何利息。

八、如何用信用卡分期付款

目前,信用卡分期方式主要有商场分期、邮购分期和账单分期。商场分期时,部分需要通过查看身份证进行持卡人身份验证,并会收取分期手续费。邮购分期即通过发卡银行寄送的分期邮购目录手册,或银行的网上商城从限定的商品中进行选择,一般无论期数多少均不收手续费。账单分期是用户只要在刷卡消费之后且每月账单派出之前,通过电话等方式向发卡银行提出分期申请即可。

第三节　代理业务及其他

代理业务是指商业银行接受单位或个人委托,以代理人的身份,代表委托人办理一些经双方议定的有关经济事务的业务。

在代理业务中,委托人与银行一般用契约方式规定双方的权利、义务,包括代理的范围、内容、期限及纠纷的处理,由此形成一定的法律关系。商业银行在代理业务中一般不动用自己的资金,不为客户垫款,不参与收益分配,只向委托人收取一定的代理手续费。

一、代理收付业务

代理收付业务是商业银行利用自身优势,接受客户委托,代为办理指定款项的收付事宜的业务。

在日常经济活动中发生的定期或不定期、规则或不规则的款项收付,都可以通过银行代理收付实现,如代发工资、代缴水电气暖费、代缴罚款等公用事业费、代缴各种保险费、代理保险、代理发行国债、基金及代理分期付款业务等。

二、代理融通业务

代理融通又称代收账款或收买应收账款,是由商业银行代客户收取应收款项,并向客户提供资金融通的业务。

代理融通业务具体来讲,有银行、企业和顾客三方当事人。企业向顾客赊销货物或劳务,再把应收的赊销款转让给银行,由银行向企业提供资金融通并在赊销款到期时向顾客收账。银行向企业收取手续费及垫款的利息。

由于银行对赊欠的顾客进行过资信调查，并规定了授信额度，加上对赊销企业的资金融通，不但利息较高，而且有追索权，所以代理融通业务对商业银行来说收入高、风险相对较小，是一项有发展潜力的业务。

三、代理行业务

代理行业务是指商业银行的部分业务，由指定的其他银行代为办理的业务。

代理行可以分为两类：一类是国内银行之间的代理，一类是国际银行间的代理。

四、其他业务

其他业务是指商业银行应客户的要求，利用自身的知识、技术、信息和经验，为客户提供服务的业务。

其他业务主要包括：现金管理、代客理财、咨询服务、保管服务、财务顾问、代理会计事务、买卖外汇等等。

【查阅】

1.《中华人民共和国商业银行法》(2003年修正)。
2.《中华人民共和国商业银行法》(2015年修正)。

模块三　计算基础

第一章　利　　息

第一节　利息与利率

一、利息

利息，从其形态上看，是货币所有者由于贷出货币资金而从借款者那里获得的报酬；从另一方面看，它是借贷者使用货币资金所必须支付的代价。

马克思指出：贷出者和借入者双方都是把同一货币额作为资本支出的。但它只有在后者手中才执行资本的职能。同一货币额作为资本对两个人来说取得了双重的存在，这并不会使利润增加一倍。它所以能对双方都作为资本执行职能，只是由于利润的分割。其中归贷出者的部分叫作利息。马克思认为利息实质是利润的一部分，是剩余价值的转化形式。

二、利率

（一）利率

利率，也称利息率，是借贷期内利息额与借贷本金的比率。利率＝利息÷本金

利率通常分为年利率、月利率、日利率，分别用百分比（％）、千分比（‰）、万分比（‱）表示。在我国，对利率的习惯说法是"厘"，年利率百分之几称为年息几厘，月利率千分之几称为月息几厘，日利率万分之几称为日息几厘。年利率、月利率和日利率之间可以相互换算。年利率＝月利率×12＝日利率×360（365）。

（二）利率的分类

利率按照不同的标准可以划分出多种类别。

1. 市场利率和基准利率

市场利率是指由资金市场上供求关系决定的利率。市场利率因受到资金市场上的供求变化而经常变化。

基准利率是金融市场上具有普遍参照作用的利率，其他利率水平或金融资产价格均可根据这一基准利率水平来确定。在我国，以中国人民银行对国家专业银行和其他金融机构规定的存贷款利率为基准利率。基准利率决定了市场利率的变化趋势。

2. 固定利率和浮动利率

固定利率指在借贷合同期限内，利率不随利率政策及资金供求状况等外部因素变动而变动的利率。

浮动利率指在借贷合同期限内，根据约定在规定的时间依据利率政策或某种市场利率进行调整的利率。

3. 名义利率和实际利率

所谓名义利率，是央行或其他提供资金借贷的机构所公布的未调整通货膨胀因素的利率，即利息（报酬）的货币额与本金的货币额的比率。名义利率并不是投资者能够获得的真实收益，还与货币的购买力有关。如果发生通货膨胀，投资者所得的货币购买力会贬值。现实生活中，物价变动是普遍的，因此投资者所获得的真实收益必须剔除通货膨胀的影响，这就是实际利率。

实际利率，是指剔除通货膨胀率后，储户或投资者得到利息回报的真实利率。

【阅读资料】

存贷款基准利率

存贷款基准利率是指中国人民银行公布的利率标准，包括存款基准利率和贷款基准利率，在金融市场上具有普遍参照作用，其他利率水平或金融资产价格均可根据这一基准利率水平来确定。

一、存款基准利率

存款利率实行上限管理。目前，存款利率上限为存款基准利率的1.1倍。金融机构可以在人民银行规定的存款基准利率上限以下，结合资金成本、自身经营策略以及市场情况，自主确定对客户的存款利率。

二、贷款基准利率

2013年7月20日以前，贷款利率实行下限管理，贷款利率下限为贷款基准利率的0.7倍。自2013年7月20日起，经国务院批准，中国人民银行决定全面放开贷款利率管制，即取消金融机构贷款利率0.7倍的下限，由金融机构根据商业原则自主确定贷款利率水平。人民银行继续公布贷款基准利率。

同时，央行取消了票据贴现利率管制，改变贴现利率在再贴现利率基础上加点确定的方式,由金融机构自主确定;取消了农村信用社贷款利率2.3倍的上限,由农村信用社根据商业原则自主确定。但对于个人住房贷款利率浮动区间不作调整,仍保持原区间不变,继续严格执行差别化的住房信贷政策。

三、影响利率的因素

在市场经济条件下,影响利率的因素有很多,主要包括:

1. 平均利润率

在市场经济中,利息被视为平均利润的一部分,因而利息率也是由平均利润率决定的。平均利润率决定着利润总量,也必然决定着利息总量。在资本总量不变的情况下,平均利润率越高,利润总量越大,利息总量也越大,利率就越高。利息率的最高界限不能等于平均利润率,反之,利息率的最低界限不能等于零。

2. 资本供求状况和竞争

作为金融市场上商品的"价格"——利率,与其他商品的价格一样受供求规律的制约,利率在平均利润率和零之间变化,其变化方向取决于资本市场上资本的供求状况及借贷双方的竞争。一般来讲,当借贷资本供不应求,借贷双方竞争激烈,会导致利率上升;当借贷资本供大于求,没有竞争或借贷双方竞争很少,会导致利率下降。

3. 物价变动

物价上涨意味着货币贬值。由于价格具有刚性,变动的趋势一般是上涨,因而怎样使自己持有的资金不贬值,是资金所有者考虑的问题。在物价上涨的情况下,资金所有者往往会提高利率来弥补货币贬值的损失。

4. 风险程度

资金所有者贷出资金后,会面临由于借入者无力偿还或不愿偿还而产生的信用风险。融资活动不同,资金贷出者所承担的风险也不同。作为承担风险的补偿,贷出者会根据风险程度,要求借入者给予不同的报酬。一般来讲,风险程度越大,利率就越高;风险程度小,利率就越低。

5. 国家政策

由于利率变动对经济的发展有很大的影响,加上目前世界各国都在普遍推行国家干预经济的政策,利率已不再取决于信贷资金的供求状况自由波动,而取决于国家调节经济的需要,成为国家对经济活动进行宏观调控的重要工具。当国家需要刺激经济时,会调低利率;当国家需要限制经济过度膨胀时,会提高利率。

【阅读资料】

利率政策

利率政策是我国货币政策的重要组成部分,也是货币政策实施的主要手段之一。中国人民银行根据货币政策实施的需要,适时地运用利率工具,对利率水平和利率结构进行调整,进而影响社会资金供求状况,实现货币政策的既定目标。

目前,中国人民银行采用的利率工具主要有:(1)调整中央银行基准利率,包括:① 再贷款利率。指中国人民银行向金融机构发放再贷款所采用的利率;② 再贴现利率。指金融机构将所持有的已贴现票据向中国人民银行办理再贴现所采用的利率;③ 存款准备金利率。指中国人民银行对金融机构交存的法定存款准备金支付的利率;④ 超额存款准备金利率。指中央银行对金融机构交存的准备金中超过法定存款准备金水平的部分所支付的利率。(2)调整金融机构法定存贷款利率。(3)制定金融机构存贷款利率的浮动范围。(4)制定相关政策对各类利率结构和档次进行调整等。

近年来,中国人民银行加强了对利率工具的运用。利率调整逐年频繁,利率调控方式更为灵活,调控机制日趋完善。随着利率市场化改革的逐步推进,作为货币政策主要手段之一的利率政策,将逐步从对利率的直接调控向间接调控转化。利率作为重要的经济杠杆,在国家宏观调控体系中将发挥更加重要的作用。

附:

金融机构人民币存款基准利率

单位:年利率%

调整时间	活期存款	定期存款					
		三个月	半年	一年	二年	三年	五年
1990.04.15	2.88	6.30	7.74	10.08	10.98	11.88	13.68
1990.08.21	2.16	4.32	6.48	8.64	9.36	10.08	11.52
1991.04.21	1.80	3.24	5.40	7.56	7.92	8.28	9.00
1993.05.15	2.16	4.86	7.20	9.18	9.90	10.80	12.06
1993.07.11	3.15	6.66	9.00	10.98	11.70	12.24	13.86
1996.05.01	2.97	4.86	7.20	9.18	9.90	10.80	12.06
1996.08.23	1.98	3.33	5.40	7.47	7.92	8.28	9.00
1997.10.23	1.71	2.88	4.14	5.67	5.94	6.21	6.66
1998.03.25	1.71	2.88	4.14	5.22	5.58	6.21	6.66
1998.07.01	1.44	2.79	3.96	4.77	4.86	4.95	5.22
1998.12.07	1.44	2.79	3.33	3.78	3.96	4.14	4.50
1999.06.10	0.99	1.98	2.16	2.25	2.43	2.70	2.88
2002.02.21	0.72	1.71	1.89	1.98	2.25	2.52	2.79
2004.10.29	0.72	1.71	2.07	2.25	2.70	3.24	3.60
2006.08.19	0.72	1.80	2.25	2.52	3.06	3.69	4.14
2007.03.18	0.72	1.98	2.43	2.79	3.33	3.96	4.41
2007.05.19	0.72	2.07	2.61	3.06	3.96	4.41	4.95
2007.07.21	0.81	2.34	2.88	3.33	3.96	4.68	5.22
2007.08.22	0.81	2.61	3.15	3.60	4.23	4.95	5.49
2007.09.15	0.81	2.88	3.42	3.87	4.50	5.22	5.76
2007.12.21	0.72	3.33	3.78	4.14	4.68	5.40	5.85

续表

调整时间	活期存款	定期存款					
		三个月	半年	一年	二年	三年	五年
2008.10.09	0.72	3.15	3.51	3.87	4.41	5.13	5.58
2008.10.30	0.72	2.88	3.24	3.60	4.14	4.77	5.13
2008.11.27	0.36	1.98	2.25	2.52	3.06	3.60	3.87
2008.12.23	0.36	1.71	1.98	2.25	2.79	3.33	3.60
2010.10.20	0.36	1.91	2.20	2.50	3.25	3.85	4.20
2010.12.26	0.36	2.25	2.50	2.75	3.55	4.15	4.55
2011.02.09	0.40	2.60	2.80	3.00	3.90	4.50	5.00
2011.04.06	0.50	2.85	3.05	3.25	4.15	4.75	5.25
2011.07.07	0.50	3.10	3.30	3.50	4.40	5.00	5.50
2012.06.08	0.40	2.85	3.05	3.25	4.10	4.65	5.10
2012.07.06	0.35	2.60	2.80	3.00	3.75	4.25	4.75
2014.11.22	0.35	2.35	2.55	2.75	3.35	4.00	——
2015.03.01	0.35	2.10	2.30	2.50	3.10	3.75	——
2015.05.11	0.35	1.85	2.05	2.25	2.85	3.50	——
2015.06.28	0.35	1.60	1.80	2.00	2.60	3.25	——
2015.08.26	0.35	1.35	1.55	1.75	2.35	3.00	——

注：自2014年11月22日起，人民银行不再公布金融机构人民币五年期定期存款基准利率。

(资料来源：央行网站)

2015年8月26日央行降息后，各大银行存款利率汇总(年利率)

银行	活期	定期					
		三个月	半年	一年	两年	三年	五年
基准利率	0.35	1.35	1.55	1.75	2.35	3.00	——
工商银行	0.35	1.60	1.80	2.00	2.50	3.00	3.05
中国银行	0.35	1.60	1.80	2.00	2.50	3.00	3.05
建设银行	0.35	1.60	1.80	2.00	2.50	3.00	3.05
农业银行	0.35	1.60	1.80	2.00	2.50	3.00	3.05
招商银行	0.35	1.60	1.80	2.00	2.50	3.00	3.05
交通银行	0.35	1.60	1.80	2.00	2.50	3.00	3.05
浦发银行	0.35	1.75	2.00	2.25	2.65	3.05	3.10
邮储银行	0.35	1.60	1.81	2.03	2.50	3.00	3.00
兴业银行	0.35	1.75	2.00	2.25	3.00	3.45	3.45
中信银行	0.35	1.75	2.00	2.25	2.65	3.25	3.30
平安银行	0.35	1.75	2.00	2.25	2.75	3.05	3.10
广发银行	0.35	1.75	2.00	2.25	2.65	3.35	3.50
民生银行	0.35	1.75	2.00	2.25	2.70	3.30	3.35
光大银行	0.35	1.75	2.00	2.25	2.66	3.00	3.25
华夏银行	0.385	1.75	2.00	2.25	2.65	3.35	3.50
深圳农商银行	0.385	1.75	2.00	2.25	2.85	3.50	4.35

续表

银行	活期	定期					
		三个月	半年	一年	两年	三年	五年
北京银行	0.385	1.755	2.015	2.275	2.75	3.35	3.35
上海银行	0.35	1.75	2.00	2.25	2.65	3.00	3.10
浙商银行	0.35	1.75	2.00	2.25	3.00	3.50	3.75
齐鲁银行	0.42	1.92	2.16	2.40	3.12	3.90	4.45
汇丰银行	0.35	1.60	1.80	2.00	2.50	3.00	3.05
江苏银行	0.35	1.73	2.00	2.25	2.96	3.78	4.20
郑州银行	0.385	1.755	2.015	2.275	3.055	3.90	4.45

金融机构人民币贷款基准利率

单位：年利率％

调整时间	六个月以内（含六个月）	六个月至一年（含一年）	一至三年（含三年）	三至五年（含五年）	五年以上
1991.04.21	8.10	8.64	9.00	9.54	9.72
1993.05.15	8.82	9.36	10.80	12.06	12.24
1993.07.11	9.00	10.98	12.24	13.86	14.04
1995.01.01	9.00	10.98	12.96	14.58	14.76
1995.07.01	10.08	12.06	13.50	15.12	15.30
1996.05.01	9.72	10.98	13.14	14.94	15.12
1996.08.23	9.18	10.08	10.98	11.70	12.42
1997.10.23	7.65	8.64	9.36	9.90	10.53
1998.03.25	7.02	7.92	9.00	9.72	10.35
1998.07.01	6.57	6.93	7.11	7.65	8.01
1998.12.07	6.12	6.39	6.66	7.20	7.56
1999.06.10	5.58	5.85	5.94	6.03	6.21
2002.02.21	5.04	5.31	5.49	5.58	5.76
2004.10.29	5.22	5.58	5.76	5.85	6.12
2006.04.28	5.40	5.85	6.03	6.12	6.39
2006.08.19	5.58	6.12	6.30	6.48	6.84
2007.03.18	5.67	6.39	6.57	6.75	7.11
2007.05.19	5.85	6.57	6.75	6.93	7.20
2007.07.21	6.03	6.84	7.02	7.20	7.38
2007.08.22	6.21	7.02	7.20	7.38	7.56
2007.09.15	6.48	7.29	7.47	7.65	7.83
2007.12.21	6.57	7.47	7.56	7.74	7.83
2008.09.16	6.21	7.20	7.29	7.56	7.74
2008.10.09	6.12	6.93	7.02	7.29	7.47
2008.10.30	6.03	6.66	6.75	7.02	7.20
2008.11.27	5.04	5.58	5.67	5.94	6.12
2008.12.23	4.86	5.31	5.40	5.76	5.94
2010.10.20	5.10	5.56	5.60	5.96	6.14
2010.12.26	5.35	5.81	5.85	6.22	6.40

续表

调整时间	六个月以内（含六个月）	六个月至一年（含一年）	一至三年（含三年）	三至五年（含五年）	五年以上
2011.02.09	5.60	6.06	6.10	6.45	6.60
2011.04.06	5.85	6.31	6.40	6.65	6.80
2011.07.07	6.10	6.56	6.65	6.90	7.05
2012.06.08	5.85	6.31	6.40	6.65	6.80
2012.07.06	5.60	6.00	6.15	6.40	6.55
2014.11.22	5.60	6.00	6.15		
2015.03.01	5.35	5.75	5.90		
2015.05.11	5.10	5.50	5.65		
2015.06.28	4.85	5.25	5.40		
2015.08.26	4.60	5.00	5.15		

注：自2014年11月22日起，金融机构人民币贷款基准利率期限档次简并为一年以内（含一年）、一至五年（含五年）和五年以上三个档次。

（资料来源：央行网站）

第二节 利息的计算

利息的计算方法中，最基础的有两种：单利法和复利法。

一、单利法

单利是指按照固定的本金计算的利息，是计算利息的一种方法。

单利的计算取决于所借款项或贷款的金额（本金），资金借用时间的长短及市场一般利率水平等因素。按照单利计算的方法，只要本金在贷款期限中获得利息，不管时间多长，所生利息均不加入本金重复计算利息。

单利利息的计算公式为：利息（I）＝本金（P）×计息期数（n）×利率（R）

其中：P代表本金，又称期初金额或现值；

R代表利率，通常指每年利息与本金之比；

I代表利息；

n代表计息期数，通常以年为单位。

例：香香面包房5月7日向银行借入年利率12％三个月借款50 000元，到期后一次性还本付息。计算香香面包房8月6日该归还银行多少钱？

50 000＋50 000×12％÷12×3＝51 500元

二、复利法

复利是指在每经过一个计息期后，都要将所生利息加入本金，以计算下期的利息。这样,在每一个计息期,上一个计息期的利息都将成为生息的本金,即以利生利,也就是俗称的"利滚利"。

复利计算的特点是把上期末的本利和作为下一期的本金,在计算时每一期本金的数额是不同的。

复利的计算公式是:本利和(F)＝本金(P)×[1＋利率(R)^时间－1]

其中:F代表本金与利息之和,又称本利和或终值。

例:香香面包房6月7日向民间借贷借入复利为月利率50‰三个月借款50 000元,到期后一次性还本付息。计算香香面包房9月6日该归还银行多少钱?

50 000×[(1＋50‰)^3－1]＝57 881.25 元

【阅读资料】

利息计算常识

一、人民币业务的利率换算公式(存贷通用)

1. 日利率(‰)＝年利率(%)÷360＝月利率(‰)÷30
2. 月利率(‰)＝年利率(%)÷12

结息和计息方式。个人活期存款按季结息,按结息日挂牌活期利率计息。未到结息日清户时,按清户日挂牌公告的活期利率计息到清户前一日为止。单位活期存款按日计息,按季结息,计算期间遇利率调整分段计息。

人民币各项贷款的计、结息方式由借贷双方协商确定。贷款利率可在合同期间内按月、按季、按年调整,也可采用固定利率的确定方式。

二、银行可采用积数计息法和逐笔计息法计算利息

1. 积数计息法按实际天数每日累计账户余额,以累计计息积数乘以日利率计算利息。计息公式为:

利息＝累计计息积数×日利率,其中累计计息积数＝每日余额合计数。

2. 逐笔计息法按预先确定的计息公式。利息＝本金×利率×贷款期限逐笔计算利息,具体有三:

计息期为整年(月)的,计息公式为:

① 利息＝本金×年(月)数×年(月)利率

计息期有整年(月)又有零头天数的,计息公式为:

② 利息＝本金×年(月)数×年(月)利率＋本金×零头天数×日利率

同时,银行可选择将计息期全部化为实际天数计算利息,即每年为365天(闰年366天),每月为当月公历实际天数,计息公式为:

③ 利息＝本金×实际天数×日利率

这三个计算公式实质相同,但由于利率换算中一年只作360天,但实际按日利率计算时,一年将作365天计算,得出的结果会稍有偏差。具体采用哪一个公式计算,央行赋予金融机构自主选择的权利。

三、复利

复利即对利息按一定的利率加收利息。按照央行的规定,借款方未按照合同约定的时间偿还利息的,就要加收复利。

四、罚息

贷款人未按规定期限归还银行贷款,银行按与当事人签订的合同对失约人的处罚利息叫作银行罚息。

五、贷款逾期违约金

性质与罚息相同,对合同违约方的惩罚措施。

六、计息方法的制定与备案

全国性商业银行法人制定的计、结息规则和存贷款业务的计息方法,报中国人民银行总行备案并告知客户;区域性商业银行和城市信用社法人报人民银行分行、省会(首府)城市中心支行备案并告知客户;农村信用社县联社法人可根据所在县农村信用社的实际情况制定计、结息规则和存贷款业务的计息方法,报人民银行分行、省会(首府)城市中心支行备案,并由农村信用社法人告知客户。

【阅读资料】

拿破仑与玫瑰花

1797年,伟大的拿破仑·波拿巴皇帝携同他新婚的妻子约瑟芬皇后参观了卢森堡大公国第一国立小学。在那里,受到全校师生的热情款待。孩子们莺歌燕舞,园丁们虔诚殷勤,餐桌上美味佳肴。这使得拿破仑夫妇很过意不去。

在辞别的时候,伟大的拿破仑皇帝慷慨、潇洒地给该校校长送上一束价值3个金路易的玫瑰花。他说:"为了答谢贵校对我,尤其是我夫人约瑟芬的盛情款待,我不仅仅今天呈上一束玫瑰花,并且在未来的日子里,只要我们的法兰西国家存在一天,每年的今天我将亲自派人送给贵校一束价值相等的玫瑰花,作为法兰西与卢森堡友谊的象征。"然而,事过境迁,疲于连绵的战争和此起彼伏的政治斗争,最终惨败并被流放的拿破仑,把在卢森堡的许诺早忘得一干二净。可是,卢森堡这个欧洲小国,却把这段"欧洲巨人与卢森堡孩子亲切和睦相处的一刻"载入了他们的史册,还编成画册和儿童文学故事,成了一则脍炙人口的美谈。

历史前进的脚步一刻也不停息,转眼近一个世纪的时光过去了。1894年,这件相隔近一个世纪的故事却给法国惹了个大麻烦——卢森堡政府通知法国政府,提出了"玫瑰花悬案"索赔。要求:"要么自1797年起,用3个金路易作为一束玫瑰花的本金,以5厘复利计息(就是利滚利)结算,全部偿清这笔玫瑰花外债,共计1 375 596法郎;要么法国各大报纸承认,你们的一代伟人拿破仑是个无信的小人。"

这一历史公案使法国政府处于极为尴尬的局面,因为只要法国存在一天,此案就永无了结的可能。但是为了拿破仑的声誉,法国政府还是准备支付这笔巨款。但是,又出现了另一个问题,如果法国政府支付这笔外债,也是承认伟大的拿破仑没有履行自己的承诺。

经过一番冥思苦想，法国人用如下措辞取得了卢森堡人的谅解："今后，无论在精神还是物质上，法国将始终不渝地对卢森堡大公国的中小学教育事业予以支持和赞助，来兑现我们的拿破仑将军那一诺千金的'玫瑰花'誓言。"

第二章　货币的时间价值

第一节　概　　述

货币的时间价值，是指货币经过一定时间的投资和再投资所增加的价值，称为资金的时间价值。货币的时间价值不产生于生产与制造领域，而产生于社会资金的流通领域。

经济学上，把现在的货币资金价值称为现值，未来的货币资金价值称为终值。

本杰明·弗兰克说："钱生钱，并且所生之钱会生出更多的钱。"这是货币时间价值的本质。货币的时间价值认为，当前拥有的货币比未来收到的等量的货币具有更大的价值，因为当前拥有的货币可以进行投资。即使有通货膨胀的影响，只要存在投资机会，货币的现值就一定大于它的未来价值，即时间价值来源于剩余价值。换个角度看，现在一定量的货币与未来一定量的货币的购买力之所以不同，是因为要节省现在的一定量货币不消费而改在未来消费，那么在未来消费时必须有大于一定量的货币可供消费，来作为弥补延迟消费的补偿。

【阅读资料】

关于货币时间价值

你和一个朋友路过一家甜饼店，一个特色甜饼5美元，你身上刚好只有5美元，而你的朋友身无分文。你的朋友向你借了5美元用来买甜饼自己享用（不考虑两人分享），并答应下个星期归还。此外你的朋友坚持要为这5美元支付合理的报酬。那么你所要求的报酬应该是多少呢？这个问题的答案表明了货币时间加值的含义：对放弃当前消费的机会成本所给予的公平回报。对于理性经济人来说，只有当他们能在未来获得更多的消费时，他们才会放弃当期的消费。放弃消费今天的一个小甜饼，你有可能会在将来消费更多的小甜饼。

注意：本例中，已经隐含地假定小甜饼的预期价格不会上涨（也就是不存在通货膨胀），此外也不存在你的朋友不还钱的违约风险。如果我们预计到其中任何一种情况发生，那么我们就应该对今天借出的资金，要求更多的偿还。但是我们最需要考虑的是机会成本,这是最基本的。

(资料来源:《财务管理基础》,中国人民大学出版社,2006年5月版)

第二节 计 算 案 例

【案例一】

赵同学今年得到压岁钱 1 000 元,他拿去做了一个年利率为 5% 的一年期投资,请问一年后赵同学能得到多少钱?

利息收入:$1\ 000 \times 5\% = 50$ 元

本金投入:$1\ 000 \times 1 = 1\ 000$ 元

全部收入:$1\ 000 \times (1 + 5\%) = 1\ 050$ 元

【案例二】

赵同学发现一个回报率为 5% 的一年期投资,他想在一年后拥有 1 000 元,请问现在赵同学应该投资多少钱?

现在投入的资金 $= 1\ 000 \div (1 + 5\%) = 952.38$ 元

【案例三】

假如现在赵同学有 5 000 元,他可以选择两种方式进行为期六年的投资。一是把资金存入银行进行理财,年利率为 12%,单利计算。二是把资金借给表哥做生意,年利率 12%,复利计算。哪种方式收益更高?

把钱存入银行:$5\ 000 \times (1 + 12\% \times 6) = 8\ 600$ 元

把钱借给表哥:$5\ 000 \times (1 + 12\%)^6 = 9\ 869.11$ 元

两种收益差别:$9\ 869.11 - 8\ 600 = 1\ 269.11$ 元

【案例四】

假如赵同学现在 16 岁,他想在 60 岁时有一百万养老金,请问,在年投资回报率 10% 的情况下,赵同学现在需要一次性拿出多少钱来投资?

本金终值 $= 1\ 000\ 000$ 元

时间 $= 60 - 16 = 44$ 年

本金现值 $= 1\ 000\ 000 \div (1 + 10\%)^{44} = 15\ 091$ 元

【小知识】

72 法则

所谓的"72 法则"就是以 1%的复利来计息,经过 72 年以后,你的本金就会变成原来的一倍。该法则能非常方便地举一反三,例如,利用 5%年报酬率的投资工具,经过 14.4 年(72/5)本金就变成一倍;利用 8%年报酬率的投资工具,经过 9 年(72/8)本金就变成一倍;利用 12%的投资工具,则要 6 年左右(72/12),才能让 1 块钱变成 2 块钱。因此,今天如果你手中有 10 万元,运用了报酬率 15%的投资工具,你可以很快便知道,经过约 4.8 年,你的 10 万元就会变成 20 万元。虽然利用"72 法则"不像查表计算那么精确,但也已经十分接近了,因此当你手中少了一份复利表时,记住简单的"72 法则",或许能够帮你不少的忙。"72 法则"同样还可以用来计算贬值速度,例如通货膨胀率是 3%,那么 72÷3=24,24 年后你现在手里的 10 元钱就只能买 5 元钱的东西了。

模块四　会计基础

第一章　会计概述

第一节　会计的概念和职能

一、会计的概念

物质资料的生产是人类社会赖以生存和发展的基础,在生产活动当中,为了获得一定的劳动成果,必须要消耗一定的人力物力,人们一方面关心劳动成果的多少,另一方面也注重劳动耗费的高低,会计这一专门职能就是生产发展到一定阶段的产物。会计是以货币为主要计量单位,反映和监督一个单位经济活动的一种经济管理工作。

二、会计的特征

会计主要有三个基本特征:

1. 会计以货币为主要计量单位

尽管有时会计也要运用实物量度和劳动量度作为辅助量度,但是货币量度始终是会计最基本的、统一的、主要的计量尺度。

2. 会计以凭证为依据

会计的任何记录和计量都必须以会计凭证为依据,这就使会计信息具有真实性和可验证性。只有经过审核无误的原始凭证,才能据以编制记账凭证,登记账簿进行加工处理。这一特征也是其他经济管理活动所不具备的。

3. 会计具有连续性、系统性、全面性和综合性

会计在利用货币量度计算和监督经济活动时,以经济业务发生的时间先后为顺序连续地不间断地进行登记,对每一次经济业务都无一遗漏地进行登记,不能任意取舍,做到全面完整。现时登记时,要进行分类整理,使之系统化,而不能杂乱无章,并通过价值量进行综合、汇总,以完整地反映经济活动的过程和结果。

三、会计的基本职能

会计的职能是指会计在经济管理过程中所具有的功能,会计的基本职能包括会计核算和会计监督两个方面。

1. 会计核算职能

会计核算职能,是会计最基本的职能,也称反映职能。是指会计以货币作为主要计量单位,通过确认、记录、计算、报告等环节,对特定主体的经济活动进行记账、算账、报账,为各方面提供会计信息的功能。

2. 会计监督职能

会计监督职能也称为控制职能。会计监督是指会计人员在进行会计核算的同时,对特定主体经济活动的合法性、合理性进行审查。会计监督不仅体现在过去已发生的经济业务上,还体现在业务发生过程之中和尚未发生之前,包括事前、事中和事后监督。

3. 会计两个基本职能的关系

会计核算职能和会计监督职能是相辅相成、辩证统一的关系。会计核算是会计监督的基础,没有核算所提供的各种信息,监督就失去了依据;而会计监督又是会计核算质量的保障,只有核算、没有监督,就难以保证核算所提供信息的真实性、可靠性。

第二节　会计核算的基本前提

会计核算的基本前提也称为会计假设,它是对会计核算所处的时间、空间环境所作的合理假定,是进行会计核算时必须明确的前提条件。在我国《企业会计准则——基本准则》中,会计核算的基本前提包括会计主体、持续经营、会计分期和货币计量四项。

一、会计主体

会计主体是指会计所核算和监督的特定单位或者组织,一般来说,凡拥有独立的资金、自主经营、独立核算收支、盈亏并编制报表的企业或单位就构成了一个会计主体。会计主体可以是一个企业,也可以是企业内部的某个单位或企业中的一个特定部分;可以是单一的一个企业,也可以是几个企业组成的企业集团。

会计主体与法律主体不是对等的概念,法人可作为会计主体,而会计主体不一定是法人。法律主体必然是一个会计主体,而会计主体不一定是法律主体,会计主体可以是独立的法人,也可以是非法人;企业集团由若干个具有法人资格的企业组成,各个企业既是独立的会计主体也是法律主体。企业集团是会计主体,但通常不是一个法人。

【例】下列说法正确的是(　　)

A. 一般来说,凡拥有独立的资金、自主经营、独立核算收支、盈亏并编制报表的企业或单位就构成了一个会计主体。

  B. 会计主体可以是企业中的一个特定部分,也可以是几个企业组成的企业集团。
  C. 会计主体假设界定了从事会计工作和提供会计信息的空间范围。
  D. 会计主体一定是法律主体。

答案:ABC

解析:会计主体与法律主体并不是对等的概念,法律主体可作为会计主体,但会计主体不一定是法律主体。

二、持续经营

  持续经营,是指会计主体在可以预见的未来,将根据正常的经营方针和既定的经营目标持续经营下去。即在可预见的未来,该会计主体不会破产清算,所持有的资产将正常营运,所负有的债务将正常偿还。

  持续经营前提,是指会计核算应当以企业持续、正常的生产经营活动为前提,而不考虑企业是否破产清算等。明确了这个基本前提,会计人员就可以在此基础上选择适用的会计原则和会计方法,为解决很多常见的资产计价和收益确认问题提供基础。持续经营只是一个假定,任何企业在经营中都存在破产、清算等不能持续经营的风险,任何企业都可能会破产,一旦进入破产清算,就应当改变会计核算的方法。

三、会计分期

  会计分期,是指将一个会计主体持续的生产经营活动,划分为若干相等的会计期间,以便分期结算账目和编制财务会计报告,从而及时地向有关方面提供会计信息。在《企业会计准则》中,规定我国企业的会计期间按年度划分,以日历年度为一个会计年度,即从每年1月1日至12月31日为一个会计年度。

四、货币计量

  货币计量,是指会计主体在会计核算过程中,采用货币作为统一的计量单位。由于货币是衡量一般商品价值的共同尺度,其他的计量单位如实物计量和时间计量,只能从一个侧面反映企业的生产经营成果,无法在量上进行比较,也不便于汇总经济信息。因此,采用货币作为统一的计量单位,可以全面反映企业的生产经营、业务收支等情况。

  按照《企业会计制度》的规定,会计核算以人民币为记账本位币。业务收支以外币为主的单位,也可以选择某种外币作为记账本位币,但编制财务会计报告应当折算为人民币,在境外设立的中国企业向国内报送的财务会计报告,应当折算为人民币。

  上述会计核算的四项基本前提,具有相互依存、相互补充的关系。具体地说:会计主体确立了会计核算的空间范围,持续经营与会计分期确立了会计核算的时间长度,而货币计量则为会计核算提供了必要手段。没有会计主体,就不会有持续经营;没有持续经营,就不会有会计分期;没有货币计量,就不会有现代会计。

【例】记账本位币指的是记账使用的货币种类,按照《企业会计制度》的规定,会计核算必须以人民币为记账本位币。(   )

答案:×

解析:业务收支以外币为主的单位,也可以选择某种外币作为记账本位币。

【例】业务收支以外币为主的单位,可以选择某外币作为记账本位币,并按照记账本位币编制财务会计报告。(   )

答案:×

解析:业务收支以外币为主的单位,可以选择某种外币作为记账本位币,但是编制的财务会计报告应当折算为人民币。

第二章　会　计　要　素

第一节　会　计　要　素

会计要素,是对会计对象进行的基本分类,是会计核算对象的具体化,是用于反映会计主体财务状况,确定经营成果的基本单位。根据《企业会计准则》规定,会计要素有六大要素,分别为:资产、负债、所有者权益、收入、费用、利润。其中资产、负债和所有者权益三项会计要素表现资金运动的相对静止状态,反映企业的财务状况。收入、费用和利润三项会计要素表现资金运动的显著变动状态,反映企业的经营成果。

一、资产

1. 资产的概念

资产是指由于过去的交易、事项形成并由企业拥有或者控制的资源,该资源预期会给企业带来经济利益。

2. 资产的特征

根据资产的概念,资产具有三个方面的特征:

(1)资产是由于过去的交易或事项形成的。也就是说资产必须是现实的资产,而不能是预期的资产,如计划中的资产购买不能形成企业的资产。

(2)资产是企业拥有或者控制的。判断是否属于企业资产,不仅仅是看所有权的归属,而是要看所有权上的主要风险和报酬是否转移。比如,融资租入固定资产,企业虽然没有获得所有权,但具有控制权,也应确认为资产。

(3)资产能够给企业带来未来经济利益。如果某一项资源预期不能给企业带来经济利益,那就不能将其确认为企业的资产。

3. 资产的分类

资产按其流动性分为流动资产和非流动资产。

(1) 流动资产,指的是可以在一年或者超过一年的一个营业周期内变现或者耗用的资产,包括现金、银行存款、短期投资、应收及预付款项、待摊费用、存货等。其中,"应收及预付款项"包括应收账款、应收票据、应收股利、应收利息、其他应收款、预付账款等。"存货"主要包括原材料、库存商品、在产品、半成品、产成品等。

(2) 非流动资产,是指流动资产以外的资产。主要包括长期投资、固定资产、无形资产和其他资产。长期投资是短期投资以外的投资,主要指的是投资期限在一年以上的投资,按照投资性质可以分为长期股权投资和长期债权投资。固定资产是指为生产商品、提供劳务、出租或经营管理而持有的,使用期限超过一年,单位价值较高的有形资产。无形资产是指为生产商品或者提供劳务、出租给他人或为经营管理目的而持有的、没有实物形态的非货币性资产,主要包括专利权、非专利技术、商标权、著作权、土地使用权、商誉等等。无形资产分为可辨认无形资产和不可辨认无形资产。不可辨认无形资产指的是商誉,其他的无形资产都是可辨认无形资产。其他资产指除上述资产以外的资产,如长期待摊费用。

【例】下列各项中,符合资产要素的有_____。

A. 库存商品 B. 委托加工物资
C. 正在加工的半成品 D. 毁损的材料

答案:ABC

解析:选项 D 明显不正确,毁损的材料不能给企业带来经济利益,因此不属于资产。

二、负债

1. 负债的概念

负债是指过去的交易、事项形成的现时义务,履行该义务预期会导致经济利益流出企业。

2. 负债的特征

(1) 负债是由过去的交易或事项形成的,只有过去已经发生的交易或事项才能增加或减少企业的负债,未来发生的交易或事项形成的义务不属于现时义务,不应当确认为负债;

(2) 负债的清偿预期会导致经济利益流出企业,负债的清偿形式主要有用现金偿还、实物资产偿还、提供劳务偿还等。

3. 负债的分类

负债按其流动性不同,分为流动负债和长期负债。

流动负债是指将在一年或者超过一年的一个营业周期内偿还的债务,包括短期借款、应付票据、应付账款、预收货款、应付工资、应付福利费、应交税金、应付股利、其他暂收及应付款、预提费用和一年内到期的长期借款等。

长期负债是指偿还期限在一年或者超过一年的一个营业周期以上的债务,包括长期借款、应付债券、长期应付款等。

【例】 负债是指企业由于过去交易或事项形成的_____。

A. 过去义务　　　B. 现时义务　　　C. 将来义务　　　D. 潜在义务

答案: B

解析: 在负债的定义中,明确指出负债是指过去的交易或者事项所形成的现时义务,因此其他选项错误。

三、所有者权益

1. 所有者权益的概念

所有者权益又称为净资产,是指企业所有者在企业资产中享有的经济利益,其金额为资产减去负债后的余额。

企业资产形成的资金来源有两个:一个是债权人,一个是所有者。债权人对企业资产的要求权形成企业负债,所有者对企业资产的要求权形成企业的所有者权益。

2. 所有者权益的特征

(1) 除非发生减资、清算或分派现金股利,企业不需要偿还所有者权益;

(2) 企业清算时,只有在清偿所有的负债后,所有者权益才可还给所有者;

(3) 所有者凭借所有者权益能够参与利润分配。

3. 所有者权益的分类

所有者权益包括实收资本(或者股本)、资本公积、盈余公积和未分配利润等。

实收资本(或股本)是指投资者按照企业章程或合同、协议的约定,实际投入企业的资本。实收资本按照投资形式有货币资金、实物、无形资产三种。无形资产一般不得超过企业注册资本的70%,按投资各方确认的价值作为实收资本入账。

资本公积是指企业在经营过程中由于接受捐赠、股本溢价以及法定财产重估增值等原因所形成的公积金。

盈余公积是指企业从利润中提取的公积金、公益金。有法定盈余公积和任意盈余公积。企业提取的盈余公积可用于弥补亏损、扩大生产经营、转增资本(或股本)或派送新股等。

未分配利润是企业未作分配的利润。它在以后年度可继续进行分配,在未进行分配之前,属于所有者权益的组成部分。盈余公积与未分配利润统称为留存收益。

【例】 下列各项中,属于资本公积来源的有( )

A. 盈余公积转入　　　　　　　　B. 接受捐赠

C. 资本溢价或股本溢价　　　　　D. 从企业实现的净利润中提取

答案: BC

解析: 盈余公积转增资本,不转入资本公积;从企业实现的利润中提取的,应计入盈余公积,不计入资本公积。

四、收入

1. 收入的概念

收入,是指企业在销售商品、提供劳务及让渡资产使用权等日常活动中形成的经济利益的总流入。

2. 收入的特征

(1) 收入从企业的日常活动中产生,而不是从偶发的交易或事项中产生;

(2) 收入是与所有者投入资本无关的经济利益总流入;

(3) 收入必然能导致企业所有者权益的增加。

3. 收入的分类

收入按企业经营业务的主次分为主营业务收入和其他业务收入。主营业务收入一般指的是营业执照注明的主营业务所取得的收入,如产品销售收入;其他业务收入一般指的是营业执照注明的兼营业务所取得的收入,如原材料销售收入、包装物出租收入等。

【例】下列可以确认为收入的有(　　)

A. 商品销售收入　　　　　　B. 接受的捐赠收入

C. 包装物出租收入　　　　　D. 原材料销售收入

答案:ACD

解析:接受的捐赠收入属于资本公积。

五、费用

1. 费用的概念

费用,是指企业为销售商品、提供劳务等日常活动所发生的经济利益的总流出。

2. 费用的特征

(1) 费用是小企业在日常活动中发生的经济利益的总流出。企业从事或发生的某些活动或事项也能导致经济利益流出,但不属于企业的日常活动。例如,小企业处置固定资产、无形资产等非流动资产,因违约支付罚款,对外捐赠,因自然灾害等非正常原因造成财产毁损等,这些活动或事项形成的经济利益的总流出属于企业的损失而不是费用。

(2) 费用会导致企业所有者权益的减少。费用既可能表现为资产的减少,如减少银行存款、库存商品等;也可能表现为负债的增加,如增加应付职工薪酬、应交税费(应交营业税、消费税等)等,即费用一定会导致企业所有者权益的减少。

(3) 费用与向所有者分配利润无关。向所有者分配利润或股利属于企业利润分配的内容,不构成企业的费用。

3. 费用的分类

按照其经济用途不同,费用可以分为生产成本和期间费用。

生产成本是指销售商品或提供劳务的成本,要计入产品成本。其内容包括主营业务成本和其他业务成本。

期间费用是指企业在日常活动中发生的,应当直接计入当期损益的费用,包括营业费用、管理费用和财务费用。

【例】下列说法正确的是(　　)

A. 生产成本要计入产品成本

B. 制造费用属于期间费用

C. 自然灾害损失不属于费用

D. 费用表现为企业资产的减少或负债的增加,最终导致企业所有者权益的减少

答案:ACD

解析:制造费用要分配计入产品成本,不属于期间费用。

六、利润

1. 利润的概念

利润是指企业在一定会计期间的经营成果,是企业在一定会计期间内生产经营活动的最终结果,即收入与费用相抵后的差额。

2. 利润的特征

(1)利润是收入和费用两个会计要素相配比的结果。

(2)利润最终会导致所有者权益发生变动。

3. 利润的分类

利润的内容包括营业利润及营业外收支净额等。

营业利润是指企业在销售商品、提供劳务等日常活动中所产生的利润。其内容为主营业务利润和其他业务利润扣除期间费用之后的余额。

利润总额是指营业利润加上营业外收入,减去营业外支出后的金额。

净利润是指利润总额减去所得税费用后的金额。

第二节　会 计 等 式

会计等式,是反映会计要素之间平衡关系的计算等式,也称为会计恒等式。

一、反映财务状况的会计等式

资产＝负债＋所有者权益

或:

资产＝债权人权益＋所有者权益

即:

资产＝权益

该等式反映的是资金运动的静态方面,又称为静态会计等式,反映了企业任何一个时

点资产的分布状况及其形成来源,是某一特定时刻的财务状况,是复式记账法的理论基础,是编制资产负债表的依据,是基本会计等式。

二、反映经营成果的会计等式

收入－费用＝利润

该等式表明了企业在一定会计期间的经营成果与相应的收入和费用之间的关系,说明了企业利润的形成过程,又称为动态会计等式。

三、会计等式的扩展式

在企业经营过程中,上述会计等式可扩展为:
资产＝负债＋所有者权益＋(收入－费用)＝负债＋所有者权益＋利润
到年末利润分配后,扩展式又恢复到基本会计等式:
资产＝负债＋所有者权益

四、经济业务对会计等式的影响

经济业务是指,能引起会计要素发生变化并能用货币计量的经济活动,也称为会计事项。

【案例】香香面包房2014年12月1日资产与权益期初总额为200万元,假设12月份发生如下经济业务。

例1: 接受朋友李先生投入的机器设备一台,价值30万元。

分析: 这项业务发生后,使资产要素的"固定资产"项目增加了30万元,同进使权益方的"实收资本"项目也增加了30万元,两边总额仍然相等。

资产与权益同时增加,不影响会计等式的平衡关系。

例2: 以银行存款20万元偿还银行短期借款。

分析: 这项业务发生后,使资产要素的"银行存款"项目减少了20万元,同进使负债方的"短期借款"项目也少了20万元,两边总额仍然相等。

资产与权益同时减少,不影响会计等式的平衡关系。

例3: 以现金购入原材料10万元。

分析: 这项业务发生后,使资产要素的"现金"项目减少了10万元,同进使资产要素的"原材料"项目增加了10万元,两边总额仍然相等。

资产之间有增有减,不影响会计等式的平衡关系。

例4: 经同意父母的借款40万元,转作实收资本。

分析: 这项业务发生后,使负债要素的"长期借款"项目减少了40万元,同进使所有者权益要素的"实收资本"项目增加了40万元,两边总额仍然相等。

权益之间有增有减,不影响会计等式的平衡关系。

以上四种类型的经济业务所引起的资产与权益变化有：① 资产与权益同时增加；② 资产与权益同时减少；③ 资产之间有增有减；④ 权益之间有增有减。但无论哪种情况，资产总额和权益总额始终保持相等关系。也就是说，每一项经济业务的发生都不会破坏会计基本等式的平衡关系，而是在原有平衡的基础上达到新的平衡，资产恒等于权益，即：资产＝负债＋所有者权益。

第三章 借贷记账法

第一节 会 计 科 目

一、会计科目的概念

会计科目是指对会计要素的具体内容进行分类核算的项目。会计要素是对会计对象的基本分类：资产、负债、所有者权益、收入、费用和利润，这六个会计要素又是会计核算和监督的内容。而这六个会计要素对于纷繁复杂的企业经济业务的反映，又显得过于粗略。因此，为满足经营管理及有关各方对会计信息的质量要求，必须对会计要素进行细化。即采用一定的形式，对每个会计要素所反映的具体内容进一步分门别类地划分，设置会计科目。

二、会计科目的分类

（一）总分类科目和明细分类科目

会计科目按其所提供信息的详细程度及其统驭关系不同，分为总分类科目和明细分类科目。

1. 总分类科目

总分类科目又称为总账科目，是对会计要素具体内容进行总括分类、提供总括信息的会计科目，总分类科目一般按财政部门制订的统一会计制度规定设置，如"应收账款"、"应付账款"、"原材料"等。

2. 明细分类科目

明细分类科目又称为明细科目，是对于总分类科目作进一步分类、提供更详细更具体会计信息的科目，除会计制度规定设置的明细分类科目以外，企业可以根据本单位经营管理的需要和经济业务的具体内容自行设置明细分类科目。如"应收账款"科目按债务人名称或姓名设置明细科目,反映应收账款的具体对象。

3. 总分类科目和明细分类科目的关系

总分类科目概括地反映会计对象的具体内容,明细分类科目详细地反映会计对象的具体内容。总分类科目对明细分类科目具有控制作用,而明细分类科目是对总分类科目的补充和说明。

(二)会计科目按其所归属的会计要素分类

会计科目按其所归属的会计要素不同,分为资产类、负债类、所有者权益类、成本类和损益类五大类。具体如下:

1. 资产类科目

资产类科目是指用于核算资产增减变化,提供资产类项目会计信息的会计科目。我国现行的《企业会计制度》规定的资产类科目包括现金、银行存款、其他货币资金、短期投资、短期投资跌价准备、应收票据、应收股利、应收利息、应收账款、其他应收款、坏账准备、预付账款、应收补贴款、物资采购、原材料、包装物、低值易耗品、材料成本差异、库存商品、委托加工物资、委托代销商品、受托代销商品、存货跌价准备、分期收款发出商品、待摊费用、长期股权投资、长期债权投资、长期投资减值准备、固定资产、累计折旧、固定资产减值准备、工程物资、在建工程、在建工程减值准备、固定资产清理、无形资产、无形资产减值准备、长期待摊费用、待处理财产损益等。

2. 负债类科目

负债类科目是指用于核算负债增减变化,提供负债类项目会计信息的会计科目。我国现行的《企业会计制度》规定的负债类科目包括短期借款、应付票据、应付账款、预收账款、代销商品款、应付工资、应付福利费、应付股利、应交税金、其他应交款、其他应付款、预提费用、长期借款、应付债券、长期应付款、专项应付款等。

3. 所有者权益类科目

所有者权益类科目是指用于核算所有者权益增减变化,提供所有者权益有关项目会计信息的会计科目。我国现行的《企业会计制度》规定的所有者权益类科目包括实收资本(或股本)、资本公积、盈余公积、本年利润和利润分配等。

4. 成本类科目

成本类科目是用于核算成本的发生和归集情况,提供成本相关会计信息的会计科目。我国现行的《企业会计制度》规定的成本类科目包括生产成本、制造费用、劳务成本。

5. 损益类科目

损益类科目是指用于核算收入、费用的发生或归集,提供一定期间损益相关的会计信息的会计科目。我国现行的《企业会计制度》规定的损益类科目包括主营业务收入、其他业务收入、投资收益、补贴收入、营业外收入、主营业务成本、主营业务税金及附加、其他业务支出、营业费用、管理费用、财务费用、营业外支出、所得税等。

附:会计科目表(部分科目)

一、资产类	预收账款
库存现金	应付职工薪酬
银行存款	应交税费
其他货币资金	应付股利
交易性金融资产	其他应付款
应收票据	预提费用
应收账款	长期借款
预付账款	应付债券
应收股利	长期应付款
其他应收款	预计负债
坏账准备	三、所有者权益
材料采购	实收资本(股本)
在途物资	资本公积
原材料	盈余公积
库存商品	本年利润
周转材料	未分配利润
存货跌价准备	四、成本类
待摊费用	生产成本
长期股权投资	制造费用
长期股权投资减值准备	五、损益类
固定资产	主营业务收入
累计折旧	其他业务收入
固定资产减值准备	公允价值变动损益
在建工程	投资收益
固定资产清理	营业外收入
无形资产	主营业务成本
累计摊销	其他业务成本
无形资产减值准备	营业税金及其附加
长期待摊费用	销售费用
待处理财产损益	管理费用
二、负债类	财务费用
短期借款	资产减值损失
应付票据	营业外支出
应付账款	所得税费用

第二节 借贷记账法

借贷记账法是一种以"借"、"贷"为记账符号,以"有借必有贷、借贷必相等"为记账规则的一种记账方法。借贷记账法大致有以下几个主要特点。

一、记账符号

以"借"、"贷"为记账符号。其中"借"表示账户的左边,"贷"表示账户的右边。借和贷与不同的账户相结合,可以表示不同的含义:

第一,代表账户的两个固定的部位。如前所述,一切账户均需设两个部位记录数量上的增减变化,其中,左方一律称作借方,右方一律称作贷方;

第二,与不同类型的账户相结合,分别表示增加和减少。借和贷本身不等于增和减,只有与具体的账户相结合后才可以表示增和减,如对资产类账户来说,借表示增加,贷表示减少;对负债类账户正好相反,贷表示增加,借表示减少;

第三,表示余额的方向。通常资产、负债和所有者权益类账户期末都有余额,其中,资产类账户的余额在借方,负债与所有者权益类账户的余额在贷方。

二、记账规则

借贷记账法的记账规则为"有借必有贷,借贷必相等"。具体表现在:

第一,任何一笔经济业务的发生,都必然同时导致至少两个账户发生变化。或者说,经济业务发生后,同时至少在两个或两个以上的账户中相互进行联系的记录;

第二,在记入有关账户时,有的记入一个或几个账户的借方,同时有的记入另一个或几个账户的贷方。不能全部记入借方或全部记入贷方,即有借必有贷;

第三,记入借方账户的金额与记入贷方账户的金额必须相等,即借贷必相等。

三、账户结构

在借贷记账法下,账户的左方称为借方,右方称为贷方,期初余额和期末余额与账户记录增加数额的方向一致。在账户的借、贷两方中,究竟用哪一方来记录金额的增加,用哪一方来记录金额的减少,是由每个账户所反映的会计要素的性质决定的。为了教学方便,在教科书中经常采用简化格式"T"字账来说明账户结构。

1. 资产类账户

资产类账户借方登记增加额,贷方登记减少额,余额一般在借方,表示期末企业实际拥有的资产数额。

借方	资产类科目	贷方
期初余额: ＊＊ 本期借方发生额 (增加)		本期贷方发生额 (减少)
期末余额:＊＊		

资产类账户的三个要点:

(1)"借"方表示增加,"贷"方表示减少;

(2)余额一般在借方;

(3)期末余额＝期初余额＋本期借方发生额－本期贷方发生额。

2. 负债类账户

负债类账户中,借方记登记减少额,贷方记登记增加额,余额一般在贷方,表示期末负债的实际数额。

借方	负债类科目	贷方
本期借方发生额 （减少）	期初余额： ＊＊ 本期贷方发生额 （增加） 期末余额： ＊＊	

负债类账户的三个要点：

(1)"贷"方表示增加,"借"方表示减少;

(2)余额一般在贷方;

(3)期末余额＝期初余额＋本期贷方发生额－本期借方发生额。

3. 所有者权益类账户

所有者权益类账户中,借方登记减少额,贷方记登记增加额,余额一般在贷方,表示期末所有者权益的实际数额。

借方	所有者权益类科目	贷方
本期借方发生额 （减少）	期初余额： ＊＊ 本期贷方发生额 （增加） 期末余额：＊＊	

所有者权益类账户的三个要点：

(1)"贷"方表示增加,"借"方表示减少;

(2)余额一般在贷方;

(3)期末余额＝期初余额＋本期贷方发生额－本期借方发生额。

4. 成本类账户

成本类账户类账户借方登记增加额,贷方登记减少额,期末一般无余额。期末如有余额一般在借方,表示正在加工的在产品成本。

借方	成本类科目	贷方
期初余额：＊＊ 本期借方发生额 （增加） 期末余额：＊＊		本期贷方发生额 （减少）

成本类账户的三个要点：

(1)"借"方表示增加,"贷"表示减少;

(2)余额一般在借方;

(3)期末余额=期初余额+本期借方发生额-本期贷方发生额。

5. 损益类账户

损益类账户按照性质的不同可以分为收入类账户和费用类账户。

(1)收入类账户

收入类账户借方登记减少额,贷方记登记增加额,期末无余额。

借方	收入类科目	贷方
本期借方发生额 (减少)	本期贷方发生额 (增加)	
	期末无余额	

收入类账户的两个要点:

① "贷"方表示增加,"借"方表示减少;

② 期末一般无余额。

(2)费用类账户

费用类账户借方登记增加额,贷方登记减少额,期末无余额。

借方	费类科目	贷方
本期借方发生额 (增加)	本期贷方发生额 (减少)	
期末无余额		

费用类账户的两个要点:

① "借"方表示增加,"贷"方表示减少;

② 期末一般无余额。

为方便掌握账户借贷双方的登记情况,现将账户结构总结如下表:

借贷记账法下各类账户结构

账户类别	借方	贷方	余额方向
资产类	增加	减少	余额在借方
负债类	减少	增加	余额在贷方
所有者权益类	减少	增加	余额在贷方
收入类	减少	增加	一般无余额
成本费用类	增加	减少	一般无余额
利润类	减少	增加	一般在贷方

四、试算平衡

试算平衡,是指在借贷记账法下,利用期初余额、借贷发生额和期末余额的平衡原理,检查账户记录是否正确的一种方法。

在借贷记账法下,试算平衡的基本公式是:
(1) 全部账户的借方期初余额合计数＝全部账户的贷方期初余额合计数;
(2) 全部账户的借方发生额合计＝全部账户的贷方发生额合计;
(3) 全部账户的借方期末余额合计数＝全部账户的贷方期末余额合计数。

如果上述三个方面都能保持平衡,说明记账工作基本上是正确的,否则就说明记账工作发生了差错。在实际工作中,这种试算平衡通常是通过编制试算平衡表来进行的。

试算平衡表可以分为两种,一种是将本期发生额和期末余额分别编制列表;另一种是将本期发生额和期末余额合并在一张表上进行试算平衡。通过试算平衡表来检查账簿记录是否正确,一般情况下是可行的,但这并不意味着绝对正确。从某种意义上讲,如果借贷不平衡,就可以肯定账户的记录或者是计算有错误,但是如果借贷平衡,我们也不能肯定账户记录没有错误,因为有些错误根本不影响借贷双方的平衡关系。比如试算平衡时,漏记、重记、记账方向颠倒和用错会计科目的情况,均不能通过试算平衡被发现。

第四章　主要经济业务的核算

工业企业的生产经营过程,主要包括资金筹集、供产销经营过程和利润的形成与分配业务。现利用借贷记账法对企业的经济业务进行账务处理,分别予以介绍。

第一节　资金筹集业务的会计处理

一、筹集资金核算的主要内容

企业筹集资金的主要渠道:接受投资人投资和取得借款。

1. 向企业投资者筹集权益性资金

权益性资金是指企业的所有者投入企业的资本。

2. 向债权人筹集债务性资金

债务性资金也叫负债,包括向银行或非银行金融机构取得的银行借款和生产经营过程中形成的各项应付款项。

二、设置的主要账户

1. "实收资本(股本)"账户

"实收资本(股本)"账户属于所有者权益类账户,有限责任公司设置"实收资本"账户,而股份有限公司设置"股本"账户来核算企业收到投资者投入的资本,核算所有者投入资本的增减变动情况。企业收到投资者投入的现金,应以实际收到或者存入企业开户银行的金额,借记"现金"、"银行存款"账户,贷记"实收资本"账户;收到投资人投入的房屋、机器设备等实物,应按投出单位的账面原价,借记"固定资产"等账户,按确认的价值,贷记"实收资本"账户;收到投资人投入的无形资产、材料物资等,应按确认的价值,借记"无形资产"、"原材料"等账户,贷记"实收资本"账户。

实收资本（股本）	
投资者投入企业资本的减少额	实际收到的资本额或转增资本额
	余:投入资本的实有数

2. "资本公积"账户

资本公积是指企业在经营过程中由于接受捐赠、股本溢价以及法定财产重估增值等原因所形成的公积金。"资本公积"账户属于所有者权益类账户,核算企业收到投资者出资额超出其在注册资本或股本中所占份额的部分。贷方登记增加额,借方登记减少额,期末贷方表示资本公积的实有数额。

资本公积	
转增资本	资本溢价等
	余:资本公积结余数

3. "短期借款"账户

属于负债类账户,核算借款期限在一年以内或一个营业周期的借款,借方登记归还的短期借款,贷方登记借入的短期借款,余额在贷方,表示尚未归还的短期借款。

短期借款	
归还的借款	取得的借款
	余:尚未归还的借款

4. "长期借款"账户

属于负债类账户,核算借款期限在一年以上或超过一个营业周期的借款,借方登记归还的长期借款,贷方登记借入的长期借款,余额在贷方,表示尚未归还的长期借款。

长期借款	
归还的借款	取得的借款
	余:尚未归还的借款

三、筹集资金业务会计核算实务举例

2014年12月份香香面包有限责任公司发生下列经济业务:

【例1】1日公司收到A公司投入货币资金200 000元,该款项存入银行。

借:银行存款　　　　　　　　　　200 000
　　贷:实收资本(A公司)　　　　　　　200 000

【例2】1日公司增资,收到B公司投入机器设备一台,该设备价值300 000元。增加公司的实收资本250 000元,资本溢价50 000元,该设备已办妥了产权交接手续。

借:固定资产　　　　　　　　　　300 000

贷：实收资本（B公司）　　　　250 000
　　　　资本公积　　　　　　　　　50 000

【例3】2日公司向银行借入一年期借款50 000元，存入银行。
　　借：银行存款　　　50 000
　　　　贷：短期借款　　　50 000

【例4】3日公司以银行存款归还上期短期借款本金25 000元。
　　借：短期借款　　　25 000
　　　　贷：银行存款　　　25 000

【例5】6日公司为购买房屋，从银行取得一项长期借款200 000元存入银行，期限为两年。
　　借：银行存款　　　200 000
　　　　贷：长期借款　　　200 000

【例6】30日公司有银行存款归还前期长期借款本金50 000元。
　　借：长期借款　　　50 000
　　　　贷：银行存款　　　50 000

第二节　供应过程主要业务的会计处理

一、供应阶段的业务核算

供应过程是生产的准备阶段，在材料物资采购过程中，一方面是企业从供应单位购进各种材料物资，另一方面是企业要支付材料物资的买价和各种采购费用，包括运输费、装卸费、包装费、保险费、运输途中的合理损耗和入库前的挑选整理费等。材料的买价加上各种采购费用（不包括采购人员的差旅费及市内零星运杂费等），即为材料的采购成本。

二、供应阶段账户的设置

1．"在途物资"账户

"在途物资"账户属于资产类账户，用来核算企业外购各种物资的买价和采购费用，计算确定在途物资的实际成本。借方登记材料物资的买价及采购费用，贷方登记验收入库转入"原材料"账户的材料物资的实际采购成本，期末结转后一般无余额，若有余额在借方，表示在途材料的实际采购成本。

借方	在途物资	贷方
① 材料买价 ② 材料采购费用		转入"原材料"等账户的材料实际采购成本
		余额：在途材料的实际成本

2. "原材料"账户

"原材料"账户属于资产类账户,用来核算企业库存材料的增减变动及其结存情况。借方登记入库材料的实际采购成本,贷方登记发出材料的实际成本,余额在借方,表示库存材料实际成本。

借方	原材料	贷方
验收入库材料的实际成本		发出材料的实际成本
		余额:库存材料的实际成本

3. "应交税费"账户

"应交税费"账户属于负债类账户,核算企业应交纳的各种税费,如增值税、营业税、消费税、城建税、所得税等。贷方登记企业应交纳的税费,借方登记企业实际交纳的税费,余额在贷方,表示企业应交而尚未交纳的税费。

增值税,是国家税务部门就企业的货物或劳务的增值部分征收的一种税。通常在"应交税费"账户下设明细账户"应交增值税"进行核算。"应交增值税"账户下设"进项税额"、"销项税额"、"已交税金"和"进项税额转出"三级明细科目进行核算。

当期应纳税额=当期销项税额-当期进项税额

借方	应交税费—应交增值税	贷方
① 增值税的进项税额 ② 实际交纳的增值税税金		增值税的销项税额
		余额:应交而尚未交纳的增值税

4. "应付账款"账户

"应付账款"账户属于负债类账户,核算企业因购买材料物资或接受劳务等应付给供应单位的款项。贷方登记采购材料未支付的款项,借方登记已偿还的款项,余额在贷方,反映尚未支付的货款。该账户下应按供应单位开设明细账。

借方	应付账款	贷方
已偿还的款项		应付未付的款项
		余额:尚未支付的货款

5. "应付票据"账户

"应付票据"账户属于负债类账户,核算企业购买材料物资或接受劳务等而开出、承兑的商业汇票。

借方	应付账票据	贷方
已偿还的到期票据		应付未付的商业票据
		余额:尚未到期的商业票据

6. "预付账款"账户

"预付账款"账户属于资产类账户,核算企业按照购货合同规定预付给供应单位的款项。

借方	预付账款	贷方
预先支付的款项		退回多付的款项
余额:企业预付的款项		余额:企业尚未补付的款项

三、主要经济业务举例

【例1】5日,该公司从甲企业购入A材料40吨,单价500元;B材料60吨,单价500元;增值税进项税额8 500元,款项尚未支付,材料尚未验收入库。

借:在途物资—A材料　　　　　　　　20 000
　　在途物资—B材料　　　　　　　　30 000
　　应交税费—应交增值税(进项税额)　8 500
　　　贷:应付账款—甲企业　　　　　　　58 500

【例2】10日,用银行存款支付甲企业的货款58 500元。

借:应付账款—甲企业　　　58 500
　　贷:银行存款　　　　　　　　58 500

【例3】12日,A材料验收入库。

借:原材料—A材料　　　　　20 000
　　贷:在途物资—A材料　　　　　20 000

【例4】15日,该公司以银行存款26 000元向乙企业预付购买C材料的货款。

借:预付账款—乙企业　　　26 000
　　贷:银行存款　　　　　　　　26 000

第三节　生产过程主要业务的会计处理

一、生产过程的业务核算

生产过程是企业从材料投入生产到产品完工验收入库的过程。产品的生产成本包括直接材料、直接人工和制造费用。生产过程的主要业务有:第一,原材料的领用与消耗,形成材料费用,即直接材料;第二,生产工人及管理人员的劳动,形成人工费用,即直接人工;第三,其他费用的核算,如车间发生的机物料消耗、修理费、办公费、水电费、保险费等,形成制造费用。

二、生产过程核算的内容

在企业的生产过程中,会发生各种费用,费用按是否记入产品生产成本分为:直接费用、间接费用、期间费用。(1)直接费用是直接用于生产对象的费用,包括直接材料、直接人工、其他直接费用。这些费用发生时,直接记入产品成本。(2)间接费用又称制造费用,是在生产过程中发生且对各种生产对象都有影响的共同性费用。间接费用是生产部门为组织管理生产而发生的费用。间接费用平时集中核算,可按车间、分厂归集,期末分配记入各产品生产成本。(3)期间费用是指与产品生产无直接关系,在发生期间直接冲减损益的费用。期间费用包括:销售费用、管理费用、财务费用。

三、生产过程账户的设置

1."生产成本"账户

"生产成本"账户属于成本类账户,用来核算企业进行工业性生产发生的各项生产成本。借方登记企业进行基本生产而发生的各种生产费用;贷方登记生产完工验收入库的产品成本;余额在借方,表示尚未完工的在产品成本。该账户应按产品的种类设置明细分类账户,进行明细分类核算。

借 生产成本	贷
生产产品耗用的直接材料费和人工费,月末转入的制造费用	月末转出的完工入库产品成本
尚未完工的在产品成本	

2."制造费用"账户

"制造费用"账户属于成本类账户,即间接费用,用来核算企业生产部门为生产产品和提供劳务而发生的各项间接费用,借方登记实际发生的制造费用;贷方登记分配转出的制造费用;除季节性生产外,该账户月末应无余额。

借 制造费用	贷
车间发生的各项间接费用	月末分配转入"生产成本"账户的费用

3."应付职工薪酬"账户

"应付职工薪酬"账户属于负债类账户,用来核算企业根据有关规定应付给职工的各种薪酬。借方登记企业实际支付的职工薪酬,贷方登记企业已分配计入成本费用的应支付给职工的薪酬数,期末贷方余额反映企业应付未付的职工薪酬数。

借 应付职工薪酬	贷
登记实际发放的职工薪酬	企业应付给职工的各种薪酬

4."管理费用"账户

"管理费用"账户属于损益类账户中的费用类账户,用来核算企业行政管理部门为组织和管理企业生产经营而发生的管理费用。主要包括行政管理部门职工工资、福利费、办公费、差旅费、业务招待费、计提的坏账准备等。

借 管理费用	贷
企业发生的各项管理费用	期末转入"本年利润"账户的费用

5."累计折旧"账户

"累计折旧"账户属于资产类的备抵调整账户,其结构与一般资产账户的结构刚好相反,累计折旧是贷方登记增加,借方登记减少,余额在贷方。

固定资产在使用过程中会发生磨损、消耗,其价值会逐渐减少,这种价值的减少就是固定资产折旧。固定资产价值发生减少,就应该把这种价值的减少计算出来(即计提折旧),并在账户中予以记录。固定资产价值的减少同时引起费用的增加,所以,从理论上讲,计提折旧时,应该根据使用该固定资产的受益对象计入折旧费用,采用谁受益谁负担的原则。如生产车间用房屋建筑物、机器设备的折旧,作为间接费用,计入制造费用账户;厂部行政用办公房屋的,计入管理费用账户等。

借	累计折旧	贷
本期发生额		本期发生额

6. "库存商品"账户

"库存商品"账户属于资产类账户,借方登记已经完工验收入库各种产品的实际成本;贷方登记已经出售的各种产品的实际生产成本,月末,借方余额表示库存产成品的成本。

借	库存商品	贷
验收入库和各种产品的实际成本		已经出售的各种产品的实际生产成本
库存产成品的成本		

四、主要经济业务举例

【例1】31日,经结算本月应付生产工人工资30 000元,其中:生产1#产品工人工资10 000元,生产2#产品工人工资20 000元。

　　借:生产成本:1#产品　　　10 000
　　　　　　　　2#产品　　　20 000
　　　贷:应付职工薪酬　　　　　　30 000

【例2】31日,按上述工资总额的一定比例提取职工福利费4 200元。其中,生产1#产品工人的福利费为1 400元,生产02产品工人的福利费为2 800元。

　　借:生产成本:1#产品　　　1 400
　　　　　　　　2#产品　　　2 800
　　　贷:应付职工薪酬　　　　　　4 200

【例3】31日,以银行存款支付车间办公费500元、水电费600元,行政部门水电费300元,共计1 400元。

　　借:制造费用　　　1 100
　　　管理费用　　　　300
　　　贷:银行存款　　　　1 400

【例4】31日,经汇总本期制造费用20 000元,其中1#产品应负担费用8 000元,2#产品应负担费用12 000元。

　　借:生产成本:1#产品　　　8 000
　　　　　　　　2#产品　　　12 000
　　　贷:制造费用　　　　　　20 000

【例5】31日,本期投产的1#产品耗费38 000元和2#产品耗费85 000元,全部完工并验收入库,结转其实际成本。

  借:库存商品:1#产品 38 000
       2#产品 85 000
   贷:生产成本:1#产品   38 000
       2#产品   85 000

第四节 销售过程主要业务的会计处理

一、销售过程的业务核算

  销售过程是企业售出商品(产品)收回货款的过程,是企业生产经营过程的最后阶段,主要任务是将产品销售出去,收回货币资金,以保证企业再生产的正常运行。这一过程的主要经济业务包括:进行商品(产品)销售,实现主营业务收入,取得销货款或收取货款的权利;确认并结转已售商品的主营业务成本;支付销售费用;按照国家税法规定的税率与取得的销售收入,计算应交的产品销售税金及附加。

二、销售过程账户的设置

1. "主营业务收入"账户

  "主营业务收入"账户,属于损益类账户中的收入类账户,是用来核算企业在销售商品、提供劳务及让渡资产使用权等日常活动中所产生的收入。该账户贷方登记企业销售商品(包括产成品、自制半成品等)或让渡资产使用权所实现的收入;借方登记发生的销售退回和转入"本年利润"账户的收入,期末结转后,该账户应无余额。

借 主营业务收入	贷
期末转入"本年利润"的收入数	确认实现的收入数

2. "主营业务成本"账户

  "主营业务成本"账户,属于损益类账户中的费用成本类账户,是用来核算企业因销售商品、提供劳务或让渡资产使用权等日常活动而发生的实际成本。该账户的借方登记已售商品、提供的各种劳务等的实际成本;贷方登记当月发生销售退回的商品成本和期末转入"本年利润"账户的当期销售成本,期末结转后该账户应无余额。

借 主营业务成本	贷
已售产品的实际成本	期末转入"本年利润"的成本数

3. "其他业务收入"账户

  "其他业务收入"账户,属于损益类账户中的收入类账户,是用来核算企业除主营业以外其他业务所取得的收入,如销售材料、出租固定资产等。该账户的贷方登记企业获得的其他业务收入,借入登记期末结转到"本年利润"账户的其他业务收入,结转以后该账户应无余额。

借　　　其他业务收入　　　贷	
期末转入"本年利润"的收入数	确认实现的其他业务收入

4. "其他业务成本"账户

"其他业务成本"账户,属于损益类账户中的费用成本类账户,是用来核算企业其他业务所发生的各项支出。包括为获得其他业务收入而发生的相关成本、费用等。该账户的借方登记其他业务所发生的各项支出,贷方登记期末结转到"本年利润"账户的其他业务成本,结转以后该账户应无余额。

借　　　其他业务成本　　　贷	
发生的其他业务成本	期末转入"本年利润"的其他业务成本

5. "应收账款"账户

"应收账款"账户,属于资产类账户,是用来核算企业因销售商品、产品、提供劳务等,应向购货单位或接受劳务单位收取的款项。该账户借方登记应收取的销售款项,以及代购货单位垫付的包装、运杂费等;贷方登记实际收到的应收款项,月末借方余额表示应收但尚未收回的款项。

借　　　应收账款　　　贷	
应收取的销售货款	实际收到的销售款项
尚未收回的销售款项	

6. "应收票据"账户

"应收票据"账户,属于资产类账户,是用来核算企业因销售商品、提供劳务等而收到的商业汇票。该账户借方登记企业收到的应收票据,贷方登记票据到期收回的票面金额,月末借方余额表示尚未到期的应收票据金额。

借　　　应收票据　　　贷	
应收取的商业票据金额	实际收到的票据金额
尚未收回的商业票据	

7. "营业税金及附加"账户

"营业税金及附加"账户,属于损益类账户中的费用成本类账户,是用来核算企业日常活动应负担的税金及附加。包括营业税、消费税、城市维护建设税、资源税、土地增值税和教育费附加等。该账户借方登记按照规定计算的与经营活动相关的税金及附加,贷方登记期末转入"本年利润"账户中的营业税金及附加。期末结转后本账户应无余额。

借　　　营业税金及附加　　　贷	
应由企业负担的营业税金及附加	期末转入"本年利润"的营业税金及附加

8. "销售费用"账户

"销售费用"账户,属于损益类账户中的费用成本类账户,是用来核算企业销售商品过程中发生的费用,包括运输费、装卸费、包装费、保险费、展览费和广告费,以及为销售本企业商品而专设的销售机构的职工工资及福利费等经营费用。该账户的借方登记发生的各种销售费用,贷方登记转入"本年利润"账户的销售费用。期末结转后该账户应无余额。

借　　　　　销售费用	贷
企业发生的各项销售费用	期末转入"本年利润"账户的费用

三、主要经济业务举例

【例1】18日,向爱心超市销售1#产品50件,售价10 000元,增值税1 700元。款项未收。

　　借:应收账款——爱心超市　　　　　　11 700
　　　　贷:主营业务收入——1#产品　　　　10 000
　　　　　　应交税费——应交增值税(销项税额)　1 700

【例2】24日,向大华超市销售2#产品150件,单价240元,共计36 000元,应收取的增值税销项税额6 120元,全部款项收到大华超市签发的一张期限为6个月的商业承兑汇票。

　　借:应收票据——大华超市　　　　　　42 120
　　　　贷:主营业务收入——2#产品　　　　36 000
　　　　　　应交税费——应交增值税(销项税额)　6 120

【例3】31日,该公司持有的一张商业汇票到期,收回货款30 000元存入银行。

　　借:银行存款　　　30 000
　　　　贷:应收票据　　　30 000

【例4】19日,开出转账支票一张,支付产品的电视广告费5 000元。

　　借:销售费用　　　5 000
　　　　贷:银行存款　　　5 000

【例5】31日,按规定计算出本期应负担的城市维护建设税2 300元。

　　借:营业税金及附加　　　　　　2 300
　　　　贷:应交税费——应交城市维护建设税　　　2 300

【例6】31日,经计算本期应付给销售机构人员工资2 000元,并计算职工福利费280元。

　　借:销售费用　　　2 280
　　　　贷:应付职工薪酬　　　2 280

【例7】31日,经计算本期已销的1#产品150件,单位成本100元;已销的2#产品250件,单位成本80元。

　　借:主营业务成本　　　　　　35 000
　　　　贷:库存商品——1#产品　　　15 000
　　　　　　　　　——2#产品　　　20 000

第五节 利润形成和利润分配业务的会计处理

一、利润形成和利润分配业务的主要内容

(一)利润总额的计算

企业在生产经营过程中,通过销售过程将产品卖给购买方,实现收入。收入扣除与其相配比的费用,再加减营业外的收支及投资收益(或损失),即为企业的利润总额或亏损总额。其有关的计算公式为:

1. 利润的计算

利润总额＝营业利润＋营业外收入－营业外支出

营业利润＝营业收入－营业成本－营业税金及附加－销售费用－管理费用－财务费用＋投资净损益

其中:

营业收入＝主营业务收入＋其他业务收入

营业成本＝主营业务成本＋其他业务成本

2. 净利润的计算

净利润＝利润总额－所得税费用

所得税费用＝利润总额(或应纳税所得额)×所得税税率

从以上计算过程可以发现,企业在一定会计期间形成的利润(或发生的亏损),取决于该期间全部收入和全部费用的对比,因而正确计算某一会计期间盈亏的关键,在于是否合理确认该会计期间的收入和费用。

(二)利润分配的顺序

利润分配,是指企业根据国家有关规定和企业章程、投资者协议等,对企业当年可供分配利润分配给投资者的行为。企业向投资者分配利润,应按一定的顺序进行。按照我国《公司法》的有关规定,利润分配应按下列顺序进行:

1. 计算可供分配的利润

企业在利润分配前,应根据本年净利润(或亏损)与年初未分配利润(或亏损)等项目,计算可供分配的利润,如果可供分配利润为正数(即累计盈利),则可进行后续分配。

2. 提取法定盈余公积

按照《公司法》的有关规定,公司应当按照当年净利润的10%提取法定盈余公积,提取的法定盈余公积累计额超过注册资本50%以上的,可以不再提取。

3. 提取任意盈余公积

公司提取法定盈余公积后,经股东会或者股东大会决议,还可以从净利润中提取任意

盈余公积。

4. 向投资者分配利润(或股利)

企业可供分配的利润扣除提取的盈余公积后,形成可供投资者分配的利润。

二、利润形成和利润分配账户的设置

1."财务费用"账户

"财务费用"账户核算企业为筹集生产经营所需资金发生的各项费用,属于损益类账户,借方登记企业发生的各项财务费用,如利息、金融机构的手续费等,贷方登记期末转入"本年利润"账户的费用,结转后该账户无余额。

借	财务费用	贷方
企业发生的各项财务费用		期末转入"本年利润"账户的费用

2."营业外收入"账户

"营业外收入"账户核算企业发生的与经营活动无直接关系的各项净收入,主要包括处置非流动资产利得、确实无法支付而按规定程序经批准后转作营业外收入的应付款项、捐赠利得、盘盈利得等,属于损益类账户。营业外收入并不是由企业经营资金耗费所产生的,不需要企业付出代价,实际上是一种纯收入,不可能也不需与有关费用配比。该账户的贷方登记企业发生的各项营业外收入,借方登记期末转入"本年利润"账户的营业外收入,结转后该账户应无期末余额。

借	营业外收入	贷方
期末转入"本年利润"账户的营业外收入		企业发生的营业外收入

3."营业外支出"账户

"营业外支出"账户核算企业发生的与经营活动无直接关系的净支出,包括处置非流动资产损失、罚没支出、捐赠支出、非常损失等,该账户属于损益类账户。该账户的借方登记企业发生的各项营业外支出,贷方登记期末转入"本年利润"账户的营业外支出,结转后该账户应无期末余额。

借	营业外支出	贷方
企业发生的营业外支出		期末转入"本年利润"账户的营业外支出

4."所得税费用"账户

"所得税费用"账户核算企业根据所得税准则确认的应从当期利润总额中扣除的所得税费用,属于损益类账户。企业所得税是企业在生产经营过程中的一部分耗费,是企业的一项费用支出。企业所得税通常是按年计算,分期预交的。该账户的借方登记企业应计入本期损益的所得税额,贷方登记期末转入"本年利润"账户的所得税额,结转后该账户应无期末余额。

借　　　所得税费用	贷方
企业发生的所得税费用	期末转入"本年利润"账户的所得税费用

5. "本年利润"账户

"本年利润"账户核算企业当年实现的净利润(或发生的净亏损)。该账户属于所有者权益类账户,其借方登记从损益账户转入的本期发生的各种费用;贷方登记从损益账户转入的本期发生的各种收入;将收入与费用相抵后,若收入大于费用,即为贷方差额,表示本期实现的净利润,若收入小于费用,即为借方差额,表示本期发生的净亏损。在年度的1至11月份,该账户余额不予转账,反映截至本期末本年度累计实现的净利润(或发生的净亏损);年度终了,应将该账户的余额转入"利润分配"账户,结转后该账户应无余额。

借　　　本年利润	贷方
从费用类账户转入的数额	从收入类账户转入的数额
当期发生的净亏损	当期实现的净利润

6. "利润分配"账户

"利润分配"账户反映企业利润的分配(或亏损的弥补)和历年分配(或弥补)后的结存余额,属于所有者权益类账户。年度终了,企业应将全年实现的净利润,自"本年利润"科目转入"利润分配"科目,借记"本年利润"科目,贷记"利润分配——未分配利润",如为净亏损,做相反会计分录;同时,将"利润分配"科目下的其他明细科目的余额转入"利润分配——未分配利润"明细科目。

结转后,除"利润分配——未分配利润"明细科目外,"利润分配"的其他明细科目应无余额。"利润分配"年末余额,反映企业历年积存的未分配利润(或为弥补亏损)。

借　　　利润分配	贷方
企业实际分配的利润数额	可供分配的利润数额
累计未弥补亏损	累计未分配利润

三、主要经济业务举例

【例1】17日,办公室人员丁一出差预借差旅费1 000元,以现金支付。
　　借:其他应收款——丁一　　　1 000
　　　贷:现金　　　　　　　　　　　　1 000

【例2】23日,丁一报销差旅费750元(原借支1 000元),余款退回。
　　借:管理费用　　　　　　　　750
　　　　现金　　　　　　　　　　250
　　　贷:其他应收款——王经理　　　1 000

【例3】28日,在一项经济交易中因对方违约而获罚款收入10 000元存入银行。
　　借:银行存款　　　　　　　10 000
　　　贷:营业外收入　　　　　　　　10 000

【例4】29日,开出转账支票一张,向希望工程捐款5 000元。

借:营业外支出　　　　　　　　　5 000
　　贷:银行存款　　　　　　　　　　　5 000

【例5】31日,为了计算本月损益,光明公司将本月实现的主营业务收入 140 000 元、其他业务收入 20 000 元、营业外收入 10 000 元转入"本年利润"账户。

借:主营业务收入——1#产品　35 000
　　　　　　　　　——2#产品　50 000
　其他业务收入　　　　　　　 20 000
　营业外收入　　　　　　　　 10 000
　　贷:本年利润　　　　　　　　　　115 000

【例6】31日,为了计算本期损益,将本月发生的主营业务成本 18 000 元、其他业务成本 7 000、营业税金及附加 2 300 元、销售费用 5 000 元、管理费用 6 800 元、财务费用 500 元和营业外支出 5 000 元转入"本年利润"账户。

借:本年利润　　　　　　　　　　44 600
　　贷:主营业务成本　　　　　　　　18 000
　　　　其他业务成本　　　　　　　　7 000
　　　　营业税金及附加　　　　　　　2 300
　　　　管理费用　　　　　　　　　　6 800
　　　　销售费用　　　　　　　　　　5 000
　　　　财务费用　　　　　　　　　　　500
　　　　营业外支出　　　　　　　　　5 000

【实训一】练习筹集资金过程中主要的经济业务的核算。

某工厂1月份发生下列经济业务:

(1) 向银行借入期限为10个月的短期借款 200 000 元,存入银行存款账户。

(2) 根据协议,投资甲方以一套机器设备作为投入资本,双方协商确认价值为 600 000 元,已收到实物清单和单据。

(3) 企业为建造厂房,向银行借入为期两年的款项一笔 900 000 元,款项已划拨存入银行。

(4) 收到银行收款通知为:乙方者投资,投入资本金 500 000 元。

(5) 经批准,企业将已实现的部分资本公积 700 000 元转增资本。

(6) 经批准,企业将部分一般盈余公积 250 000 元转增资本。

要求:根据资料编制会计分录。

【实训二】练习工业企业供应过程主要经济业务的核算。

(1) 1日,购入甲材料一批,价款为 100 000 元,增值税税率为17%,税额为 17 000 元,全部款项已用银行存款支付,材料已验收入库。

(2) 5日,购入乙材料一批,增值税专用发票注明的价款为 200 000 元,增值税额为 34 000 元,企业开出商业承兑汇票一张,票面金额为 234 000 元,材料尚在运输途中。

(3) 8日,购入丙材料一批,价款合计为 90 000 元,增值税额为 15 300 元,材料已验收入库,款项未付。

要求:根据资料编制会计分录。

【实训三】练习生产过程中经济业务的核算。

某工厂一车间 1 月份开始生产 A、B 两种产品,发生下列经济业务:

(1) 本月投产 A 产品 100 件、B 产品 50 件,生产 A 产品领用甲材料 10 000 元,生产 B 产品领用乙材料 8 000 元;两种产品生产共同领用丙材料 4 500 元,共同领用材料按产品投产量比例分配。

(2) 用现金购买办公用品 450 元,其中车间办公用品 200 元,企业管理部门办公用品 250 元。

(3) 以银行存款支付水电费 1 000 元,其中车间水电费 700 元,企业管理部门水电费 300 元。

(4) 车间生产工人薪酬 7 500 元,管理人员薪酬 4 000 元,车间管理人员薪酬 2 500 元,企业管理部门人员工资 1 500 元。

(5) 领用丙材料 6 000 元,其中车间一般消耗 5 500 元,企业管理部门消耗 500 元。

(6) 用银行存款支付固定资产日常修理费 4 000 元,其中车间设备的修理费 3 000 元,企业管理部门设备的修理费为 1 000 元。

(7) 提取本月固定资产折旧 12 000 元,其中车间使用固定资产应提折旧 7 000 元。

(8) 假定上述车间发生的间接费用是为了管理和组织 A、B 两种产品生产而发生的。将本月发生的制造费用按 A、B 两种产品生产工时比例进行分配。企业管理部门用固定资产应计提折旧 5 000 元。

(9) 本月开始投产的两种产品全部完工验收入库,结转入库产品成本。

要求:根据资料编制会计分录。

【实训四】练习工业企业销售过程主要经济业务的核算。

某工厂 2 月份发生下列经济业务:

(1) 销售 A 产品一批,价款为 183 000 元,增值税额 31 110 元,价税合计 214 110 元,款项已收存入银行。

(2) 销售 B 产品一批,价款为 89 000 元,增值税额为 15 130 元,货已发出,款项尚未收到。

(3) 销售 A 产品一批,价款为 50 000 元,增值税率 17%,增值税额为 8 500 元,收到商业承兑汇票一张,期限为 3 个月,票面金额为 18 700 元,余款尚未收到。

(4) 用现金支付销售产品的包装费用 7 500 元。

(5) 结转本月已销售产品的成本 254 660 元,其中,A 产品成本为 171 360 元,B 产品成本为 83 300 元。

要求:根据资料编制会计分录。

【实训五】练习工业企业利润形成和利润分配的核算。

本期损益类账户:主营业务收入 1 690 500 元,其他业务收入 73 000 元,营业外收入 80 000 元,投资收益 300 000 元,主营业务成本 1 183 350 元,主营业务税金及附加 169 050 元,其他业务支出 42 000 元,管理费用 51 900 元,财务费用 2 700 元,营业费用 10 000 元,营业外支出 51 000 元。

要求:将各损益类科目结转到"本年利润"。

第五章 财务报表

财务报表是企业财务报告的主要部分,是企业向外传递会计信息的主要手段。财务报表是根据日常会计核算资料定期编制的,综合反映企业某一特定日期财务状况和某一会计期间经营成果、现金流量的总结性书面文件。它是企业财务报告的主要部分,是企业向外传递会计信息的主要手段。

第一节 财务报表的基本内容

一、财务报表的种类

财务报表可以按不同的标准进行分类:

1. 财务报表按其反映的内容,可以分为资产负债表、利润表、现金流量表

资产负债表反映了企业某一时点上的资产、负债和所有者权益的情况,因此资产负债表属于静态会计报表。利润表反映了企业一定时期内所实现的经营成果,现金流量表反映了企业一定时期内现金的流入、现金的流出及净增加数,因此利润表和现金流量表属于动态会计报表。

2. 财务报表按其编报的时间,可以分为月报、季报、半年报和年报

月报,每月编报一次,包括资产负债表和利润表;季报,每季度编报一次,包括资产负债表和利润表;半年报,每年6月30日编报一次,包括资产负债表和利润表,但与月报和季报在部分指标上有一定的差异;年报,每年编报一次,包括资产负债表、利润表和现金流量表,它要求完整、全面地反映企业的财务状况、经营成果和现金流量情况。

3. 财务报表按其编制的单位,可以分为单位报表和汇总报表

单位报表是指企业在自身会计核算的基础上,对账簿记录进行加工而编制的会计报表,以反映企业本身的财务状况、经营成果和现金流量情况。汇总报表是指由总公司根据所属单位报送的会计报表,连同本单位会计报表汇总编制的综合性会计报表,以反映总公司财务状况、经营成果和现金流量情况。

4. 财务报表按其编制的范围,可以分为个别会计报表和合并会计报表

个别会计报表是指仅仅反映一个会计主体的财务状况、经营成果和现金流量情况的报表;合并会计报表是将多个具有控股关系的会计主体的财务状况、经营成果和现金流量情况合并编制的会计报表,该报表由母公司进行编制,包括所有控股公司会计报表的数字。

5. 财务报表按其服务的对象，可以分为对内报表和对外报表

对内报表是指为企业内部经营管理服务而编制的不对外公开的会计报表，它不要求统一格式，没有统一指标体系，如成本表就属于对内报表；对外报表是指企业为满足国家宏观经济管理部门、投资者、债权人及其他有关会计信息使用者，对会计信息的需求而编制的对外提供服务的会计报表，它要求有统一的报表格式、指标体系和编制时间等，资产负债表、利润表和现金流量表等均属于对外报表。

二、财务报表的作用

财务报表是财务报告的主要组成部分，它所提供的会计信息具有重要作用，主要体现在以下几个方面。

（1）全面系统地揭示企业一定时期的财务状况、经营成果和现金流量，有利于经营管理人员了解本单位各项任务指标的完成情况，评价管理人员的经营业绩，以便及时发现问题，调整经营方向，制定措施改善经营管理水平，提高经济效益，为经济预测和决策提供依据。

（2）有利于国家经济管理部门了解国民经济的运行状况。通过对各单位提供的财务报表资料进行汇总和分析，了解和掌握各行业、各地区的经济发展情况，以便宏观调控经济运行，优化资源配置，保证国民经济稳定持续发展。

（3）有利于投资者、债权人和其他有关各方掌握企业的财务状况、经营成果和现金流量情况，进而分析企业的盈利能力、偿债能力、投资收益、发展前景等，为他们投资、贷款和贸易提供决策依据。

（4）有利于满足财政、税务、工商、审计等部门监督企业经营管理。通过财务报表可以检查、监督各企业是否遵守国家的各项法律、法规和制度，有无偷税漏税的行为。

三、财务报表的编制要求

为确保财务报表质量，编制会计报表必须符合以下要求：

1. 数字真实

根据客观性原则，企业会计报表所填列的数字必须真实可靠，能准确地反映企业的财务状况和经营成果。为了确保会计报表的数字真实准确，应做到如下几点。

（1）报告期内所有的经济业务必须全部登记入账，应根据核对无误的账簿记录编制会计报表，不得弄虚作假，不得篡改数字。

（2）在编制会计报表之前，应认真核对账簿记录，做到账证相符、账账相符。

（3）企业应定期进行财产清查，对各项财产物资、货币资金和往来款项进行盘点、核实，在账实相符的基础上编制会计报表。

（4）在编制会计报表时，要核对会计报表之间的数字，有勾稽关系的数字应认真核对；本期会计报表与上期会计报表之间的数字应相对衔接一致、本年度会计报表与上年度会计报表之间相关指标数字应衔接一致。

2. 内容完整

会计报表中各项指标和数据是相互联系、相互补充的,必须按规定填列齐全、完整。不论主表、附表或补充资料,都不能漏填、漏报。各会计报表之间、项目之间凡有对应关系的项目的数据,应该相互一致,做到表表相符。

3. 计算正确

会计报表的各项指标,都必须按《企业会计准则》和《企业会计制度》中规定的口径填列,不得任意删减或增加,凡需经计算填列的指标,应按以上两个制度所规定的公式计算填列。

4. 编报及时

企业应按规定的时间编报会计报表,及时逐级汇总,以便报表的使用者及时、有效地利用会计报表资料。为此,企业应科学地组织好会计的日常核算工作,选择适合本企业具体情况的会计核算组织程序,认真做好记账、算账、对账和按期结账工作。

第二节 资产负债表

一、资产负债表的概念

资产负债表是总括反映企业在某一特定日期(月末、季末或年末)全部资产、负债和所有者权益情况的会计报表。格式如下表所示:

资产负债表
会企01表
编制单位:　　　　　　　　　　　　年　月　日

资产	期末余额	年初余额	负债和所有者权益	期末余额	年初余额
流动资产:			流动负债:		
货币资金			短期借款		
交易性金融资产			交易性金融负债		
应收票据			应付票据		
应收账款			应付账款		
预付款项			预收账款		
应收利息			应付职工薪酬		
应收股利			应交税费		
其他应收款			应付利息		
存货			应付股利		
一年内到期的非流动资产			其他应付款		
其他流动资产			一年内到期的非流动负债		
流动资产合计			其他流动负债		

续表

资产	期末余额	年初余额	负债和所有者权益	期末余额	年初余额
非流动资产：			流动负债合计：		
可供出售金融资产			非流动负债：		
持有至到期投资			长期借款		
长期应收款			应付债券		
长期股权投资			长期应付款		
投资性房地产			专项应付款		
固定资产			预计负债		
工程物资			递延所得税负债		
在建工程			其他非流动负债		
固定资产清理			非流动负债合计		
生产性生物资产			负债合计		
油气资产			所有债权益：		
无形资产			实收资本		
开发支出			资本公积		
商誉			减：库存股		
递延所得税资产			盈余公积		
其他非流动资产			未分配利润		
非流动资产合计			所有者权益合计		
资产总计			负债和所有者权益		

二、资产负债表的编制方法

资产负债表中"年初余额"栏各项的数字，应按上年年末资产负债表中"期末余额"栏中的数字填列。"期末余额"栏内各项数字根据会计期末各总账账户及所属明细账户余额填列。主要项目的编制方法如下：

1．资产类

（1）"货币资金"项目，反映企业库存现金、银行存款、其他货币资金的合计数。本项目应根据"现金"、"银行存款"、"其他货币资金"科目的期末余额合计数填列。

（2）"应收票据"项目，反映企业收到的未到期的应收票据，包括商业承兑汇票和银行承兑汇票。本项目应根据"应收票据"科目的期末余额填列。

（3）"应收账款"项目，反映企业因销售商品、产品和提供劳务等而应向购买单位收取的各种款项，减去已计提的坏账准备后的净额。本项目应根据"应收账款"科目所属各明细科目的期末借方余额合计数，减去计提的坏账准备期末余额后的金额填列。如"应收账款"科目所属明细科目期末有贷方余额，应在本表"预收账款"项目内填列。

（4）"应收股利"项目，反映企业因股权投资而应收取的现金股利，企业应收其他单位的利润，也包括在本项目内。本项目应根据"应收股利"科目的期末余额填列。

（5）"其他应收款"项目，反映企业对其他单位和个人的应收和暂付的款项，减去已计提的坏账准备后的净额。本项目应根据"其他应收款"科目的期末余额，减去计提的坏账准备期末余额后的金额填列。

(6)"预付款项"项目,反映企业预付给供应单位的款项。本项目应根据"预付账款"科目所属各明细科目的期末借方余额合计填列。如"预付账款"科目所属有关明细科目期末有贷方余额的,应在本表"应付账款"项目内填列。如"应付账款"科目所属明细科目有借方余额的,也应包括在本项目内。

(7)"存货"项目,反映企业期末在库、在途和在加工中的各项存货的可变现净值,包括各种材料、商品、在产品、半成品、包装物、低值易耗品、分期收款发出商品、委托代销商品、受托代销商品等。本项目应根据"在途物资"、"原材料"、"低值易耗品"、"自制半成品"、"库存商品"、"包装物"、"分期收款发出商品"、"委托加工物资"、"委托代销商品"、"受托代销商品"、"生产成本"等科目的期末余额填列。

(8)"其他流动资产"项目,反映企业除以上流动资产项目外的其他流动资产,本项目应根据有关科目的期末余额填列。

(9)"固定资产"项目,反映企业的固定资产可收回金额。本项目应根据"固定资产"科目的期末余额,减去"累计折旧"、"固定资产减值准备"科目期末余额后的金额填列。

(10)"在建工程"项目,反映企业期末各项未完工程的实际支出。本项目应根据"在建工程"科目的期末填列。

(11)"固定资产清理"项目,反映企业因出售、毁损、报废等原因转入清理但尚未清理完毕的固定资产的账面价值,以及固定资产清理过程中所发生的清理费用和变价收入等各项金额的差额。本项目应根据"固定资产清理"科目的期末借方余额填列;如"固定资产清理"科目期末为贷方余额,以"－"号填列。

(12)"其他非流动资产"项目,反映企业除以上资产以外的其他长期资产。本项目应根据有关科目的期末余额填列。如其他长期资产价值较大的,应在会计报表附注中披露其内容和金额。

2. 负债类

(1)"短期借款"项目,反映企业借入尚未归还的一年期以下(含一年)的借款。本项目应根据"短期借款"科目的期末余额填列。

(2)"应付票据"项目,反映企业为了抵付货款等而开出、承兑的尚未到期的应付票据,包括银行承兑汇票和商业承兑汇票。本项目应根据"应付票据"科目的期末余额填列。

(3)"应付账款"项目,反映企业购买原材料、商品和接受劳务供应等而应付给供应单位的款项。本项目应根据"应付账款"科目所属各有关明细科目的期末贷方余额合计填列;如"应付账款"科目所属各明细科目期末有借方余额,应在本表"预付账款"项目内填列。

(4)"应付职工薪酬"项目,反映企业应付未付的职工薪酬。本项目应根据"应付职工薪酬"科目期末贷方余额填列。如"应付职工薪酬"科目期末为借方余额,以"－"号填列。

(5)"应交税费"项目,反映企业期末未交、多交或未抵扣的各种税费。本项目应根据"应交税费"科目的期末贷方余额填列;如"应交税费"科目期末为借方余额,以"－"号填列。

(6)"其他应付款"项目,反映企业所有应付和暂收其他单位和个人的款项。本项目应根据"其他应付款"科目的期末余额填列。

(7)"其他流动负债"项目,反映企业除以上流动负债以外的其他流动负债。本项目应根据有关科目的期末余额填列,如"待转资产价值"科目的期末余额可在本项目内反映。如其他流动负债价值较大的,应在会计报表附注中披露其内容及金额。

(8)"长期借款"项目,反映企业借入尚未归还的一年期以上(不含一年)的借款本息。本项目应根据"长期借款"科目的期末余额填列。

(9)"其他流动负债"项目,反映企业除以上负非流动债项目以外的其他非流动负债。本项目应根据有关科目的期末余额填列。如其他非流动负债价值较大的,应在会计报表附注中披露其内容和金额。

(三)所有者权益类

1. "实收资本(或股本)"项目

反映企业各投资者实际投入的资本(或股本)总额。本项目应根据"实收资本"(或股本)科目的期末余额填列。

2. "资本公积"项目

反映企业资本公积的期末余额。本项目应根据"资本公积"科目的期末余额填列。

3. "盈余公积"项目

反映企业盈余公积的期末余额。本项目应根据"盈余公积"科目的期末余额填列。

4. "未分配利润"项目

反映企业尚未分配的利润。本项目应根据"本年利润"科目和"利润分配"科目的余额计算填列。未弥补的亏损,在本项目内以"—"号填列。

第三节 利润表和利润分配表

一、利润表

1. 利润表的概念

利润表,是反映企业在一定时期(年度、季度或月份)经营成果的会计报表,用以反映企业在一定时期内利润(或亏损)的实际情况。利润表的格式如下表所示:

利润表
会企02表
编报单位: 年 月 单位:元

项目	本期金额	上期金额
一、营业收入		
减:营业成本		
营业税金及附加		

续表

项目	本期金额	上期金额
销售费用		
管理费用		
财务费用		
资产减值损失		
加：公允价值变动收益（损失以"－"号填列）		
投资收益（损失以"－"号填列）		
其中：对联营企业和合并企业的投资收益		
二、营业利润（亏损以"－"号填列）		
加：营业外收入		
减：营业外支出		
其中：非流动资产处置损失		
三、利润总额（净亏损以"－"号填列）		
减：所得税费用		
四、净利润		
五、每股收益		
（一）基本每股收益		
（二）稀释每股收益		

2. 利润表的编制方法

利润表中的各个项目，都是根据有关会计科目记录的本期实际发生数和累计发生数分别填列的。主要项目的编制方法如下：

（1）"营业收入"项目，反映企业经营活动所取得的收入总额。本项目应根据"主营业务收入"、"其他业务收入"等科目的发生额分析填列。

（2）"营业成本"项目，反映企业经营活动发生的实际成本。本项目应根据"主营业务成本"、"其他业务成本"等科目的发生额分析填列。

（3）"营业税金及附加"项目，反映企业经营活动应负担的营业税、消费税、城市维护建设税、资源税、土地增值税和教育费附加等。本项目应根据"营业税金及附加"科目的发生额分析填列。

（4）"销售费用"项目，反映企业在销售商品和商品流通企业在购入商品等过程中发生的费用。本项目应根据"营业费用"科目的发生额分析填列。

（5）"管理费用"项目，反映企业发生的管理费用。本项目应根据"管理费用"科目的发生额分析填列。

（6）"财务费用"项目，反映企业发生的财务费用。本项目应根据"财务费用"科目的发生额分析填列。

（7）"投资收益"项目，反映企业以各种方式对外投资所取得的收益。本项目应根据"投资收益"科目的发生额分析填列。如为投资损失，以"－"号填列。

（8）"营业外收入"项目和"营业外支出"项目，反映企业发生的与其生产经营无直接关系的各项收入和支出。这两个项目应分别根据"营业外收入"科目和"营业外支出"科目的发生额分析填列。

(9)"利润总额"项目,反映企业实现的利润总额。如为亏损总额,以"－"号填列。

(10)"所得税"项目,反映企业按规定从本期损益中减去的所得税。本项目应根据"所得税"科目的发生额分析填列。

(11)"净利润"项目,反映企业实现的净利润。如为净亏损,以"－"号填列。

报表中的"本月数"应根据各有关会计科目的本期发生额直接填列;"本年累计数"栏反映各项目自年初起到本报告期止的累计发生额,应根据上月"利润表"的累计数加上本月"利润表"的本月数之和填列。年度"利润表"的"本月数"栏改为"上年数"栏时,应根据上年"利润表"的数字填列。如果上年"利润表"和本年"利润表"的项目名称和内容不相一致,应将上年的报表项目名称和数字按本年度的规定进行调整,然后填入"上年数"栏。

二、利润分配表

1. 认识利润分配表

利润分配表是利润表的附表,是用来反映企业所实现的利润的分配情况和年末未分配利润结余情况的会计报表,是年度报表。利润分配表的格式如下:

利润分配表

会企 02 表附表 1

编报单位:　　　　　　年度　　　　　　单位:元

项目	行次	本年实际	上年实际
一、净利润	1		
加:年初未分配利润	2		
其他转入	4		
二、可供分配的利润	8		
减:提取法定盈余公积	9		
提取法定公益金	10		
三、可供投资者分配的利润	16		
减:应付优先股股利	17		
应付普通股股利	19		
四、未分配利润	25		

2. 利润分配表的编制方法

利润分配表的"本年实际"栏,应根据"本年利润"和"利润分配"科目及其所属明细科目当年的累计发生额分析填列。"上年实际"栏应根据上年利润分配表的有关数字填列。

(1)"净利润"项目,反映企业实现的净利润。如为净亏损,以"－"号填列。本项目的数字应与"利润表""本年累计数"栏的"净利润"项目一致。

(2)"年初未分配利润"项目,反映企业年初未分配的利润,如为未弥补的亏损,以"－"号填列。

(3)"其他转入"项目,反映企业按规定用盈余公积弥补亏损等转入的数额。

(4)"提取法定盈余公积"项目和"提取法定公益金"项目,分别反映企业按照规定提取的法定盈余公积和法定公益金。

(5)"未分配利润"项目,反映企业年末尚未分配的利润。如为未弥补的亏损以"一"号填列。

第四节 现金流量表

一、现金及现金流量表的概念

现金流量表,是反映企业在一定会计期间经营活动、投资活动和筹资活动对现金及现金等价物产生影响的会计报表。编制现金流量表的主要目的是为报表使用者提供企业一定会计期间内现金流入和流出的有关信息,揭示企业的偿债能力和变现能力。为更好地理解和运用现金流量表,必须正确界定如下概念。

1. 现金

现金指企业库存现金及可随时用于支付的存款。

2. 现金等价物

现金等价物指企业持有的期限短、流动性强、易于转化为已知金额现金、价值变动风险很小的投资。其中,期限较短一般是指从购买日起三个月内到期,例如,可在证券市场上流通的三个月到期的短期债券投资等。

3. 现金流量

现金流量指企业现金和现金等价物的流入和流出。

二、现金流量表

一般企业现金流量表的基本格式如下表所示:

现金流量表
会企03表
编制单位:　　　　　　　　年度　　　　　　　单位:元

项目	本期金额	上期金额
一、经营活动产生的现金流量		
销售商品、提供劳务收到的现金		
收到的税费返还		
收到的其他与经营活动有关的现金		
现金流入小计		
购买商品、接受劳务支付的现金		
支付给职工以及为职工支付的现金		
支付的各项税费		
支付的其他与经营活动有关的现金		
现金流出小计		

续表

项目	本期金额	上期金额
经营活动产生的现金流量净额		
二、投资活动产生的现金流量		
收回投资所收到的现金		
取得投资收益所收到的现金		
处置固定资产、无形资产和其他长期资产所收回的现金净额		
处置子公司及其他营业单位收到的现金净额		
收到的其他与投资活动有关的现金		
现金流入小计		
购建固定资产、无形资产和其他长期资产所支付的现金		
投资所支付的现金		
取得子公司及其他营业单位支付的现金净额		
支付的其他与投资活动有关的现金		
现金流出小计		
投资活动产生的现金流量净额		
三、筹资活动产生的现金流量		
吸收投资所收到的现金		
借款所收到的现金		
收到的其他与筹资活动有关的现金		
现金流入小计		
偿还债务所支付的现金		
分配股利、利润或偿付利息所支付的现金		
支付的其他与筹资活动有关的现金		
现金流出小计		
筹资活动产生的现金流量净额		
四、汇率变动对现金及现金等价物的影响		
五、现金及现金等价物净增加额		
加:初期现金及现金等价物余额		
六、期末现金及现金等价物余额		
补充资料:	本期金额	上期金额
1. 将净利润调节为经营活动现金流量		
净利润		
加:资产减值准备、油气资产折旧、生产性生物资产折旧		
无形资产摊销		
长期待摊费用摊销		
处置固定资产、无形资产和其他长期资产的损失(减:收益)		
固定资产报废损失(减:收益)		
公允价值变动损失(减:收益)		
财务费用(减:收益)		
投资损失(减:收益)		
递延所得税资产减少(减:增加)		
递延所得税负债增加(减:减少)		

续表

项目	本期金额	上期金额
存货的减少(减:增加)		
经营性应收项目的减少(减:增加)		
经营性应付项目的增加(减:减少)		
其他		
经营活动产生的现金流量净额		
2. 不涉及现金收支的重大投资和筹资活动		
债务转为资本		
一年内到期的可转换公司债券		
融资租入固定资产		
3. 现金及现金等价物净增加情况		
现金的期末余额		
减:现金的期初余额		
加:现金等价物的期末余额		
减:现金等价物的期初余额		
现金及现金等价物净增加额		

三、现金流量表的编制方法

1. 经营活动的现金流量

经营活动的现金流量,是指企业投资活动和筹资活动以外的所有交易和事项所导致的现金收入和支出。主要项目填表方法简述如下:

(1)"销售商品、提供劳务收到的现金"。一般包括当期销售商品或提供劳务所收到的现金收入(包括增值税销项税额);当期收到前期销售商品、提供劳务的应收账款或应收票据;当期的预收账款;当期因销货退回而支付的现金或收回前期核销的坏账损失;当前收到的货款和应收、应付账款,原规定不包括应收增值税销项税款,现为简化手续,将收到的增值税销项税款并入"销售商品、提供劳务收现金"及"应收"、"应付"项目中,并对报表有关项目作相应修改。

(2)收到的税费返回。包括收到的增值税、消费税、营业税、所得税、关税和教育费附加的返还等。

(3)"收到的其他与经营活动有关的现金"。反映企业除了上述各项以外收到的其他与经营活动有关的现金流入。

(4)"购买商品、接受劳务支付的现金"。一般包括当期购买商品、接受劳务支付的现金;当期支付前期的购货应付账款或应付票据(均包括增值税进项税额);当期预付的账款,以及购货退回所收到的现金。

(5)"支付给职业以及为职工支付的现金"。包括本期实际支付给职工的工资、奖金、各种津贴和补贴等,以及经营人员的养老金、保险金和其他各项支出。

(6)"支付的各种税费"。反映企业按规定支付的各项税费,包括本期发生并支付的税费,以及本期支付以前各期发生的税费和预交的税金。

(7)"支付的其他与经营活动有关的现金"。反映企业除了上述各项以外的其他与经营活动有关的现金流出。

2. 投资活动的现金流量

投资活动的现金流量,是指企业在投资活动中所导致的现金收入和支出。主要项目填表方法简述如下:

(1)"收回投资所收到的现金"。反映企业出售转让或到期收回除现金等价物以外的短期投资、长期股权投资而收到的现金,以及收回长期债权投资本金而收到的现金,按实际收回的投资额填列。

(2)"取得投资收益所收到的现金"。反映企业因股权性投资和债权性投资而取得的现金股利、利息,以及从子公司、自营企业或合营企业分利润而收到的现金。到期收回的本金应在"收回投资所收到的现金"项目中反映。

(3)"处置固定资产、无形资产和其他长期资产而收到的现金净额"。反映企业处置这些资产所得的现金,扣除为处置这些资产而支付的有关费用后的净额。

(4)"收到的其他与投资活动有关的现金"。反映企业除了上述各项以外收到的其他与投资活动有关的现金流入。

(5)"购建固定资产、无形资产和其他长期资产所支付的现金"。包括企业购买、建造固定资产,取得无形资产和其他长期资产所支付的现金,不包括为购建固定资产而发生的借款资本化的部分以及融资租赁租入固定资产所支付的租金和利息。

(6)"投资所支付的现金"。反映企业进行权益性投资和债权性投资支付的现金。包括短期股票、短期债券投资、长期股权投资、长期债权投资所支付的现金及佣金、手续费等附加费用。

(7)"支付的其他与投资活动有关的现金"。反映企业除上述各项以外,支付的其他与投资活动有关的现金流出。

3. 筹资活动的现金流量

筹资活动的现金流量,是指企业在筹资活动中所导致的现金收入和支出。主要项目填表方法简述如下:

(1)"吸收投资所收到的现金"。反映企业收到的投资者投入的资金。包括发行股票、债券所实际收到的款项净额(发行收入减去支付的佣金等发行费用后的净额)。

(2)"借款收到的现金"。反映企业举借各种短期、长期借款所收到的现金,根据收入时的实际借款金额计算。企业因借款而发生的利息列入"分配股利、利润或偿付利息所支付的现金"。

(3)"收到的其他与筹资活动有关的现金"。反映企业除上述各项目以外,其他的与筹资活动有关的现金流入,如接受现金捐赠。

(4)"偿还债务所支付的现金"。包括归还企业借款、偿付企业到期的债券等,按当期实际支付的偿债金额填列。

(5)"分配股利、利润或偿付利息所支付的现金"。反映企业实际支付的现金股利和付给其他投资单位的利润以及支付的债券利息、借款利息等。

(6)"支付其他与筹资活动有关的现金"。反映企业除上述各项外,支付的其他与筹资活动有关的现金流出。

第六章 会计相关法律

第一节 会计工作管理体制

一、会计法律制度的构成

1. 会计法律

会计法律,是由全国人民代表大会及其常务委员会经过一定立法程序制定的有关会计工作的法律。我国目前有两部会计法律,分别是《会计法》和《注册会计师法》。

2. 会计行政法规

会计行政法规,是由国务院制定并发布,或者由国务院有关部门拟定并经国务院批准发布,调整经济生活中某些方面会计关系的法律规范。如国务院发布的《企业财务会计报告条例》《总会计师条例》,财政部发布的《企业会计准则》。

3. 国家统一的会计制度

国家统一的会议制度,是国务院财政部门根据《会计法》制定的关于会计核算、会计监督、会计机构和会计人员以及会计工作管理的制度,包括会计部门规章和会计规范性文件。

二、会计工作的行政管理

国务院财政部门主管全国的会计工作,县级以上地方各级人民政府财政部门管理本行政区域内的会计工作。财政部门履行的会计行政管理职能主要有:

(1) 会计准则制度及相关标准规范的制定和组织实施:最基本的职能。

(2) 会计市场管理:包括准入、运行、退出和培训。

(3) 会计专业人才评价,各省级财政部门负责。

(4) 会计监督检查:会计工作监督主体是财政部门,检查内容有会计信息质量检查和会计师事务所执业质量检查。

三、会计工作的自律管理

行业组织属于团体法人,即非政府机构、非营利机构。

(1) 中国注册会计师协会。中国注册会计师协会是中国注册会计师的行业组织,成立于1988年11月,最高权力机构是全国会员代表大会。

(2) 中国会计学会。创建于1980年,是由财政部管辖的社会组织,特点是:学术性、专业性、非营利性。

四、单位会计工作管理

1. 单位会计工作管理的责任主体:单位负责人

《会计法》要求单位负责人:(1) 对本单位的会计工作和会计资料的真实性、完整性负责;(2) 应当保证财务会计报告真实、完整;(3) 应当保证会计机构和会计人员依法履行职责;(4) 不得授意、指使、强令会计机构和会计人员违法办理会计事项。

2. 会计人员的管理制度

财政部门负责:会计从业资格管理,会计专业技术职务资格管理,会计人员评优表彰奖惩管理、会计人员继续教育管理等。

3. 会计人员的任职资格

会计人员:必须取得会计从业资格证书;担任单位会计机构负责人(会计主管人员):除资格证外,还具备会计师以上职务资格或从事会计工作3年以上;担任总会计师:取得会计师任职资格后,主管一个单位或者单位内一个重要方面的财务工作不少于3年。

4. 单位内部会计管理制度

根据《会计法》和国家统一的会计制度的规定,结合单位类型和内部管理的需要,遵循一定的原则制定的,用于规范单位内部会计管理工作和会计行为的具体制度和管理方法。

第二节 会 计 核 算

单位在生产经营和业务活动中,会发生各种各样的经济业务和经济事项。经济业务又称经济交易,是指企业与其他单位或个人之间发生的各种经济利益的交换,如购买固定资产等。经济事项是指在企业内部公示的具有经济影响的各类事项,如无形资产摊销等。根据《会计法》第十条规定的经济业务事项,应当办理会计手续,进行会计核算。需要说明的是,企业、行政单位、事业单位、非营利组织等的经济业务事项各具特色,会计核算也有所不同,现以企业为例加以说明。

一、会计核算的内容

1. 款项和有价证券的收付

款项是作为支付手段的货币资金,主要包括库存现金、银行存款以及其他货币资金(如银行汇票存款、银行本票存款、信用卡存款、信用证存款等)。有价证券是指表示一定财产拥有权、支配权的证券,如国库券、股票、企业债券等。款项和有价证券是流动性最强的资产,单位应及时、如实地核算款项和有价证券的收付,以加强款项和有价证券的监督管理,保证单位货币资金的流动性、安全性,提高货币资金的使用效率。

2. 财物的收发、增减和使用

财物是财产物资的简称,是企业进行生产经营活动且具有实物形态的经济资源,一般包括原材料、燃料、包装物、低值易耗品、在产品、库存商品等流动资产,以及房屋、建筑物、机器设备、设施、运输工具等固定资产。财物的收发、增减和使用都可以用货币来表现,是会计核算中经常性的交易或事项。单位应加强对财物收发、增减和使用的管理与核算,以促进单位财产物资的有效使用,防止资产流失,保护单位财产物资的安全、完整。

3. 债权、债务的发生和结算

债权是企业收取款项的权利,一般包括各种应收和预付款项等,如单位销售商品、对外提供劳务等应向购物方或者接受劳务方收取的价税款,单位采购材料物资按规定预付供货单位的账款等。债务是指企业过去的交易或者形成的、预期会导致经济利益流出企业的现时义务。现时义务是指企业在现行条件下已承担的义务,一般包括各项借款、各种应付款和预收款以及单位应交的各种税费等。单位应加强对债权债务的核算,及时、真实、完整地反映债权债务的发生和结算情况,为加速资金回笼和促进财经纪律的贯彻执行提供会计信息。

4. 资本的增减

资本是投资者为开展生产经营活动而投入的资金。会计上的资本专指所有者权益中的投入资本,包括实收资本(股本)和资本公积。资本是企业进行生产经营活动的必要条件,是现代企业明晰产权关系的重要标志。单位应按照国家统一的会计制度的规定进行资本增减的空间核算,如实反映单位资本金的增减变动和实有数额,为加强资本金管理提供会计信息。

5. 收入、支出、费用、成本的计算

收入是指企业在日常活动中形成的、会导致所有者权益增加的、与所有者投入资本无关的经济利益的总流入。支出是指企业所实际发生的各项开支以及在正常生产活动以外的支出和损失。费用是指企业在日常活动中发生的、会导致所有者权益减少的、与向所有者分配利润无关的经济利益的总流出。成本是指企业为生产产品、提供劳务而发生的各种耗费,是按一定的产品或劳务对象所归集的费用,是对象化了的费用。收入、支出、费用、成本是互相联系、密不可分的,都是计算和判断企业经营成果及其盈亏状况的主要依据,取得收入、支出、成本、费用环节的管理,按照国家统一会计制度的规定进行会计核算,为单位加强收支管理、增收节支、正确确定经营成果提供会计信息。

6. 财务成果的计算和处理

财务成果主要是指,企业在一定时期内通过从事生产经营活动而在财务上所取得的成果,具体表现为盈利或亏损、亏损弥补等。单位应按照国家统一会计制度和其他财经法规的规定,对财务成果的形成和分配如实核算,正确计算和处理财务成果,为财经法规的贯彻执行和正确处理各方面的利益关系提供会计信息。

7. 需要办理会计手续、进行会计核算的其他事项

其他事项是指除上述六项经济业务事项以外的、按照国家统一的会计制度规定应办理会计手续、进行会计核算的其他经济业务事项。

二、会计核算的其他要求

1. 会计年度

公历1月1日至12月31日止。

2. 记账本位币

会计核算以人民币为记账本位币。业务收支以人民币以外的货币为主的单位,可以选定其中一种币作为记账本位币,但是编报的财务会计报告应当折算为人民币。

3. 会计处理方法一经确定,不得随意变更

各单位采用的会计处理方法,前后各期应当一致,不得随意变更;确有必要变更的,应当按照国家统一的会计制度的规定变更,并将变更的原因、情况及影响在财务会计报告中说明。

4. 会计记录的文字应当使用中文

在民族区域自治地方,会计记录可以同时使用当地通用的一种民族文字。在中华人民共和国境内的外商投资企业、外国企业和其他外国组织的会计记录可以同时使用一种外国文字。

5. 符合国家会计制度的规定

会计凭证、会计账簿、财务会计报告和其他会计资料,必须符合国家统一的会计制度的规定。使用电子计算机进行会计核算的,其软件及其生成的会计凭证、会计账簿、财务会计报告和其他会计资料,也必须符合国家统一的会计制度的规定。任何单位和个人不得伪造、变造会计凭证、会计账簿及其他会计资料,不得提供虚假的财务会计报告。

三、会计凭证

会计凭证是指记录经济业务发生或完成情况的书面证明,包括原始凭证和记账凭证,是登记账簿的依据。会计凭证是记录经济信息的载体。

1. 原始凭证

原始凭证是记录经济业务已经发生或完成,用以明确经济责任,作为记账依据的最初的书面证明文件,如出差乘坐的车船票、采购材料的发票、到仓库领料的领料单等,都是原始凭证。原始凭证是在经济业务发生的过程中直接产生的,是经济业务发生的最初证明,在法律上具有证明效力,所以也可叫作"证明凭证"。原始凭证不得涂改、挖补。发现原始凭证有错误的,应当由开出单位重开或者更正,更正处应当加盖开出单位的公章。原始凭证的基本要求有:

(1) 原始凭证的内容必须具备:凭证的名称,填制凭证的日期,填制凭证单位名称或者填制人姓名,经办人员的签名或者盖章,接受凭证单位名称,经济业务内容,数量、单价和金额。

(2) 从外单位取得的原始凭证,必须盖有填制单位的公章;从个人取得的原始凭证,必须有填制人员的签名或者盖章;自制原始凭证必须有经办单位负责人或者其指定的人员签名或者盖章;对外开出的原始凭证,必须加盖本单位公章。

(3) 凡填有大写和小写金额的原始凭证,大写与小写金额必须相符;购买实物的原始凭证,必须有验收证明;支付款项的原始凭证,必须有收款单位和收款人的收款证明。

(4) 一式几联的原始凭证,应当注明各联的用途,只能以一联作为报销凭证。一式几联的发票和收据,必须用双面复写纸(发票和收据本身具备复写纸功能的除外)套写,并连续编号。作废时应当加盖"作废"戳记,连同存根一起保存,不得撕毁。

(5) 发生销货退回的,除填制退货发票外,还必须有退货验收证明;退款时,必须取得对方的收款收据或者汇款银行的凭证,不得以退货发票代替收据。

(6) 职工公差借款凭据,必须附在记账凭证之后。收回借款时,应当另开收据或者退还借据副本,不得退还原借款收据。

(7) 经上级有关部门批准的经济业务,应当将批准文件作为原始凭证附件。

对经过审核的原始凭证,会计人员应根据不同情况进行处理:会计机构、会计人员必须按照国家统一的会计制度的规定对原始凭证进行审核;对不真实、不合法的原始凭证有权不予接受,并向单位负责人报告;对记载不准确、不完整的原始凭证予以退回,并要求按照国家统一的会计制度的规定更正、补充。除结账和更正错误的记账凭证可以不附原始凭证外,其他记账凭证必须附有原始凭证。会计账簿错误的,会计人员在更正处盖章。记账凭证错误的,应当重新填制。现金日记账、银行存款日记账以及总分类账必须使用订本式账簿。购买实物的原始凭证,必须有验收证明,支付款项的原始凭证,必须有收款单,收款人的收款证明。一张原始凭证所列的支出需要由几个单位共同负担时,应当由保存该原始凭证的单位开具原始凭证分割单给其他应负担的单位。

原始凭证不得外借,其他单位如因特殊原因需要使用原始凭证时,经本单位会计机构负责人、会计主管人员批准,可以复制。向外单位提供的原始凭证复制件,应当在专设的登记簿上登记,并由提供人员和收取人员共同签名或者盖章。

从外单位取得的原始凭证如有遗失,应当取得原开出单位盖有公章的证明,并注明原来凭证的号码、金额和内容等,由经办单位会计机构负责人、会计主管人员和单位领导人批准后,才能代作原始凭证。如果确实无法取得证明的,如火车、轮船、飞机票等凭证,由当事人写出详细情况,由经办单位会计机构负责人、会计主管人员和单位领导人批准后,代作原始凭证。

2. 记账凭证

记账凭证,是会计人员根据审核无误的原始凭证或汇总原始凭证,用来确定经济业务应借、应贷的会计科目和金额而填制的,作为登记账簿直接依据的会计凭证。记账凭证包括凭证名称、编制凭证的日期及编号、接受凭证单位的名称、经济业务的数量和金额、填制凭证单位的名称和有关人员的签章等。记账凭证的基本要求是:

(1) 记账凭证的内容必须具备:填制凭证的日期,凭证编号,经济业务摘要,会计科目,金额,所附原始凭证张数,填制凭证人员、稽核人员、记账人员、会计机构负责人、会计主管人员签名或者盖章。收款和付款记账凭证还应当由出纳人员签名或者盖章。以自制的原始凭证或者原始凭证汇总表代替记账凭证的,也必须具备记账凭证应有的项目。

(2) 填制记账凭证时,应当对记账凭证进行连续编号。一笔经济业务需要填制两张以上记账凭证的,可以采用分数编号法编号。

(3) 记账凭证可以根据每一张原始凭证填制,或者根据若干张同类原始凭证汇总填制,也可以根据原始凭证汇总表填制。但不得将不同内容和类别的原始凭证汇总填制在一张记账凭证上。

(4) 除结账和更正错误的记账凭证可以不附原始凭证外,其他记账凭证必须附有原始凭证。如果一张原始凭证涉及几张记账凭证,可以把原始凭证附在一张主要的记账凭证后面,并在其他记账凭证上,注明附有该原始凭证的记账凭证的编号或者附原始凭证复印件。一张原始凭证所列支出需要几个单位共同负担的,应当将其他单位负担的部分,开给对方原始凭证分割单,进行结算。原始凭证分割单必须具备原始凭证的基本内容:凭证名称、填制凭证日期,填制凭证单位名称或者填制人姓名,经办人的签名或者盖章,接受凭证单位名称,经济业务内容、数量、单价、金额和费用分摊情况等。

(5) 如果在填制记账凭证时发生错误,应当重新填制。已经登记入账的记账凭证,在当年内发现填写错误时,可以用红字填写一张与原内容相同的记账凭证,在摘要栏注明"注销某月某日某号凭证"字样,同时再用蓝字重新填制一张正确的记账凭证,注明"订正某月某日某号凭证"字样。如果会计科目没有错误,只是金额错误,也可以将正确数字与错误数字之间的差额,另编一张调整的记账凭证,调增金额用蓝字,调减金额用红字。发现以前年度记账凭证有错误的,应当用蓝字填制一张更正的记账凭证。

(6) 记账凭证填制完经济业务事项后,如有空行,应当自金额栏最后一笔金额数字下的空行处至合计数上的空行处画线注销。

记账凭证应当连同所附的原始凭证或者原始凭证汇总表,按照编号顺序,折叠整齐,按期装订成册,并加具封面,注明单位名称、年度、月份和起讫日期、凭证种类、起讫号码,由装订人在装订线封签外签名或者盖章。对于数量过多的原始凭证,可以单独装订保管,在封面上注明记账凭证日期、编号、种类,同时在记账凭证上注明"附件另订"和原始凭证名称及编号。各种经济合同、存出保证金收据以及涉外文件等重要原始凭证,应当另编目录,单独登记保管,并在有关的记账凭证和原始凭证上相互注明日期和编号。

3. 会计凭证的填制

填制会计凭证,字迹必须清晰、工整,并符合下列要求:

(1) 阿拉伯数字应当一个一个地写,不得连笔写。阿拉伯金额数字前面应当书写货币币种符号,币种符号与阿拉伯金额数字之间不得留有空白。凡阿拉伯数字前写有币种符号的,数字后面不再写货币单位。

(2) 所有以元为单位的阿拉伯数字,除表示单价等情况外,一律填写到角分;元角分的,角位和分位可写"00",或者符号"—";有角无分的,分位应当写"0",不得用符号"—"代替。

(3) 汉字大写数字金额如零、壹、贰、叁、肆、伍、陆、柒、捌、玖、拾、佰、仟、万、亿等,一律用正楷或者行书体书写,不得用〇、一、二、三、四、五、六、七、八、九、十等简化字代替,不得任意自造简化字。大写金额数字到元或者角为止的,在"元"或者"角"字之后应当写"整"字或者"正"字;大写金额数字有分的,分字后面不写"整"或者"正"字。

(4) 大写金额数字前未印有货币名称的,应当加填货币名称,货币名称与金额数字之间不得留有空白。

(5) 阿拉伯金额数字中间有"0"时,汉字大写金额要写"零"字;阿拉伯数字金额中间连续有几个"0"时,汉字大写金额中可以只写一个"零"字;阿拉伯金额数字元位是"0",或者数字中间连续有几个"0",元位也是"0"但角位不是"0"时,汉字大写金额可以只写一个"零"字,也可以不写"零"字。

四、账簿

账簿是由具有一定格式而又互相联系的账页所组成,用以全面、系统、连续记录各项经济业务的簿籍,是编制财务报表的依据,也是保存会计资料的重要工具。会计账簿登记,必须以经过审核的会计凭证为依据,并符合有关法律、行政法规和国家统一的会计制度的规定。会计账簿包括总账、明细账、日记账和其他辅助性账簿。

会计账簿应当按照连续编号的页码顺序登记。会计账簿记录发生错误或者隔页、缺号、跳行的,应当按照国家统一的会计制度规定的方法更正,并由会计人员和会计机构负责人(会计主管人)在更正处盖章。各单位发生的各项经济业务事项应当在依法设置的会计账簿上统一登记核算,不得违反本法和国家统一的会计制度的规定私设会计账簿登记、核算。各单位应当定期将会计账簿记录与实物、款项及有关资料相互核对,保证会计账簿记录与实物及款项的实有数额相符、会计账簿记录与会计凭证的有关内容相符、会计账簿之间相对应的记录相符、会计账簿记录与会计报表的有关内容相符。

五、保管期限

(1) 会计凭证保管期限15年。

(2) 总账、明细账、辅助账簿15年;现金和银行存款日记账25年;固定资产卡片固定资产报废清理后保管5年;银行余额调节表和银行对账单5年。

(3) 年度财务报告(决算报表)、会计档案保管清册、会计档案销毁清册是永久保存。

第三节 会 计 监 督

会计监督是指单位内部的会计机构和会计人员、依法享有经济监督检查职权的政府有关部门、依法批准成立的社会审计中介组织,对国家机关、社会团体、企业事业单位经济活动的合法性、合理性和会计资料的真实性、完善性,以及本单位内部预算执行情况所进行的监督。会计监督包括:单位内部会计监督、政府监督和社会监督。

一、单位内部会计监督

单位内部会计监督的主体是各单位的会计机构和会计人员,监督的对象是单位的经济活动。会计机构、会计人员发现会计账簿记录与实物、款项及有关资料不相符的,按照国家统一的会计制度的规定有权自行处理的,应当及时处理;无权处理的,应当立即向单位负责人报告,请求查明原因,作出处理。对违反国家统一的财政、财务、会计制度规定的财务收支,应当制止和纠正;无效时,向单位负责人提出书面意见请求书,负责人在接到请求书10日内作出书面确定,并对此承担责任。各单位应当建立、健全本单位内部会计监督制度。单位内部会计监督制度应当符合下列要求:

(1) 记账人员与经济业务事项或会计事项的审批人员、经办人员、财物保管人员的职责权限应当明确,并相互分离、相互制约。

(2) 重大对外投资、资产处置、资金调度和其他重要经济业务事项的决策和执行的相互监督、相互制约的程序应当明确。

(3) 财产清查的范围、期限和组织程序应当明确。

(4) 对会计资料定期进行内部审计的办法和程序应当明确。

二、会计工作的政府监督

会计工作政府监督的主体是县级以上各级人民政府财政部门。财政部门对各单位的下列内容实施监督:是否依法设置会计账簿;会计凭证、会计账簿、财务会计报告和其他会计资料是否真实、完整;会计核算是否符合本法和国家统一的会计制度的规定;从事会计工作的人员是否具备从业资格。

三、会计工作的社会监督

会计工作社会监督的主体由注册会计师及其所在的会计事务所依法进行,单位和个人检举会计违法行为,也属于社会监督的范畴。有关法律、行政法规规定,须经注册会计师进行审计的单位,应当向受委托的会计师事务所如实提供会计凭证、会计账簿、财务会计报告和其他会计资料以及有关情况。任何单位或者个人不得以任何方式要求或者示意注册会计师及其所在的会计师事务所出具不实或者不当的审计报告。财政部门有权对会计师事务所出具审计报告的程序和内容进行监督。

四、单位内部会计监督与政府监督、社会监督的关系

(1) 三者的联系有:单位内部监督是后两者的基础,政府监督和社会监督是对单位内部监督的再监督,政府监督是社会监督有效进行的重要保证。

(2) 区别:见下表。

单位内部会计监督与政府监督、社会监督

种类	主体	性质	时间	内容
单位内部监督	会计机构、会计人员	单位内部的自我约束机制	事前、事中、事后	对不合法的收支予以制止、纠正、检举,加强经济管理、提高经济服务效益
政府监督	财政部门、其他有关部门	政府有关部门依法对会计主体进行管理监督	事后	监督会计主体的行为是否合法
社会监督	社会审计组织和广大公众	通过审计、鉴证职能的发挥及单位、个人检举实施	事后	会计师事务所对被监督单位财务会计报告的真实性发表意见,以提高被监督单位财务会计报告的公信力

第四节 会计机构和会计人员

一、会计机构的设置

1. 单位会计机构的设置

各单位应当根据会计业务的需要设置会计机构,或者在有关机构中设置会计人员并指定会计主管人员。

一个单位是否单独设置会计机构取决于以下几个因素:单位规模大小、经济业务和财务收支繁简、经营管理的要求。

2. 会计机构负责人(会计主管人员)

一个单位里,无论有无单独设置会计机构,必须有负责人,单独设置会计机构的单位,该负责人就是会计机构负责人。

3. 担任会计机构负责人(会计主管人员)的任职资格

从业资格证、具备会计师专业技术职务资格或从事会计工作3年。

4. 会计人员回避制度

(1) 国家机关、国有企业、事业单位任用会计人员应当实行回避制度;

(2) 单位负责人的直系亲属不得担任本单位的会计机构负责人(会计主管人员);

(3) 会计机构负责人(会计主管人员)的直系亲属不得在本单位会计机构内担任出纳工作;

(4) 直系亲属包括夫妻关系、直系血亲关系、三代以内旁系血亲以及近姻亲关系。

二、会计工作岗位的设置

1. 会计工作岗位

可以一人一岗、一人多岗、一岗多人。出纳人员不得兼管稽核、会计档案保管和收入费用账目、债权债务账目的登记工作。出纳登记现金日记账和银行存款日记账,不能登记总账,此外可以登记固定资产卡片等财产物资明细账。

2. 主要会计工作岗位

(1)总会计师(或行使总会计师职权)岗位;(2)会计机构负责人(会计主管);(3)出纳;(4)稽核;(5)资本、基金核算;(6)收入、支出、债权、债务核算;(7)工资核算、成本费用核算、财务成果核算;(8)财产物资的收发、增减核算;(9)总账;(10)对外财务会计报告编制岗位;(11)会计电算化岗位;(12)会计档案管理(会计档案正式移交之前属于会计岗位;档案管理部门的人员管理会计档案,不属于会计岗位)。

三、会计人员的工作交接

(1)会计人员调动工作、离职、临时离职或其他原因暂时不能工作需要接替的,未办清工作交接手续,不得调动或者离职。

(2)移交人员因病或其他特殊原因不能亲自办理移交手续的,经单位负责人批准,可由移交人委托他人代办交接,但委托人应当对所移交的会计凭证、会计账簿、财务会计报告和其他有关资料的真实性、完整性承担法律责任。

(3)原移交人员,应当对所移交的会计资料的真实性、完整性负责。

(4)一般会计人员办理交接手续,由单位的会计机构负责人(会计主管人员)负责监交。会计机构负责人(会计主管人员)办理交接手续时,由单位领导人负责监交,必要时,主管单位可以派人会同监交。

(5)会计工作交接后,交接双方和监交人在移交清册上签名或盖章,接替人员应继续使用移交前的账簿,移交清册一式三份,交接双方各执一份,存档一份。

(6)实行会计电算化的单位,交接双方应将有关电子数据在计算机上进行实际操作,确认有关数据正确无误后,方可交接。

(7)现金要根据会计账簿记录余额进行当面点交,不得短缺,接替人员发现不一致或"白条抵库"现象时,移交人员在规定期限内负责查清处理。

(8)有价证券的数量要与会计账簿记录一致,有价证券面额与发行价不一致时,按照会计账簿余额交接。

第五节 法律责任

一、认识法律责任

法律责任,是由特定法律事实所引起的对损害予以补偿、强制履行或接受惩罚的特殊义务,是对违法者的制裁,包括刑事责任、民事责任和行政责任。民事责任,是指民事主体在民事活动中因实施了民事违法行为,根据民法所承担的对其不利的民事法律后果或者基于法律特别规定而应承担的民事法律责任。行政责任,是指因违反行政法规定或因行政法规定而应承担的法律责任。包括行政处罚和行政处分,行政处罚主要分为:警告、罚款、没收违法所得、没收非法财物、责令停产停业、暂扣或者吊销许可证、暂扣或者吊销执照、行政拘留(违法行为发生地县级以上地方人民政府具有行政处罚权);行政处分主要有:警告、记过、记大过、降级、降职、撤职、留用察看和开除等八种(针对国家工作人员)。刑事责任是指行为人因其犯罪行为所必须承受的,由司法机关代表国家所确定的否定性法律后果,包括主刑和附加刑。其中,主刑包括管制、拘役、有期徒刑、无期徒刑、死刑,附加刑有罚金、剥夺政治权利、没收财产、驱逐出境。

二、违反会计制度规定的法律责任

1. 违法行为

(1) 不依法设置会计账簿行为;
(2) 私设会计账簿的行为(账外账);
(3) 未按照规定填制、取得原始凭证或者填制、取得的原始凭证不符合规定的行为;
(4) 以未经过审核的会计凭证为依据,登记会计账簿或者登记会计账簿不符合规定的行为;
(5) 随意变更会计处理方法的行为;
(6) 向不同的会计资料使用者提供的财务会计报告编制依据不一致的行为;
(7) 未按照规定使用会计记录文字或者记账本位币;
(8) 未按照规定保管会计资料,致使会计资料毁损、灭失的行为;
(9) 未按照规定建立并实施单位内部会计监督制度,或者拒绝依法实施的监督,或者不如实提供有关会计资料及有关情况的行为;
(10) 任用会计人员不符合《会计法》规定的行为。

2. 违反会计制度规定行为应承担责任

(1) 责令限期改正;
(2) 罚款:县级以上人民政府可以对单位并处 3 000 元以上 50 000 元以下罚款,对其直接负责的主管人员和其他直接责任人员,可以处 2 000 元以上 20 000 元以下罚款;

(3) 属于国家工作人员的,还应当由其所在单位或者有关单位依法给予行政处分;

(4) 会计人员有以上所列行为之一,情节严重的,由县级以上人民政府财政部门吊销会计从业资格证书;

(5) 有前款所列行为之一,构成犯罪的,追究刑事责任。

三、其他会计违法行为的法律责任

(1) 伪造、变造会计凭证、会计账簿,编制虚假财务会计报告,构成犯罪的,依法追究刑事责任。有前款行为,尚不构成犯罪的,由县级以上人民政府财政部门予以通报,可以对单位处五千元以上十万元以下的罚款;对其直接负责的主管人员和其他直接责任人员,可以处三千元以上五万元以下的罚款;属于国家工作人员的,还应当由其所在单位或者有关单位依法给予撤职直到开除的行政处分;对其中的会计人员,并由县级以上人民政府财政部门吊销会计从业资格证书。

(2) 隐匿或者故意销毁依法应当保存的会计凭证、会计账簿、财务会计报告,构成犯罪的,依法追究刑事责任。有前款行为,尚不构成犯罪的,由县级以下人民政府财政部门予以通报,可以对单位并处五千元以上十万元以下的罚款;对其直接负责的主管人员和其他直接责任人员,可以处三千元以上五万元以下的罚款;属于国家工作人员的,还应当由其所在单位或者有关单位依法给予撤职直至开除的行政处分;对其中的会计人员,并由县级以上人民政府财政部门吊销会计资格证书。

(3) 授意、指使、强令会计机构、会计人员及其他人员伪造、变造会计凭证、会计账簿,编制虚假财务会计报告或者隐匿、故意销毁依法应当保存的会计凭证、会计账簿、财务会计报告,构成犯罪的,依法追究刑事责任;尚不构成犯罪的,可以处五千元以上五万元以下的罚款;属于国家工作人员的,还应当由其所在单位或者有关单位依法给予降级、撤职、开除的行政处分。

(4) 单位负责人对依法履行职责、抵制违反本法规定行为的会计人员降级、撤职、调离工作岗位、解聘或者开除等方式进行打击报复,构成犯罪的,依法追究刑事责任;尚不构成犯罪的,由其所在单位或者有关单位依法给予行政处分。对受打击报复的会计人员,应当恢复其名誉和原有职务、级别。

(5) 财政部门及有关行政部门的工作人员,在实施管理中滥用职权、玩忽职守、徇私舞弊或者泄露国家秘密、商业秘密,构成犯罪的,依法追究刑事责任,尚不构成犯罪的,依法给予行政处分。

模块五　书写与录入基础

第一章　财经工作中数码字的要求

在会计核算工作中,会计凭证的填写、会计账簿的登记和会计报表的编制等各个环节,都离不开数字的书写,没有规范的书写就没有会计工作质量。财会数字的书写如同一面镜子,反映着会计工作质量的高低。

数字书写是会计人员的一项基本技能,书写规范也是衡量一个会计工作人员素质高低的标准。一个合格的会计人员,首先应当书写规范,这样才能正确、清晰地书写计算结果,为决策者提供准确、可靠的会计信息,更好地为经济决策服务。俗话说,字如其人,账如其人。会计人员应不断加强数字书写的训练,使自己成为一名合格的高素质的会计人员。

写好数码是财经工作者应具备的一项基本技能。书写是否规范,直接影响到业务工作的质量,因此,应要求做到:正确、整齐、清楚和规范化。实际工作中常用的数码字有阿拉伯和中文大写数字两种。

第一节　阿拉伯数码字的书写

阿拉伯数字原为印度人所创造,公元8世纪传入阿拉伯,后又从阿拉伯传入欧洲,始称为"阿拉伯数字"。它书写笔画简单,不必标注数位,它是世界上通用的数字,使用很广泛,如日常登账、填写单据、发票、账表中的明细数以及记录计算结果等。

一、阿拉伯数字的书写规范

阿拉伯数字的写法有印刷体和手写体两种,日常工作中普遍使用的是手写体。
1. 手写体
手写体阿拉伯数字书写示范如图1-1所示。

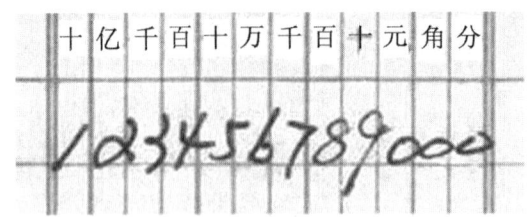

图 1-1 手写体阿拉伯数字书写

2. 印刷体

印刷体阿拉伯数字书写示范如图 1-2 所示。

图 1-2 印刷体阿拉伯数字书写

二、阿拉伯数字的书写要求

在日常登账或填写单据、发票、账表时,其书写有一定的格式和要求。

(1) 数字书写要工整、流畅,不能潦草,否则会模棱两可,似是而非。如:"1、7、9""3、5、8""4、6、9""0、2、6"书写时一潦草就会模棱两可。

(2) 数字上端稍向右倾斜(六十度),不要像文字那样端正,否则,字形会显得呆板。

(3) 数字要紧靠底线书写,不要写在格子中间,便于更正错数。

(4) 书写斜度以六十度为宜,高度以账表格二分之一为准:4 的中竖高度为下半格的二分之一,右竖上起下半格的右边线,下面下半格的四分之一处;6 的竖上伸上半格的四分之一处;7、9 上面低下半格的四分之一,下面伸出下半格的四分之一;8 的右角略出格外;0 字不要写得太小,要封口。

(5) 同数位要对齐。在有数位线的会计凭证、账簿和报表上,每一个格只写一个数字;没有账格数位线的,数字书写时数位要对齐,且整数部分要采用国际上通用的"三位分节制",即从个位起向左每三位空半格,如 2 768 530.26。在珠算界为了便于看数和汇总计算,要求标出分节号",",并严格将分节号与小数点区分开。分节号是逗号的打法,小数点是顿号的打法或打一圆点。

(6) 票据上的小写金额前要冠人民币符号"￥",元以下无角分的要用"0"补齐,数字后面不再写货币单位。如"人民币贰佰柒拾捌元整"写成小写金额应为"￥278.00"。

(7) 在填制凭证、登记账簿等会计工作中写错了数字,严禁涂改、刮补或用药水消除字迹,应先将错误数字从头用单红线完全画掉,再在其上方用蓝色或黑色笔写上正确的数字,并由经办人员在错误数字上方或左侧盖章,以示负责。只要部分数字写错(哪怕只有一个字码),也要把全部数字画线勾掉并订正,一个结果最多只能修改两次。这种改正方法叫画线更正法。

画线更正法的示范如图 1-3 所示。

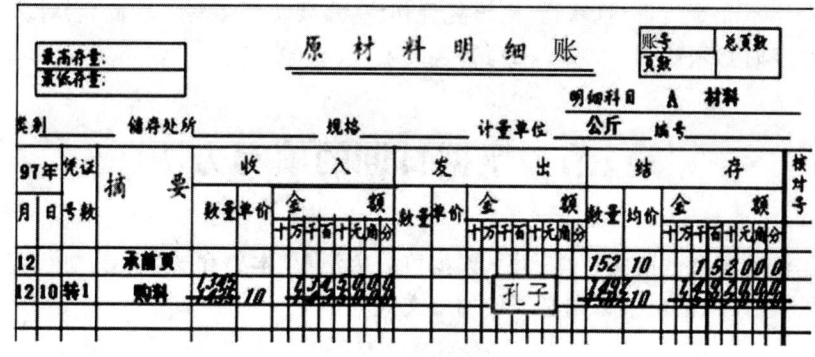

图 1-3　画线更正法

第二节　中文大写数字的书写

凡填写正式单据和文件（如发票、收据、支票及经济合同等）的金额时，必须填写大写数字，目的是为了防止篡改。作为一名从事会计工作的人员，必须掌握中文大写数字的书写，做到要素齐全、数字正确、字迹清晰、不错漏、不潦草。

一、大写数字的书写规范

中文大写数字有：（1）数码：零、壹、贰、叁、肆、伍、陆、柒、捌、玖。（2）数位：拾、佰、仟、万、亿。（3）金额单位：元、角、分。中文大写数字用正楷或行书书写，不得自造简化字。

二、大写数字的书写要求

（1）书写工整、清楚，用正楷或行书书写，不得随意简写。不能使用一、二、三、四、五、六、七、八、九、十、毛、块、另。

（2）如果货币金额是人民币，应在大写金额前面加"人民币"三个字，同时要求紧接数字，不得留有空格。如"人民币叁佰贰拾元整"不能写成"人民币：叁佰贰拾元整"。若为外币须冠外币名称，如美元、欧元、日元等。

（3）表示大写金额时，到"元"为止，在元之后必须加一"整"字；有"角"、"分"时，就不必加"整"字。

（4）金额数字中间连续有零时，则只写一个"零"字，如人民币壹万零伍元整（10 005.00 元）。不连续的零则应照写（10 505.00 元）。

（5）为防止涂改，"拾"字前必须写有"壹"字，如"拾元"必须写成"壹拾元整"，"陆佰零拾元"必须写成"陆佰壹拾元整"。

（6）写错不准涂改。为了防止作弊，银行、单位或个人填写的各种票据和结算凭证的大写金额一律不准涂改,一旦写错,则该凭证作废,需要重新填写。因此,会计人员在书写中文大写数字时必须认真,以减少书写错误的发生。

第三节 票据日期的填写方法

就票据法所规范的狭义票据来说,票据可分为汇票、本票和支票。为防止变造票据的出票日期,这些票据的出票日期必须使用中文大写。

一、票据日期的填写

(1) 在填写年时,不要标数位,只需写数码,如贰零零玖年。

(2) 在填写月、日时,月为壹、贰和壹拾的,日为壹至玖和壹拾、贰拾和叁拾的,应在其前加"零"。如"2011年10月20日",应写成"贰零壹壹年零壹拾月零贰拾日"。

(3) 日为拾壹至拾玖的,应在其前加"壹",如"2009年1月15日",应写成"贰零零玖年零壹月壹拾伍日"。

(4) 11月要写成壹拾壹月,12月要写成壹拾贰月。

(5) 票据出票日期使用小写填写的,银行不予受理。大写日期未按要求规范填写的,银行可予受理,但由此造成损失的,由出票人自行承担。

二、阿拉伯数字书写实训

【实训一】

在表1-1账格中用规范化的阿拉伯数字书写

表1-1 账格

【实训二】

对照表 1-2 中的数字练习没有数位线的小写金额的书写

表 1-2　没有数位线的小写金额

¥923 637.94	¥58 219.07	¥8 306.92	¥69 218.00	¥6 835.47	¥35 284.90

【实训三】

将下列中文大写金额写出相应的小写金额：

(1) 人民币捌拾贰万玖仟捌佰伍拾壹元叁角叁分　　　应写成＿＿＿＿＿＿＿＿

(2) 人民币柒万叁仟捌佰贰拾元整　　　应写成＿＿＿＿＿＿＿＿

(3) 人民币肆佰伍拾玖万玖仟捌佰贰拾柒元整　　　应写成＿＿＿＿＿＿＿＿

(4) 人民币玖亿元整　　　应写成＿＿＿＿＿＿＿＿

(5) 人民币壹拾万元整　　　应写成＿＿＿＿＿＿＿＿

(6) 人民币陆佰万元零柒分　　　应写成＿＿＿＿＿＿＿＿

(7) 人民币玖角捌分　　　应写成＿＿＿＿＿＿＿＿

(8) 人民币贰拾柒元伍角肆分　　　应写成＿＿＿＿＿＿＿＿

(9) 人民币玖仟叁佰元零伍角整　　　应写成＿＿＿＿＿＿＿＿

(10) 人民币柒万肆仟伍佰零贰元捌角陆分　　　应写成＿＿＿＿＿＿＿＿

三、中文大写数字书写实训

【实训一】

对照表 1-3 中的文字分别用楷体和行楷练习中文大写数字的书写：

表 1-3　中文大写数字书写练习

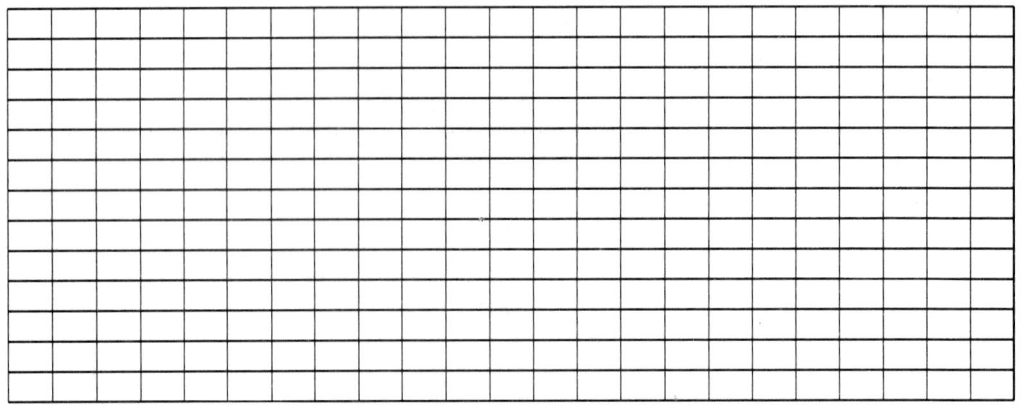

【实训二】

将下列小写金额写出对应的中文大写金额：

(1) ￥140,655.49　　　　　应写成＿＿＿＿＿＿＿＿＿＿

(2) ￥16,969.75　　　　　　应写成＿＿＿＿＿＿＿＿＿＿

(3) ￥7,487,004.00　　　　应写成＿＿＿＿＿＿＿＿＿＿

(4) ￥28,894.41　　　　　　应写成＿＿＿＿＿＿＿＿＿＿

(5) ￥21,378.33　　　　　　应写成＿＿＿＿＿＿＿＿＿＿

(6) ￥1,336,367.99　　　　应写成＿＿＿＿＿＿＿＿＿＿

(7) ￥20,001.70　　　　　　应写成＿＿＿＿＿＿＿＿＿＿

(8) ￥79,004,000.00　　　应写成＿＿＿＿＿＿＿＿＿＿

(9) ￥170,000.00　　　　　应写成＿＿＿＿＿＿＿＿＿＿

(10) ￥4,000,070.90　　　　应写成＿＿＿＿＿＿＿＿＿＿

四、票据日期填写实训

将下列日期写成大写：

(1) 2006 年 10 月 13 日　　应写成＿＿＿＿＿＿＿＿＿＿

(2) 2007 年 3 月 25 日　　　应写成＿＿＿＿＿＿＿＿＿＿

(3) 2008 年 2 月 10 日　　　应写成＿＿＿＿＿＿＿＿＿＿

(4) 2009 年 12 月 30 日　　应写成＿＿＿＿＿＿＿＿＿＿

(5) 2010 年 8 月 5 日　　　　应写成＿＿＿＿＿＿＿＿＿＿

(6) 2010 年 11 月 19 日　　应写成＿＿＿＿＿＿＿＿＿＿

(7) 2011 年 7 月 31 日　　　应写成＿＿＿＿＿＿＿＿＿＿

(8) 2011 年 9 月 9 日　　　　应写成＿＿＿＿＿＿＿＿＿＿

(9) 2012 年 1 月 20 日　　　应写成＿＿＿＿＿＿＿＿＿＿

(10) 2012 年 4 月 11 日　　应写成＿＿＿＿＿＿＿＿＿＿

第二章　录入基础知识

一、认识键盘

要学习打字,首先应熟悉键盘。以 Windows 键盘为例,所有按键分为 5 个区:输入键区、功能键区、编辑控制键区、数字键区和键盘指示灯区。(如图 1)

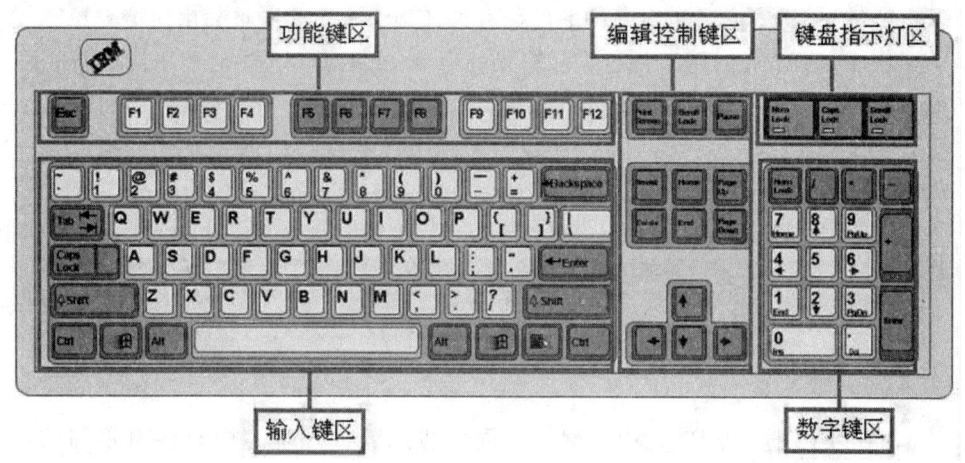

键盘(图 1)

1. 输入键区

输入键区是整个键盘的主要组成部分,用于输入各种字符和命令,在这个键区中包括字符键和控制键两大类。(如图 2)

字符键主要包括英文字母键、数字键和标点符号键,具体功能如下:

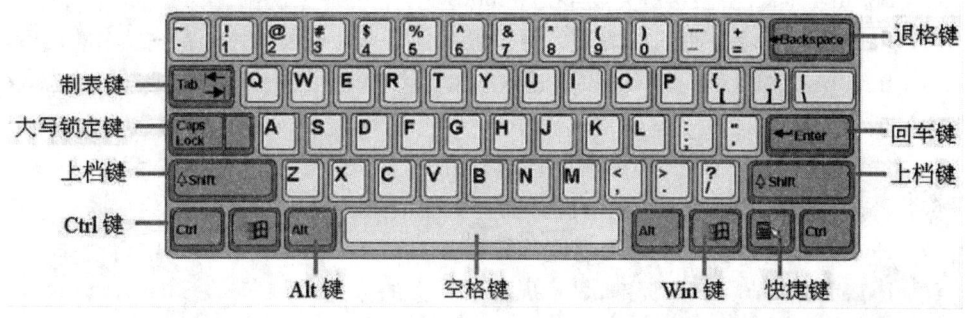

输入键区(图 2)

(1) 制表键(Tab):该键用于使光标向左或向右移动一个制表位的距离(默认为 8 个字符)。

(2) 大写锁定键(Caps Lock):主要用于控制大小写字母的输入。直接敲击字母键输入的是小写英文字母或者在拼音、五笔等汉字输入法状态下输入汉字。按下该按键后,键盘右上方的 Caps Lock 指示灯会亮,此时敲击字母键输入的是大写英文字母。

(3) 上档键(Shift):又称为换档键,用于与其他数字或符号键组合,输入位于键面上方的符号。例如,要输入"＊"号,应在按下 Shift 键的同时按"8"键。

(4) Ctrl 键和 Alt 键:这两个控制键单独使用是不起作用的,只能配合其他键一起使用才有意义。比如,在 Windows XP 中,按下组合键 Ctrl＋Alt＋Del 将打开"Windows 任务管理器"窗口。

(5) 空格键:按一下该键输入一个空格,同时光标右移一个字符。

(6) Win 键:标有 Windows 图标的键,任何时候按下该键都将弹出"开始"菜单。

(7) 快捷键:按下此键相当于单击鼠标右键,因此,按下该键将弹出快捷菜单。

(8) 回车键(Enter):用于执行当前输入的命令,或在输入文本时用于开始新的段落。

(9) 退格键(Back Space):按一下该键,光标向左回退一格并删除原来位置上的对象。

2. 功能键区

功能键位于键盘的最上方,主要用于完成一些特殊的任务和工作,其具体功能如下:

$F_1 \sim F_{12}$(图 3)

(1) F1~F12 键:这 12 个功能键在不同的应用软件和程序中有各自不同的定义。(如图 3)

(2) Esc 键:该键为取消键,用于放弃当前的操作或结束程序。

3. 编辑控制键区

编辑控制键的具体功能如下:

(1) Print Screen 键:屏幕打印键,将屏幕的内容输出到剪切板或打印机。

(2) Scroll Lock 键:滚屏锁定键,在 Windows XP 中很少使用。

(3) Pause Break 键:使正在滚动的屏幕显示停下来,或用于中止某一程序的运行。

(4) Insert 键:插入键,按一下该键进入"插入"状态,再按一下进入"改写"状态,多用于文本编辑操作。

(5) Home 键:首键,使光标跳转到该行行首。

(6) Page up 键:上翻页键,显示屏幕前一页的信息。

(7) End 键:尾键,使光标跳转到该行行尾。

(8) Page Down 键:下翻页键,显示屏幕后一页的信息。

(9) Delete 键:删除键,删除光标所在位置的字符并使其后面的字符向前移。

(10) ← 键:将光标左移一个字符。

(11) ↓ 键:将光标下移一行。

(12) → 键:将光标右移一字符。

(13)↑键:将光标上移一行。

4. 数字键区

位于键盘的右下角,也叫小键盘区,主要用于快速输入数字,输入时只需右手单手操作即可,方便财会和银行工作人员。其中包括数字锁定键 Num Lock、符号键(＋、－、＊、/)、双字符键和回车键。(如图4)

数字键区(图4)

(1) Num Lock 键:用于控制数字键区上下档的切换。当按下该键时,Numlock 指示灯亮,表示此时可输入数字,再次按下此键,指示灯灭,此时只能使用下档键。

(2) ＋键:加号键,用于加法运算。

(3) －键:减号键,用于减法运算。

(4) ＊键:乘号键,用于乘法运算。

(5) / 键:除号键,用于除法运算。

5. 键盘指示灯区

在键盘的右上方有 3 个指示灯,分别是 Num Lock、Caps Lock、Scroll Lock。其中 Num Lock 和 Caps Lock 分别表示数字键盘的锁定与大写锁定,Scroll Lock 很少使用。

如果死机,可利用热启动,即同时按 Ctrl＋Alt＋Delete,或按主机的复位启动按钮(Reset)(如图5)。

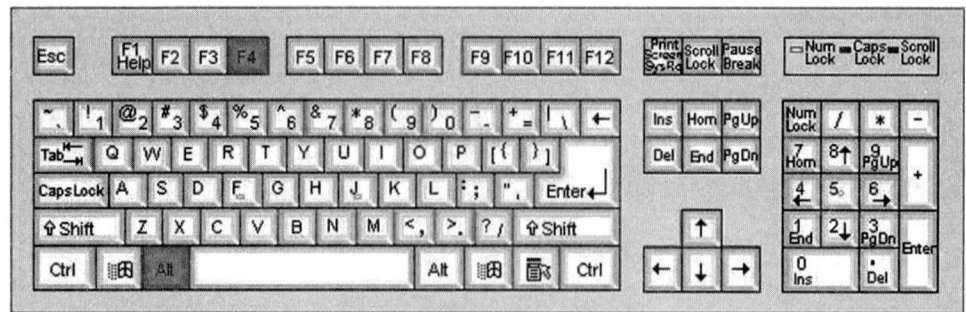

热启动（图5）

6．正确的打字姿势

正确的打字姿势，是上臂和肘应靠近身体，下臂和腕略向上倾斜，与键盘保持相同的斜度。手指微曲，轻轻放在与各手指相关的基准键位上，座位的高低应便于手指操作。双脚踏地，切勿悬空。为使身体得以平衡，坐时应使身体躯干挺直而微前倾，全身自然放松。（如图6）

正确的打字姿势（图6）

7．正确的打字指法

基准键位和手指分工，通常情况下，我们应将各手指放在基准键位"A"、"S"、"D"、"F"、"J"、"K"、"L"、";"上。（如图7）

在基准键位的基础上，对于其他字母、数字和符号都采用与基准键位相对应的位置来记忆。指法分区如图7所示，其目的是使手指分工操作，便于记忆。

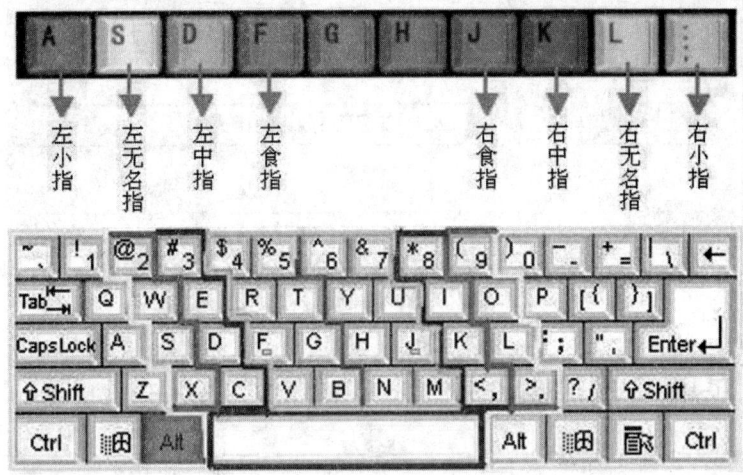

正确的打字指法（图7）

【小链接】打字要领。

（1）打字时，先将手指抬起，指尖后的第一关节微成弧形，轻放在与各手指相关的基准键位上，手腕悬起不要压在键盘上，击键时是通过手指关节活动的力量叩向键位，而不是用肘和腕的力量。输入时应注意，只有要击键时，手指才可伸出击键，击毕立即缩回到基准键位上。

（2）打字时要有节奏、有弹性，不论快打、慢打都要合拍，初学时应特别重视落指的正确性，在正确的前提下，再求速度。

第三章　五笔字型输入法基础

第一节　字　根

一、什么是字根

在五笔字型输入法中，我们只需把要输入的汉字拆分成已知字根，然后敲击这些字根所在的键，即可将汉字输入进去。那么，什么是字根，字根是如何在键盘上分布的呢？

在书写汉字时，不间断一次写成的一个线条叫汉字笔画；由若干笔画复合连接所形成的，相对不变的结构叫作字根；将字根按一定的位置关系拼合起来，就构成了单字。由此可见，汉字可以划分为笔画、字根和单字3个层次。（如下图）

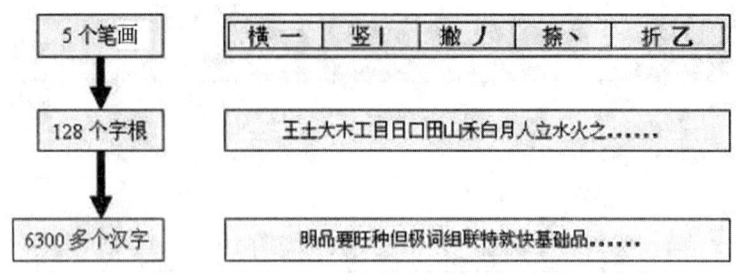

字根

二、汉字的 5 种笔画

如果按其长短、曲直和笔势走向来分,汉字的笔画可以分到几十种。为了易于被人们接受和掌握,可对其进行科学的分类。如果按照书写方向来划分,笔画的类型只有 5 种,它们分别是横、竖、撇、捺、折。(如下图)

1. 横

在五笔字型中,"横"是指笔画的走向为从左向右,如"卖"、"未"等字的首笔划都属于"横"笔画。另外,提笔在五笔字型中也视为横,如"现"、"场"、"特"、"冲"等字左部的末笔划。

2. 竖

在五笔字型中,"竖"是指笔画的走向为从上到下,如"十"、"下"等字中的第二个笔画都属于竖笔画。另外,左竖钩被视为竖,这是一个特例。如"利"、"到"等字的最后一笔在五笔字型中都属于"竖"笔画。

3. 撇

在五笔字型中,"撇"是指笔画的走向为从右上到左下,如"川"字最左边的撇,"毛"字最上方的撇,"人"字左侧的撇等。

4. 捺

在五笔字型中,"捺"是指笔画的走向为左上到右下。

另外,"点"在五笔字型中均视为捺(包括宀中的点),因为其笔画的走向也为从左上到右下,如"学"、"家"、"冗"等各字中的点都视为"捺"笔画。

5. 折

在五笔字型中,一切带转折的笔画都归为"折",如"飞"、"习"、"乃"字中的折笔画,右竖钩也为折,如"以"、"饭"字中的右竖钩等。

在五笔字型输入法中,为了便于记忆和排序,我们分别用1、2、3、4、5作为5种笔画的编码。

编码	笔画	笔画走向	笔画及其变体	说明
1	横	左→右	一（横），（提）	"提笔"均视为横，笔画方向为从左到右
2	竖	上→下	丨（竖）亅（左竖钩）	左竖钩被视为竖（例外），笔画方向从上到下
3	撇	右上→左下	丿（撇）及其变形体	笔画方向从右上到左下
4	捺	左上→右下	丶（点）、（捺）	点均视为捺（包括宀中的点），笔画方向从左上到右下
5	折	带转折	各种带转折的笔画，如乙 一 乛 了 彐 乚 ㄣ 乚 乁	一切带转折的笔画都归为折，且右竖钩为折，左竖钩除外

笔画

三、汉字的字根

如前所述，汉字自然可以看成是由一系列笔画组成的，但这种方法过于繁琐。有鉴于此，人们将一些由基本笔画组成的相对不变的结构归纳为所谓的偏旁、部首，如我们平常所说的"木子李"、"立早章"等。在五笔字型中，这些偏旁、部首被称为字根。

汉字有很多字根，五笔字型输入法根据其输入方案的需要，精选出 125 种常见的字根，加笔画字根 5 种，共 130 种。把它们分布在电脑的键盘上，作为输入汉字的基本单位。

在五笔字型方案中，字根的选取标准主要基于以下几点。

（1）首先选择那些组字能力强、使用频率高的偏旁部首，如：王、土、大、木、工、目、日、口、田、山、纟等。

（2）组字能力不强，但组成的字在日常汉语文字中出现次数很多，如"白、勺"组成的"的"字可以说是全部汉字中使用频率最高的，因此，"白"被作为基本字根。

（3）绝大多数基本字根都是查字典时的偏旁部首，如：人、口、手、金、木、水、火、土等。相反，相当一些偏旁部首因为不太常用，或者可以拆成几个字根，便不作为基本字根，如：比、风、气、足、老、业、斗、酉、骨、殳、欠、麦等。

（4）五笔字型的基本字根有 125 种。有时候，一种字根之中还包含有几个"小兄弟"，它们主要是：

字源相同的字根：心、忄；水、氵等。

形态相近的字根：艹、卅、廾；已、己、巳等。

便于联想的字根：耳、卩、阝等。

四、五笔字型字根分类详解

在五笔字型中，将 125 个基本字根按起笔的类型分为 5 类，每一类又分为 5 组，共计 25 组。5 类字根分别与键盘上的 5 个区相对应，每一类的 5 个组又分别与每一区中的 5 个键位相对应。

其中，区号和位号的定义原则如下：

（1）区号按起笔的笔画横、竖、撇、捺、折划分，如禾、白、月、人、金的首笔均为撇，撇的

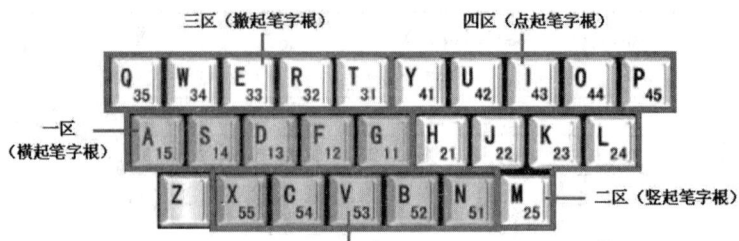

代号为3,故它们都在3区。也可以说,以撇为首笔的字根,其区号为3。

(2)一般来说,字根的次笔代号尽量与其所在的位号一致,如土、白、门的第2笔均为竖,竖的代号为2,故它们的位号都为2。但并非完全如此,如"工"字的次笔为竖(代号应为2),但它却被放在了15位,而不是12位。

(3)复笔画字根的数值尽量与位号一致。例如,单笔画一、丨、丿、丶、乙都在第1位,两个单笔画的复合字根二、冫都在第2位,3个单笔画的复合字根三、彡、氵、巛都在第3位,依此类推。

总的来说,任何一个字根都可以用它所在的区位号来表示。字根的区位号也叫字根的"代码",如"目"字在2区1位,其区位号为21,21就是"目"的代码。五笔字型的字根总表如下页表所示。

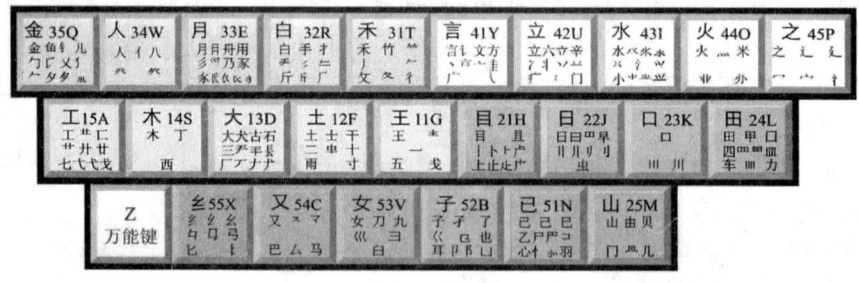

五笔字型字根速记口诀

1区（横起笔字根）
11（G）王旁青头戋（兼）五一
12（F）土士二干十寸雨
13（D）大犬三羊（羊）古石厂
14（S）木丁西
15（A）工戈草头右框七

2区（竖起笔字根）
21（H）目具（具）上止卜虎皮
22（J）日早两竖与虫依
23（K）口与川,字根稀
24（L）田甲方框四车力
25（M）山由贝,下框几

3区（撇起笔字根）
31（T）禾竹一撇双人立,
反文条头共三一
32（R）白手看头三二斤
33（E）月彡（衫）乃用家衣底
34（W）人和八,三四里
35（Q）金勺缺点无尾鱼,
犬旁留乂儿一点夕,氏无七

4区（点起笔字根）
41（Y）言文方广在四一,
高头一捺讠（谁）人去
42（U）立辛两点六门疒（病）
43（O）水旁兴头小倒立
44（O）火业头,四点米
45（P）之宝盖,撇礻（示）衤（衣）

5区（折起笔字根）
51（N）已半已满不出己,
左框折尸心和羽
52（B）子耳了也框向上
53（V）女刀九臼山朝西
54（C）又巴马,丢矢矣
55（X）慈母无心弓和匕,
幼无力

五笔字根字型总表

区	位	代码	字母	键名	基本字根	口诀	高频字
1 横起笔类	1	11	G	王	一￢五戈	王旁青头戈（兼）五一	一
	2	12	F	土	士二十干￢寸雨	土士二干十寸雨	地
	3	13	D	大	犬三耂𦍌古石厂ナプナ	大犬三耂（羊）古石厂	在
	4	14	S	木	丁西	木丁西	要
	5	15	A	工	匚七弋戈卄廿	工戈草头右框七	工
2 竖起笔类	1	21	H	目	丨且卜上止𤴓广广卜	目且（具）上止卜虎皮	上
	2	22	J	日	曰刂丨丨刂早虫𧴪	日早两竖与虫依	是
	3	23	K	口	川ⅠⅡ	口与川，字根稀	中
	4	24	L	田	甲口四皿𠕁车力𠂉Ⅲ	田甲方框四车力	国
	5	25	M	山	由门贝几𠘨	山由贝，下框几	同
3 撇起笔类	1	31	T	禾	𠂉𠂆丿竹彳夂攵	禾竹一撇双人立 反文条头共三一	和
	2	32	R	白	扌手彡𠂆斤厂𠂉	白手看头三二斤	的
	3	33	E	月	月丹彡丿乃用豕𧰨衣𧘇	月彡（衫）乃用家衣底	有
	4	34	W	人	亻八𠆢癶	人和八，三四里	人
	5	35	Q	金	钅勹夕𠂊儿夕鱼乂𠂉	金勹缺点无尾鱼 犬旁留乂儿点夕 氏无七	我
4 捺起笔类	1	41	Y	言	讠丶二广文方𠂊	言文方广在四一 高头一捺（谁）人去	主
	2	42	U	立	辛冫丬六丷门疒	立辛两点六门疒（病）	产
	3	43	I	水	氺氵兴丷小⺌	水旁兴头小倒立	不
	4	44	O	火	业灬米	火业头，四点米	为
	5	45	P	之	宀冖辶廴礻	之宝盖，摘礻（示）（衣）	这
5 折起笔类	1	51	N	已	已乛尸𡰪乙心忄羽	已半巳满不出己 左框折尸心和羽	民
	2	52	B	子	孑耳𠃌阝了也凵	子耳了也框向上	了
	3	53	V	女	刀九臼彐巛	女刀九臼山朝西	发
	4	54	C	又	厶マ巴马ム	又巴马，丢矢矣	以
	5	55	X	纟	纟幺弓匕比	慈母无心弓和匕，幼无力	经

第二节　五笔字型输入法

一、键名字的输入方法

各个键上的第一个字根,即"助记词"中打头的那个字根,我们称之为"键名"(如下图)。键名中的绝大多数本身就是一个汉字,其输入方法是:把所在的键连击4下,例如:

王:王王王王　　11　11　11　11　(GGGG)
又:又又又又　　54　54　54　54　(CCCC)
月:月月月月　　33　33　33　33　(EEEE)

因此,把每一个键都连打4下,即可输入25个键名汉字。

键名字

二、成字字根的输入方法

键名代码＋首笔代码＋次笔代码＋末笔代码。

成字字根	键名	首笔	次笔	末笔	编码
贝	贝(M)	｜(H)	乙(N)	、(Y)	MHNY (25, 21, 51, 41)
丁	丁(S)	一(G)	｜(H)		SGH (14, 11, 21)
用	用(E)	ノ(T)	乙(N)	｜(H)	ETNH (33, 31, 51, 21)
亻	亻(W)	ノ(T)	｜(H)		WTH (34, 31, 21)
氵	氵(I)	、(Y)	、(Y)	一(G)	IYYG (43, 41, 41, 11)
匚	匚(A)	一(G)	乙(N)		AGN (15, 11, 51)

下表列出了各区中的成字字根。

各区成字字根表

区号	成字字根
1区	一五戈,土二干十寸雨,犬三古石厂,丁西,戈弋卝廾匚七
2区	卜上止丨,曰刂早虫,川,甲口四皿车力,由贝门几
3区	竹夂冬彳丿,手扌斤,彡乃用豕,亻八,钅勹儿夕
4区	讠文方广丶,辛六疒门,氵小,灬米,辶廴宀
5区	巳己尸心忄羽乙,孑耳,阝了也山,刀九臼彐,厶巴马,幺弓匕

三、单笔画汉字的输入方法

如下所示。
丨：21　21　24　24　（H　H　L　L）
丿：31　31　24　24　（T　T　L　L）
丶：41　41　24　24　（Y　Y　L　L）
乙：51　51　24　24　（N　N　L　L）

"一"是一个极为常用的字,每次都打4下岂不太慢？别担心,后边会讲到,"一"还有一个"高频字",只要打一个"G"再打一个空格便可输入。

四、普通汉字的输入方法

编码规则歌诀

五笔字型均直观,依照笔顺把码编。
键名汉字打4下,基本字根请照搬。
一二三末取四码,顺序拆分大优先。
不足四码要注意,交叉识别补后边。

1. 汉字的3种字型

同样的几个字根,同样的顺序,摆放的位置不同,就组成不同的汉字。例如：

只—叭　呐—呙　吧—邑　岂—屺

3种类型：左右型、上下型和杂合型。

2. 汉字的4种结构

(1) 单

基本字根本身即为一个汉字。如：口、木、山、田、马、用,它们被称为"成字字根"。

(2) 散

指构成一个汉字的字根不止一个,并且各个字根之间有一定的距离。上下、左右与杂合结构的汉字都可以是"散"的结构方式,如：吕、足、功、训、培、字、识、汉。

(3) 连

单笔画与基本字根相连。如"丿"下连"目"成为"自","丿"下连"十"成为"千","月"下连"一"成为"且"等。其中,单笔画可连前也可连后,但是单笔画与基本字根间有明显的间距都不认为相连,如：个、少、旧、孔、乞等。

带点结构均认为相连。如：勺、术、太、主、斗、头。

(4) 交

指几个基本字根交叉套叠之后构成的汉字。例如："申"是由"日丨","里"是由"日土","夷"是由"一弓人"交叉构成的。

五、常见非基本字根拆分方法

1. 书写顺序

拆分"合体字"时,一定要按照正确的书写顺序进行。例:"新"只能拆成"立、木、斤",不能拆成"立、斤、木";"中"只能拆成"口、丨",不能拆成"丨、口";"夷"只能拆成"一、弓、人",不能拆成"大、弓"。

2. 取大优先

按书写顺序拆分汉字时,应以"再添一个笔画便不再是字根"为限,尽可能是笔画多的字根。

例如:世

第一种拆法:一、凵、乙(误)

第二种拆法:廿、乙(正)

3. 兼顾直观

例如:"国"字,按"书写顺序"应拆成"冂、王、丶、一",但这样便破坏了汉字构造的直观性,故只好违背"书写顺序",拆作"囗、王、丶"了。

4. 能连不交

能连不交指的是一个汉字能按相连的关系拆分,就不要按相交的关系拆分。如"于",可按相连的关系拆成"一、十",就不要按"二、丨"相交关系拆分。

天	一	大	不能拆作"二人",因二者相交
于	一	十	不能拆作"二丨",因二者相交
丑	乙	土	不能拆作"刀二",因二者相交

5. 能散不连

如果一个字的结构可以视为几个基本字根的散的关系,就不要认为是连的关系。例如:

占:卜口(都不是单笔画,应视作上下关系)

非:三丨 三(都不是单笔画,应视作左右关系)

六、识别码的使用

在五笔字型编码方案中,所有的代码可以分为两类:字根码与识别码。识别码即末笔字型识别码,是为减少重码而补加的代码,它取决于汉字的末笔代码与汉字的字型。

(1)末笔字型识别码如表所示。

末笔字型识别码表

字型 末笔画		左右型 1	上下型 2	杂合型 3
横	1	G	F	D
竖	2	H	J	K

续表

末笔画＼字型	左右型 1	上下型 2	杂合型 3
撇 3	T	R	E
捺 4	Y	U	I
折 5	N	B	V

（2）当一个字拆分后不足 4 个字根时，需要在打完字根码后追加一个"末笔字型识别码"，例如：

单字	字根	字根码	末笔	代号	字型	识别码	编码
沐	氵木	IS	丶	4	1	41 Y	ISY
汀	氵丁	IS	亅	2	1	21 H	ISH
洒	氵西	IS	一	1	1	11 G	ISG
只	口八	KC	丶	4	2	42 U	KCU
叭	口八	KC	丶	4	1	41 Y	KCY

七、汉字简码输入

1. 输入一级简码

一级简码，即高频字码。在五笔字型输入法中，共有 11～55 共 25 个键位，根据每个键位上的字根形态特征，每键安排一个使用频率最高的汉字，共可以安排 25 个一级简码。（如下图）

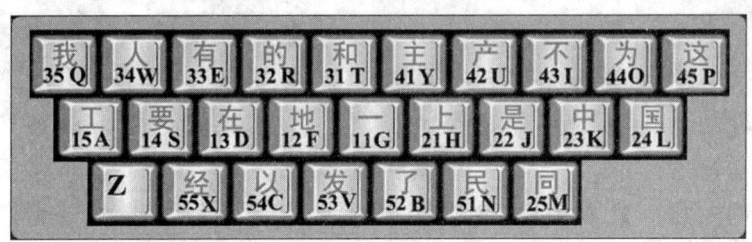

一级简码

2. 输入二级简码

二级简码由单字全码的前两个字根码组成。25 个键位共有 25×25＝625 种组合，因而可以安排 625 个二级简码汉字。（如下表）

二级简码

		11	12	13	14	15	21	22	23	24	25	31	32	33	34	35	41	42	43	44	45	51	52	53	54	55
		G	F	D	S	A	H	J	K	L	M	T	R	E	W	Q	Y	U	I	O	P	N	B	V	C	X
11	G	五	于	天	末	开	下	理	事	画	现	麦	珠	表	珍	万	玉	平	求	来		与	击	妻	到	互
12	F	二	土	城	霜	载	起	进	喜	载	南	才	垢	协	夫	无	裁	增	示	赤	过	志	地	雪	去	盎
13	D	三	夺	大	厅	左	还	百	右	奋	面	故	原	胡	春	克	太	磁	耗	矿	达	成	顾	碌	友	龙
14	S	本	村	顶	林	模	相	查	可	楞	贾	格	析	棚	机	构	术	样	档	杰	枕	杨	李	根	权	楷
15	A	七	著	其	苛	工	牙	划	或	苗	黄	攻	区	功	共	获	芳	蒋	东	蔗	芬	世	节	切	芭	药
21	H	上		非	盯	虑	止	旧	占	卤	贞	睡		肯	具	馨	眩	瞳		眛	瞎	卢		眼	皮	此
22	J	量	时	晨	果	暴	申	日	蝇	曙	遇	昨	蠊	明	蛤	晚	景	暗	晃	显	晕	电	最	归	紧	昆
23	K	号	叶	顺	呆	呀	中	虽	邑	喂	员	吃	听	另	只	兄	咬		咻	喧	叫	呵	啃	吧	哟	
24	L	车	团	因	困		四	辑	回	田	轴	图	斩	男	界	罗	较	圈		连	思		轨	轻	累	
25	M	峡	周	央		曲	由	则		鞍	山	败	刚	骨	内	见	丹	赠	崤		迪	岂	郢		峻	幽
31	T	生	等	知	条	长	处	得	各	备	向	笔	稀	务	答	物	入	科	秒	秋	管	乐	秀	很	么	第
32	R	后	质	振	打	找	年	提	损	摆	制	手	折	撮	失	换	护	拉	朱	扩	近	气	报	热	把	指
33	E	且	脚	须	采	毁	用	胆	加	舅	觅	胜	貌	月	办	胸	脑	脱	膛	脏	边	力	服	妥	肥	脂
34	W	全	会	做	体	代	个	介	保	佃	仙	八	风	佣	从	你	信	位	偿	伙		假	他	分	公	化
35	Q	印	钱	然	钉	错	外	甸	名	饲	负	儿	铁	解	欠	多	久	匀	销	炙	锭	饭	迎	争	色	
41	Y	请	计	诚	订	谋	让	刘	就	谓	市	放	义	衣	六	询	方	说		变	这	记		良	充	率
42	U	着	斗	头	亲	并	站	间	问	单	端	道		葡	准	次	门	立	冰	普		决	闯	兼	痛	北
43	I	光	法	尖	河	江	小	温	渍	渐	油	少	派	肖	没	沟	流	洋	水	淡	学	泥	池	当	汉	涨
44	O	业	庄	类	灯	度	店	烛	煤	烟	庙	庭	煌	粗	府	底	广	料	应	火	迷	断	料	数	序	庇
45	P	定	守	害	宁	宽	官	审	宫	军	宙	客	宾	农	空	冤	社	实	宵	灾	之	宿	字	安		它
51	N	那	导	居		展	收	慢	避	惭	届	必	怕		惟	懒	心	习	尿	屉	忧	已	敢	恨	怪	惯
52	B	卫	际	随	阿	陈	耻	阳	职	阵	出	降	孤	阴	队	隐	及	联	孙	聆	院	也	子	限	取	陛
53	V	建	寻	姑	杂	媒		旭	如	姐		九		退		婚	娘	嫌	录	灵	嫁	刀	好	妇	即	姆
54	C	马	对	参		戏		台		观	矣		能	难	允		叉					巴	邓	限	又	
55	X	纯	线	顷		红	引	费	强	细	纲	张	缴	组	给	约	统	骗	纱	继	缩	纪	级	绿	经	比

3. 输入三级简码

三级简码由单字的前3个字根码组成。只要一个字的前3个字根码在整个编码体系中是唯一的,一般都选作三级简码,计有4400个之多。对于此类汉字,只要打其3个字根代码再加空格键即可输入。

华　全码：亻　七　十　　22　（34　55　12　22　　WXFJ）
　　简码：亻　七　十　　（34　55　12　　　WXF）

八、单字、词组输入与重码处理

1. 五笔字型单字的输入

五笔字的分类：

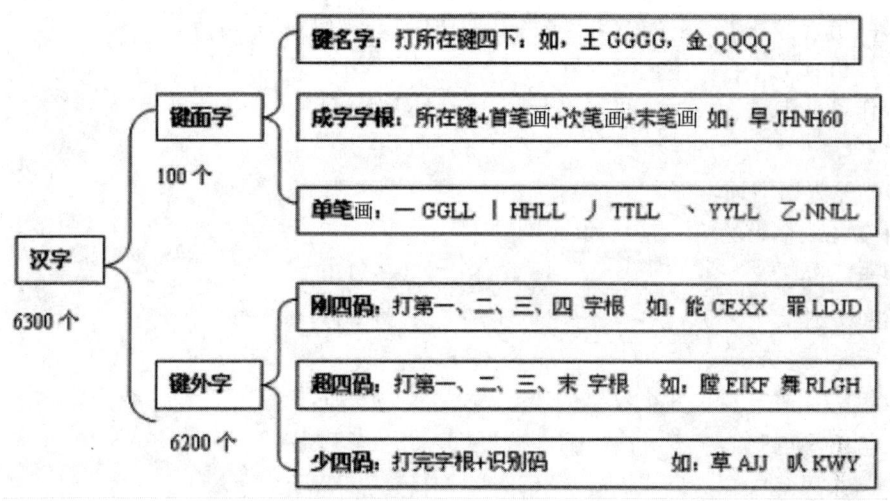

打法如下：

（1）三个或多于三个字根：打法＝第一字根＋第二字根＋第三字根＋空格。如："些"＝"止"＋"匕"＋"二"＋空格。

（2）二个字根：打法＝第一字根＋第二字根＋末笔识别码＋空格。如："里"＝"日"＋"土"＋"三"＋空格。

末笔识别码：在打完字根而还打不出该字的时候，需要加一个"末笔识别码"。定位"末笔识别码"分两步：

第一步，该字末笔是哪种笔画（一、丨、丿、、、乙）。

第二步，该汉字是什么结构，如左右结构、上下结构、其他结构。

末笔识别码公式：末笔识别码＝末笔画×字结构（左右1、上下2、集合3）

例：

"青"的末笔识别码＝末笔画（一）×字结构（集合2）＝一×2＝二＝f

"里"的末笔识别码＝末笔画（一）×字结构（集合3）＝一×3＝三＝d

（3）成字字根：打法＝字根键＋该字第一笔＋第二笔＋空格，如："丁"＝"丁"＋"一"＋"丨"＋空格。

（4）三级键名汉字：打法＝键名键＋键名键＋键名键＋空格，如："言"＝言＋言＋言＋空格。

2. 五笔字型词组的输入

（1）输入双字词

双字词在汉语词汇中占有相当大的比重。双字词的编码为：分别取两个字的单字全码中的前两个字根代码，共 4 码组成。如：

　　机器　木　几　口　口　(14 25 23 23　SMKK)
　　汉字　氵　又　宀　子　(33 53 45 51　ICPB)
　　实践　宀　丶　口　止　(45 42 23 21　PUKH)

(2) 输入三字词

前两字各取其第一码，最后一字取其前两码，共 4 码，如：

　　计算机　讠　竹　木　几　(41 31 14 25　YTSM)
　　操作员　扌　亻　口　贝　(32 34 23 25　RWKM)
　　生产率　丿　立　亠　幺　(31 42 41 55　TUYX)

(3) 输入四字词

每字各取全码的第一码。如：

　　艰苦奋斗　又　艹　大　丷　(54 15 13 42　CADU)
　　信息处理　亻　丿　夂　王　(34 31 31 11　WTTG)

(4) 输入多字词

取第一、二、三及末一个汉字的第一码，共 4 码。如：

　　五笔字型电脑　　五　竹　宀　月　(11 21 45 33　GTPE)
　　中国人民解放军　　口　口　人　冖　(23 24 34 45　KLWP)

3. 重码处理与万能 Z 键的使用

重码的处理方法：

几个"五笔字型"编码完全相同的字，谓之"重码"，如：

　　枯：木古一(SDG)
　　栃：木石一(SDG)

对于常用字，可在末码后加上"L"，这使得一级汉字中的重码字大多可以实现无重码输入。

例如："喜"和"嘉"的编码都是 FKUK。在该编码后加上一个"L"，FKUKL 就作为"喜"字的唯一编码了。

例如，输入"娱"字时，不知道字根"大"的编码，使用 Z 键代替，输入"VKGZ"时，显示结果如下图所示，选择 3 即可输入"娱"字。

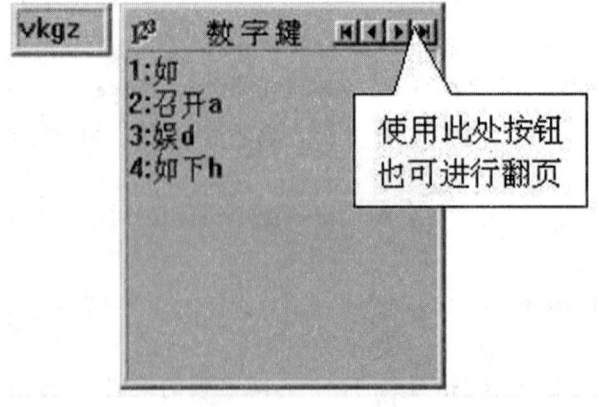

又如，输入"养"字时，若不知如何拆分，此时可键入 Z 键代替。输入"UDYZ"将显示如下左图所示结果，选择 5 即可输入"养"字。输入"见"字时不知其识别码，可键入 Z 键代替。输入"MQZ"，将显示如下右图所示结果，此时选择 4 即可输入"见"字。

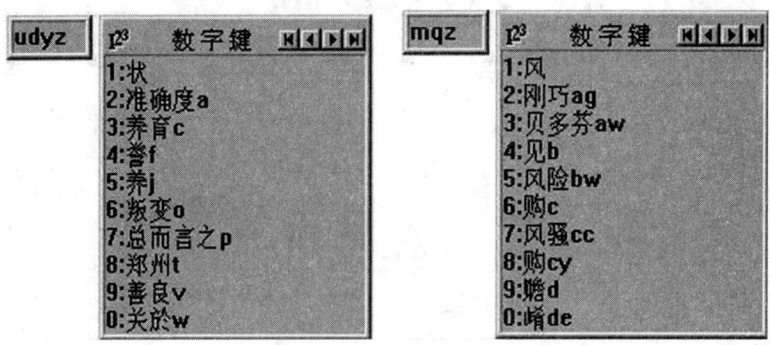

【练习题】

齐：yjj   门：uyh   卤：hl   饮：qnq   齿：hwb
马：cnng   龟：qjn   绳：xkjn   韦：fn   栈：sgt
带：gkp   飞：nui   丐：ghn   隽：wyeb   鸟：qyng
曳：jxe   拽：rjxt   象：qjeu   幽：xxmk   噪：kbhj
丬：nhde   鼎：hndn   越：fhat   舆：wflw   臧：dndt
段：wdmc   寡：pdev   曹：gmaj   燮：oyoc   身：tmdt
典：mawu   舟：tei

模块六　点钞基础

第一章　人民币发展史

　　人民币是指中国人民银行成立后,于1948年12月1日首次发行的货币,新中国成立后为中华人民共和国法定货币,至1999年10月1日启用新版为止共发行了五套,形成了包括纸币与金属币、普通纪念币与贵金属纪念币等多品种、多系列的货币体系。人民币在ISO4217简称CNY(CHINA YUAN),不过更常用的缩写是RMB(REN MIN BI);在数字前一般加上"￥"表示人民币的金额。

　　1948年12月1日中国人民银行成立时,开始发行第一套人民币(如下图);1955年3月1日开始发行第二套人民币;1962年4月15日开始发行第三套人民币;1987年4月27日开始发行第四套人民币;1999年10月1日开始发行第五套人民币。

一、第一套人民币

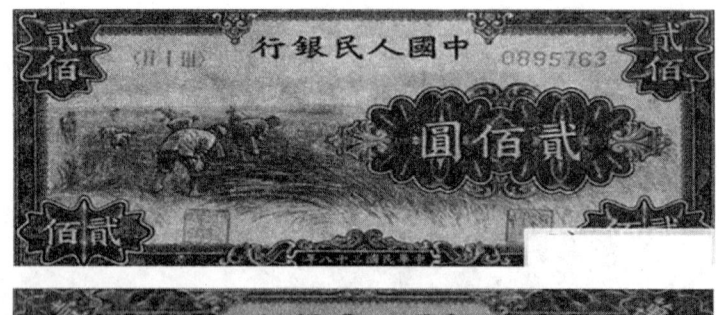

第一套人民币部分票样

第一套人民币是在中国共产党的领导下、中国人民解放战争胜利进军的形势下,由人民政府所属国家银行在1948年12月1日印制发行的唯一法定货币。"人民"两字说明这个钞票的性质,它不是某个官僚资本家的或某个财政金融寡头的,而必须是全国性的、全国人民的。1948年12月1日在中国金融货币史上是一个重要的日子,这一天西北农民银行和晋察冀边的华北银行以及山东解放区的北海银行合并,在石家庄成立了中国人民银行总行,同一天,发行了"中国人民银行货币",简称"人民币"。也就是后来的"第一套人民币"。中国人民银行成立时开始发行人民币到1955年5月10日停止流通(其中10000元和50000元面额在1955年4月1日就已停止流通)。

在图样题材上,选择当时经济建设和新社会人们生活的图案,生动展现出我国解放事业及新中国成立初期人们的政治、生活、文化、社会百态,使人们领略到在党的领导下全国各族人民齐心协力、艰苦奋斗、自力更生建设新中国、新社会的如火如荼的激情岁月。

第一套人民币的发行保证了解放战争胜利进军的需要,促进了经济的恢复与发展,最终成为统一的全国货币,结束了国民党统治下几十年的币制混乱历史。

1. 历史背景

发行第一套人民币的目的是为了统一各革命根据地货币,革命根据地货币是在战争时期各革命根据地被敌人分割封锁的情况下产生的,统一货币经历了一个曲折的过程。抗日战争胜利后,各解放区人民政府就展开了统一本解放区货币的工作。华中解放区发行了统一的华中币,回收原来新四军开辟各抗日根据地时发行的多种地方货币,其他解放区也采取了类似的措施统一货币。但是,在各解放区统一货币工作尚未完成时,国民党反动派发动了全面内战,解放区许多地方被国民党军队占领,各解放区统一货币工作不得不暂时停止。

1947年夏季,中国人民解放军在地方部队和人民群众的配合下,取得了解放战争的重大胜利。各地区贸易联系、物资交流日益发展,而货币币制不统一、货币的比价不固定成了贸易往来的重大障碍,也给解放军机动作战中后勤补给等问题造成巨大困难。

1947年10月24日,中共中央批准了华北财经会议决议,华北、西北和华东三大解放区之间首先进行了货币统一工作,冀南银行、晋察冀边区银行、北海银行和西北农民银行币按固定比价统一流通。

1948年12月1日,中国人民银行宣告成立,当日即由河北省平山县银行发行第一批人民币5元第一版、10元第三版和50元第一版,标志着第一套人民币正式诞生。

1949年初,中国人民银行总行迁至北平(今北京),各省、市、自治区相继成立分行,至1951年底,人民币成为中国唯一合法货币,在除台湾、西藏以外的全国范围流通。

统一发行人民币,清除了国民党政府发行的各种货币,结束了国民党统治下几十年的通货膨胀和中国近百年外币、金银在市场流通、买卖的历史,促进了人民解放战争的全面胜利,在新中国成立初期经济恢复中发挥了重要作用。

2. 发行原因

1948年,随着人民解放战争的顺利进行,分散的各解放区迅速连成一片,为适应形势的发展,急须一种统一的货币替代原来种类庞杂、折算不便的各解放区货币。为此,1948年12月1日,在河北省石家庄市成立了中国人民银行,同日开始发行统一的人民币。当时任华北人民政府主席的董必武同志为该套人民币题写了中国人民银行行名。

1947年夏,解放战争进入我人民解放军胜利反攻阶段,人民解放军野战部队在各解放区人民群众的配合下,取得了一个个重大胜利,各解放区进一步巩固和发展,华北、西北、华东解放区逐步连成一片,各解放区之间贸易联系、物资交流日益发展。但是各地货币不统一,货币比价不固定,成为经济发展和贸易往来的重大障碍,给野战军的机动作战带来很大困难。因此,迫切需要改变各解放区货币版别多、种类繁杂、比价不同、相互折算不便的状况,统一各解放区货币。

1947年10月24日,中共中央华北财经办事处成立,统一领导华北区财经工作,并着手开展统一货币工作。不久,晋察冀边区银行币停止发行,冀南银行币成为华北解放区的统一货币。1948年1月,西北解放区停止发行陕甘宁边区银行币,西北农民银行币成为西北解放区的统一货币。10月,山东解放区北海银行币与华北解放区货币相互流通。11月,华北解放区统一流通北海银行币。从此,北海银行币成为山东和华中各解放区的统一货币。1948年底,全国各解放区除中原、东北等解放区自成独立货币体系外,华北、西北、华东三大解放区货币统一工作基本完成。

为了适应形势发展的需要,进一步统一解放区货币,经华北人民政府、山东人民政府、陕甘宁和晋绥两边区人民政府会商决定,合并华北解放区的华北银行、山东解放区的北海银行和西北解放区的西北农民银行,于1948年12月1日在河北省石家庄市成立中国人民银行。首任总经理南汉宸,副经理胡景云、关学文。同时开始发行统一的人民币,这是中国人民银行成立后发行的第一套人民币。第一批发行的人民币有10元、20元和50元三种券别,首先在华北、山东和西北三大解放区流通使用。随后发行了1元、5元和100元三种券别的人民币。此后,各种券别和版面的人民币逐步推广到全国各个解放区。

第一套人民币是在统一各革命根据地货币的基础上发行的。发行统一的货币经历了一个曲折的过程。革命根据地货币是在战争时期各革命根据地被敌人分割封锁的情况下产生的。抗日战争胜利后,各解放区人民政府就开展了统一货币的工作。如华中解放区发行统一的华中币,收回和统一原来新四军开辟的各抗日根据地发行的多种名称不同和币值不等的地方货币。其他解放区也采取了类似的统一货币的措施。但是,在各解放区统一货币工作尚未完成时,国民党反动派就发动了全面内战,解放区许多地方被国民党军队占领,统一各解放区货币工作不得不暂时停止。

3. 面值及券别

1948年11月初,董必武提出,要在平津解放前,成立中国人民银行,发行解放区同一货币,于是将原定1949年1月1日成立中国人民银行的决定,提前到1948年12月1日。同一天上午9时首次发行"中国人民银行货币",后来简称"人民币"。1949年1月,北平解放,中国人民银行总行迁到北平。全国解放后,各大区和省、自治区、直辖市中国人民银行相继成立。1951年底,除西藏自治区和台湾省外,全国范围内货币已经统一,人民币成为中国唯一的合法货币。到1953年12月,第一套人民币发行券别共12种面额62种版别,其中1元券2种、5元券4种、10元券4种、20元券7种、50元券7种、100元券10种、200元券5种、500元券6种、1000元券6种、5000元券5种、10000元券4种、50000元券2种。其中20元券第二版万寿山(甲)和20元券第七版万寿山(乙)、50元券第二版火车大桥(甲)和50元券第三版火车大桥(乙)、50元券第四版列车(甲)和50元券第五版列车(乙)、100元券第三版万寿山(甲)和100元券第四版万寿山(乙)以及100元券第六版北海桥(甲)和100元券第七版北海桥(乙),这五对人民币的图案相同,颜色不同。另外,1000元券第一版耕地券是第一套人民币中唯一一枚狭长币,其规格为150mm×62mm。

原华北银行总经理南汉宸任中国人民银行总经理。第一套人民币上的行名、年号和面额均出自当时华北区政府主席董必武之手。在设计上,第一套人民币统一了版式,扫除了原有其他货币的半殖民地色彩,票面上取消了英文,不再采用行长的签字,而采用印章,正面所印的年号用"中华民国三十七年",背面使用公元纪年1948。最初设计中,票面上有毛泽东头像,送审时,毛泽东说:"人民币是属于国家的,是政府发行的,我现在是党的主席,不是政府的主席,怎么能把我的头像印上呢?"于是图案就改成了与当时经济建设和新社会的人们生活场景有关的图案,如工业、农业、商业、纺织、交通、运输、工厂和矿山等当时经济建设和新社会人们生活的图案,体现了第一套人民币的真实历史意义、地位及作用,生动展现出中国解放事业及新中国成立初期人们的政治、生活、文化、社会百态,使人们领略到在共产党的领导下,全国各族人民齐心协力、艰苦奋斗、自力更生建设新中国、新社会的如火如荼的激情岁月。其中"水牛图"、"打场图"、"帆船图"、"马饮水图"、"蒙古包"是百姓熟知的版别,如壹圆"工人和农民"、贰拾圆"施肥"、壹佰圆"运输"等。50多年过去,从第一套人民币上的各种画面,还能强烈地感受到新中国成立初期那种欣欣向荣的新气象。也正因为毛主席的一句话,直至第三套人民币上都未曾出现毛主席的头像。

由于当时各解放区的环境和全国解放初期条件的限制,第一套人民币的设计思想还不够统一,内容繁杂,主题思想不突出、不明确,图案既有反映工、农业生产的劳动场面,也有反映交通运输的情景,还有反映北京等地名胜古迹的⋯⋯钞票种类多,面额大小差别大。从1948年12月到1953年12月,共印制发行了12种面额、62种版别的人民币,最小面额只有1元,最大面额则是50000元。到第一套人民币发行后期,1元券几乎退出流通领域;印制工艺多样,产品质量参差不齐。为了用最快的速度进行钞票的印制、发行,以满足解放战争的需要,当时只得采取应急措施,老厂新厂一齐上,新旧设备一齐用,工艺上采用了石印、凸印、凹印、胶印、凸凹合印、凸胶合印、胶凹套印等七种技术,纸张、油墨等主要原料也都是就地取材。因此,钞票的质量差别较大。

4. 特殊版别

1000元券第一版(耕地)是第一套人民币中唯一一枚狭长币,其规格为150mm×62mm。除1000元狭长版外,第一套人民币票幅规格长宽比例都是2∶1左右,只有这版1000元券票幅比例是2∶0.8。

5元第三版(牛)是现有五套人民币中,唯一印有"光华印刷厂印制"手写体字样的币种。

500元第六版(瞻德城)、1000元第六版(牧马)、5000元第四版(牧羊)和10000元第一版(骆驼)这四版人民币的背面印有维文"中国人民银行"字样。

5000元第三版(骆驼)和10000元(牧马)这两版人民币的背面印有蒙文"中国人民银行"字样。

按规定,所有的人民币在正背面都标有"中国人民银行"字样,但只有佳木斯印刷出产的1000元纸币,背面没有"中国人民银行"字样,原因可能是当时处在战时,通信不便引起的,因此这也成为第一套人民币诞生于特殊历史时期,所具有的特殊之处的最好注解,也是区别于后面几套人民币的重要一点。还有一张五元的牛图,是唯一一张上面印有"光华印刷厂印制"字样的纸币,也是由于当时的特殊历史环境造成的。

统一发行人民币是为迎接全国解放采取的一项重大措施,它清除了国民党政府发行的各种货币,结束了国民党政府统治下几十年通货膨胀和中国近百年外币、金银币在市场流通买卖的历史,促进了人民解放战争的全面胜利,在新中国成立初期经济恢复中发挥了重要作用。(如表)

第一套人民币一览表

面值	正面图案	背面图案	主色	发行时间
1元	工人和农民	花符	蓝、粉	1949.1.10
1元	工厂	花球	浅蓝、红蓝	1949.8
5元	牧羊	花符	绿	1949.2.23
5元	帆船	花符	蓝	1949.1.10
5元	牛	花球	蓝	1949.7
5元	经纱	花符	黄、棕	1949.8
10元	木工	花符	黄、粉	1949.2.23
10元	灌田	花符	浅绿、深绿	1948.12.1
10元	火车站	花符	茶	1949.5.25
10元	工人和农民	宝塔	浅绿、深绿	1949.8
20元	施肥	大花球	深绿、咖啡	1948.12.1
20元	推车	花符	绿、蓝、咖啡	1949.2.23
20元	万寿山(甲)	花符	浅蓝、蓝	1949.7
20元	工交	花球	蓝绿、黑黄	1949.8
20元	火车、帆船	花符	紫	1949.8
20元	打场	花符	深蓝、浅蓝	1949.9
20元	万寿山(乙)	花符	紫红	1949.10
50元	水车	花符	浅蓝、红黑	1948.12.1
50元	火车、大桥(甲)	汽车	紫红	1949.2.10
50元	列车(甲)	花符	黄、蓝、黑	1949.3.20
50元	列车(乙)	花符	黄、蓝、黑	1949.4
50元	火车、大桥(乙)	汽车	深蓝	1949.6
50元	工人和农民	花球	浅咖啡	1949.8
50元	压道机	车马	浅蓝、绿灰	1949.10.3
100元	耙地	花符	蓝、黄、红、黑	1949.1.10
面值	正面图案	背面图案	主色	发行时间
100元	火车站	花符	蓝、绿、茄紫	1949.2.5
100元	万寿山(甲)	火车	绿	1949.2.5
100元	万寿山(乙)	火车	绿	1949.3.20
100元	工厂	花符	藕荷红	1949.3.20

续表

100元	北海桥(甲)	花符	蓝、紫、黑	1949.3.25
100元	北海桥(乙)	花符	黄、黑、紫、灰、蓝	1949.7
100元	轮船	大花座	藕荷红	1949.8
100元	运输	花符	深黄、栗茶、黑	1949.11.15
100元	帆船	花符	赭石	1950.1.20
200元	颐和园	花符	黄、蓝	1949.3.20
200元	排云殿	花符	黄、紫、绿	1949.5.8
200元	长城	花符	绿、茄紫	1949.8
200元	钢铁厂	花球	黄、蓝、咖啡	1949.9
200元	割稻	花符	黑蓝	1949.10.20
500元	农村	花符	深茶	1949.9.11
500元	正阳门	花符	灰绿、淡紫、黑	1949.9.11
500元	起重机	花符	浅咖啡	1949.10.3
500元	收割机	花符	豆绿	1949.10.20
500元	种地	花符	绿、紫、黑、酱红	1951.4.1
500元	瞻德城	花符(有维文)	浅蓝、酱紫红	1951.10.1
1000元	耕地	天坛	浅紫、深灰	1949.9.11
1000元	秋收	花符	浅蓝、浅黄	1949.10.3
1000元	三台拖拉机	割麦	蓝黑	1949.11.15
1000元	推车	轮船	浅蓝、紫	1949.12.23
1000元	钱塘江桥	花球	黑绿、蓝黑	1950.1.20
1000元	牧马	花符(有维文)	浅蓝、深绿	1951.10.1
5000元	耕地机	花符	浅蓝、葱绿、黑蓝	1950.1.20
5000元	工厂	花球	深茶	1950.1.20
5000元	骆驼	花符(有蒙文)	浅绿、深绿	1951.5.17
5000元	牧羊	花符(有维文)	浅绿、深茶	1951.10.1
5000元	渭河桥	花符	紫茶	1953.9.25
10000元	轮船	花符	杏黄、浅蓝、墨绿	1950.1.20
10000元	双马耕地	牧牛羊	黄、深棕	1950.1.20
10000元	牧马	花符(有蒙文)	浅紫、红茶	1951.5.17
10000元	骆驼	花符(有维文)	茶红	1951.10.1
50000元	新华门	履带拖拉机	蓝黑、红绿	1953.12
50000元	收割机	生产图	红、紫、绿	1953.12

二、第二套人民币

第二套人民币

第二套人民币(如上图),是在第一套人民币的基础上于1955年3月1日至1962年4月20日陆续发行的人民币种。为改变第一套人民币面额过大等不足,提高印制质量,进一步健全我国货币制度,1955年2月21日,国务院发布命令,决定由中国人民银行自1955年3月1日起发行第二套人民币,收回第一套人民币。(第二套人民币和第一套人民币折合比率为:第二套人民币1元等于第一套人民币1万元)

1. 发行背景

当时已消除战争给国民经济带来的影响,工农业生产迅速恢复和发展,商品经济日益活跃,市场物价稳定,国家财政在收支平衡的基础上,连续几年收大于支,国家商品库存、黄金储备也连年增加,货币制度相应巩固和健全,一个独立、统一的货币制度已建立起来。但是,由于新中国成立前连续多年的通货膨胀遗留的影响没有完全消除,第一套人民币的面额较大(最大为50000元),而且单位价值较低,在流通中计算时,以万元为单位,不利于商品流通和经济发展,给人民生活带来很大不便。另外,由于受当时物质条件和技术条件的限制,第一套人民币的纸张质量较差,券别种类繁多(62种),文字说明单一,票面破损较严重。

2. 面值及券别

1955年3月1日公布发行的第二套人民币共10种,1分、2分、5分、1角、2角、5角、1元、2元、3元和5元,1957年12月1日又发行10元1种。同时,为便于流通,国务院发布命令,自1957年12月1日起发行1分、2分、5分三种硬币,与纸分币等值流通。后来,对1元纸币和5元纸币的图案、花纹又分别进行了调整和更换颜色,于1961年3月25日和1962年4月20日分别发行了黑色1元券和棕色5元券,使第二套人民币的版别分别由开始公布的11种增加到16种。1964年4月14日,中国人民银行发布了《关于收回三种人民币票券的通告》,决定从1964年4月15日开始限期收回苏联代印的1953年版的3元、5元和10元纸币,1964年5月15日停止收兑和流通使用。

3. 设计理念

第二套人民币在设计、印制发行工作中,得到了毛泽东、周恩来、邓小平、陈云、李先念等中央领导同志的极大关怀和高度重视。他们亲自审查了整个设计方案。在设计时,采纳了周总理提出的许多具体、宝贵的修改意见。该套人民币的初步设计方案,于1950年1月上报中共中央,同年5月,中央原则批准。陈云批示:"此事应该准备,但仅仅是准备,不能草率。必须讲究纸质之统一,图案之适当,颜色之配备,秘密符号之拟制……使第二套人民币设计主题思想明确,印制工艺技术先进,主辅币结构合理,图案颜色新颖。此外,票面尺寸、票额大小,均须慎重研究才能决定。"1951年2月,中国人民银行再次上报了人民币的设计、印刷方案。周恩来亲自审核了该方案及每一个票版的画稿,传达了毛主席的指示,并提出了许多重要修改意见:

人民币上不要印毛主席的像,"中国人民银行"行名排列应将从右向左改为从左向右的顺序排列。

1分券的主景设计中,原面的汽车是我国装配的美式汽车图样,建议"还是改一下为好,免得外人误会"。

2角券上毛泽东号机车头上有毛主席像,建议改为五角星。

1元券原设计稿主景为天安门,有红旗、彩灯及毛主席像,批示将红旗、彩灯和墙上挂像去掉。

2元券原设计稿为金黄色,与其他主币色调很不协调,且1元券与2元券之间的色样,"在广大劳动群众的习惯上易于混淆",建议改为蓝色。

3元券的设计风格是以淡绿色作为衬底色调,纸张面积相比同期的面值微微略大,其正图选取了井冈山龙源口石桥作为纸币的背景图案,而且图上清晰地印刷着"中国人民银行"六个大字,证明了三元纸币曾经在中国内流通过。

5元券的主景"民族大团结",原设计稿为群像中有人高举毛主席的画像,周恩来指出:"民族大团结的主景可用,但根据毛主席的意见不要把他的像画上",后换为两幅语录牌,周恩来定为"中华人民共和国万岁"及"中国各民族大团结万岁"。

10元券周恩来指出原设计的工农兵主景中的"农妇","年纪太苍老,要画得健康一些","战士的形象不够英勇,手中拿的还是美式卡宾枪,不恰当"。

中央领导人的极大关怀和明确指示,为很好地完成这套人民币的设计与印刷任务打下了坚实的基础。这套人民币发行后,人民群众热烈称赞新币好看、好认、好算、好使。主要因为:一是这套人民币设计主题思想明确,分票以工业、交通为主题,角票反映农业机械化,搞好生产、建设工业的场面,体现了新中国社会主义建设的新风貌;1元、2元、3元券分别采用北京天安门、延安宝塔山、井冈山龙源口图景,表现了中国共产党革命的战斗历程;5元券和10元券则表现了各族人民大团结和工农联盟的主题思想。

钞票式样打破了原有的固定的四边框形式,采用了左右花纹对称的新规格;票面尺幅按面额大小分档次递增;整个图案、花边、花纹线条鲜明,精密、美观、活泼,具有民族风格。

第二套人民币在印制工艺上除了分币外,其他券别全部采用胶凹套印,其中角币为正面单凹印刷;1元、2元、3元和5元纸币采用正背面双凹印刷;10元纸币还采用了当时先进的接线印刷技术。第二套人民币的凹印版是以中国传统的手工雕刻方法制作的,具有独特的民族风格,其优点是版纹深、墨层厚,有较好的反假防伪功能。由马文蔚先生书写的人民币上的"中国人民银行"和"壹、贰、叁、伍、拾、圆、角、分"等汉字,从第二套人民币一直用到最近发行的第五套人民币,先后沿用了50余年。

实践证明,第二套人民币成为中国第一套完整、精致的货币,对健全中国货币制度,促进社会主义经济建设发挥了重要作用。

第二套人民币背面的少数民族文字共有三种,它们是:蒙古文、维吾尔文、藏文。

第二套人民币纸币一览表

券别	正面	背面	主色	发行时间
1分	汽车	国徽等	茶、米黄	1955.3.1
2分	飞机	国徽等	蓝、浅蓝	1955.3.1
5分	轮船	国徽等	墨绿、浅翠绿	1955.3.1
1角	拖拉机	国徽等	棕、黄、浅草绿	1955.3.1
2角	火车	国徽等	黑、绿、浅紫粉	1955.3.1
5角	水电站	国徽等	紫、浅紫、浅蓝	1955.3.1
1元	天安门	国徽等	红、黄、粉紫红	1955.3.1
1元	天安门	国徽等	蓝黑、橘红	1961.3.25
2元	宝塔山	国徽等	深蓝、土黄、灰蓝	1955.3.1
3元	井冈山	国徽等	深绿	1955.3.1
5元	各民族大团结	国徽等	酱紫、橙黄	1955.3.1
5元	各民族大团结	国徽等	深棕、米黄	1962.4.20
10元	工农像	国徽、多色牡丹等	黑	1957.12.1

第二套人民币硬币一览表

券别	正面	背面	材质	直径	发行时间
1分硬币	国徽、国名	麦穗、面额、年号	铝镁合金	18毫米	1957.12.1
2分硬币	国徽、国名	麦穗、面额、年号	铝镁合金	21毫米	1957.12.1
5分硬币	国徽、国名	麦穗、面额、年号	铝镁合金	24毫米	1957.12.1

三、第三套人民币

第三套人民币

第三套人民币(如上图)是中国人民银行于 1962 年 4 月 20 日开始发行的,与第二套人民币比价相等,并在市场上与之混合流通。这套人民币与第二套人民币相比,取消了 3 元纸币,增加了 1 角、2 角、5 角和 1 元四种金属币。纸币中"中国人民银行"六字是由马文蔚先生所书写。票面上两方印章分别为"行长之章"和"副行长章"。纸币背面印有用汉语拼音、蒙古文、维吾尔文、藏文、壮文书写的"中国人民银行"字样。第三套人民币 1962 年 4 月 20 日发行枣红色 1 角纸币起,到 2000 年 7 月 1 日停止流通,前后历时 38 年。

1. 发行背景

第二套人民币由于回收了大面额钞票,对市场钱币的流通和商品的交易产生很多的不便,同时全国各民族实现了大团结,由于第二套人民币上的少数民族的文字还是不够健全,所以央行决定发行第三套人民币。

第三套人民币从 1955 年就开始组织调查,制定方案。1959 年 1 月 23 日,中国人民银行总行第一次向国务院上报关于更换新版人民币的请示,2 月 14 日,又将新版人民币设计画稿的主题思想上报中央政治局各位领导审阅,周总理作了十分详细认真的批示,提出了很多意见。在中央美术学院和中央工艺美术学院专家罗工柳、王式廓、周令钊、侯一民、陈若菊、邓澎等主持下,组成由印制系统专业技术人员张作栋、石大振、贾鸿勋、刘延年、沈乃镕等参加的设计绘制小组。经过美术专家和印制专业技术人员的密切合作,反复修改,设计出了新方案。1959 年 6 月 6 日,中国人民银行总行再次上报设计修改稿。

这期间,除 10 元券和 5 角券外,其他面额的票券设计方案均被批准并已陆续投入生产。10 元券因正背面图案及水印内容没有确定,其方案经反复修改,直至 1965 年 6 月 18

日才被中央批准,故年号也改成了"1965年";5角券因1959年周总理审批设计稿时提出"角券中是否用一个轻工业"的意见,也一直没有定稿,至1972年7月24日才上报设计稿样,7月26日国务院批准。因此票面年份也改成了"1972年"。第三套人民币上的汉字行名仍沿用马文蔚的书体,但汉字面值改成了印刷宋体字。

根据国务院批准的设计图案,中国人民银行总行组织吴彭越、鞠文俊、林文艺、刘国栋、赵亚云、苏席华、王雪林、高增基、贾绪丰、张永信等著名雕刻师共同会战,充分发挥各自雕刻特长,手工雕刻与机器雕刻相结合,使第三套人民币的艺术性和防伪性更为突出,其代表性作品是吴彭越雕刻的5元券正面的炼钢工人和鞠文俊雕刻的1元券背面的天山放牧图。为高质量高速度地印制第三套人民币,及时满足市场流通需要,印制系统的工程技术人员沈永斌、李根绪、刘正祥、柳溥庆、陈彭年、鲍振增等和有关单位技术人员通力合作,突破了印制设备的技术难关,同时造出了我国自己的水印钞票纸,如空心五角星布币混合满版水印、国旗五角星满版水印和天安门固定水印,均由袁荣广和郑新臣设计雕刻,从此结束了我国货币生产依赖外国的历史。

第三套人民币较第二套人民币又有新的特点:

一是主题思想鲜明。内容相互呼应,极富民族特色,象征文化教育新改革。

二是进一步打破了边框式设计思想。辅币除最初设计的枣红色1角券仍保留了变形的底边框外,全部取消了边框,成为开放式构图。这样,在较小的票面上显得画面开阔、深远。

三是色彩丰富。第二套人民币由于印刷技术所限,基本上是单色的,这样的票面既不够美观,也不利于防伪。第三套人民币的票面除了有一个基本色调外,还采用了多色印刷技术,这就使得画面色调活泼、丰富,又提高了防伪性能。

四是增设了壮文,调整了四种少数民族文字的排序和印制位置。

五是缩小了票幅。

六是画面设计和先进技术相结合。

2. 面值及券别

第三套人民币于1962年4月15日开始陆续发行,这套人民币与第二套人民币相比,取消了3元纸币,纸币背面印有用汉语拼音、蒙古文、维吾尔文、藏文、壮文书写的"中国人民银行"字样。第三套人民币从1962年4月20日发行枣红色1角纸币起,至2000年7月1日停止流通。历时38年两个月零10天。

这套人民币面额有1角、2角、5角、1元、2元、5元、10元7种,分币仍采用第二套的。1980年4月15日,国务院又批准中国人民银行发行1角、2角、5角、1元4种金属人民币,材质1角、2角、5角为铜锌合金,1元币为铜镍合金。这4种金属币当时主要是对国外旅游者销售,以增加外汇收入,国内只是象征性地发行。至此,经过18年的调整、更换,第三套人民币共发行7种面额,13种版别,分别是1角券(币)4种、2角券(币)2种、5角券(币)2种、1元券(币)2种、2元券1种、5元券1种、10元券1种。1960年4月20日发行的人民币共有两种面额,其中1956年版棕色5元券是第二套人民币的最后一个券种,而1961年版枣红色1角券则是第三套人民币开始发行的标志。1964年4月15日,深绿色2元券和墨绿色2角券同时发行。由于1962年版1角券背面颜色和1962年版2角券背面颜色近似,不太容易辨认,1966年和1967年先后两次对1962年版1角券进行改版,重新发行了1962年版1角券,增加满版水印,将其背面颜色由深棕、浅绿改为酱紫、橘黄。1974年1月5日,发行1972年版5角券,这是第三套人民币的最后一个年版号。

1角券正面原为"干部参加劳动"图景,后改为"教育与生产劳动相结合"的图景;背面图案为国徽、菊花。主色调共有枣红色、深棕、浅绿、酱紫、橘黄五种。

2角券正面为武汉长江大桥;背面图案为国徽、牡丹花,主色墨绿色。

5角券正面为纺织厂生产图;背面图案为国徽、棉花和梅花,主色青莲色。

1元券正面为女拖拉机手图,象征农业为基础;背面图案为国徽、放牧图,象征发展畜牧业;主色深红色。

2元券正面为车床工人图,俗称"车工",象征工业为主导;背面为国徽、石油矿井,象征发展能源工业;主色深绿色。

5元券正面为炼钢工人图,俗称"炼钢五元",象征工业"以钢为纲";背面为国徽露天煤矿,象征发展能源工业;主色深棕色。

10元券正面为"人民代表步出大会堂"图,象征人民参政议政;背面图案为天安门城楼;主色黑色,俗称"大团结"。

这套人民币自1960年代发行以来,一直流通至2000年,是迄今流通时间最长的一套人民币,对促进经济发展发挥了重要作用。先后共发行7种面额、8种原版、9种票券。如果按冠号、印制工艺和钞纸的不同,至少可进一步细分为30余种。部分发行较早、发行量稀少的币种,早已成为收藏界的热门。

3. 发行时间

1962年04月20日:发行了1960版1角纸币;

1964年04月15日:发行了1960版2元及1962版2角纸币;

1966年01月10日:发行了1965版10元及1962版1角纸币;

1967年12月15日:发行了换色1962版1角纸币;

1969年10月20日:发行了1960版1元及5元纸币;

1974年01月05日:发行了1972版5角纸币;

1980年04月05日:发行了1角、2角、5角和1元硬币。

未发行币种为中国人民银行曾印制1990年版的1元及2元纸币,由于当时第四版人民币已大量发行,以及第三版人民币即将停用等原因,未发行即被银行收回,仅有极少量流入市场。

4. 设计理念

第三套人民币票面设计图案比较集中地反映了当时中国国民经济以农业为基础,以工业为主导,农轻重工并举的方针。在印制工艺上,第三套人民币继承和发扬了第二套人民币的技术传统、风格。制版过程中,精雕细刻,机器和传统的手工相结合,使图案、花纹线条精细,油墨配色合理,色彩新颖、明快;票面纸幅较小,图案美观大方。为了促进工农业发展和商品流通,方便群众使用,经国务院批准,中国人民银行于1962年4月20日开始发行第三套人民币。规定第三套人民币和第二套人民币比价为1:1,即第三套人民币和第二套人民币票面额等值,并在市场上混合流通。

对这套人民币纸币的设计、印刷,中央和国务院都很重视,周恩来总理还作了具体指示。他指出原设计稿的画面面积太大,不太像票子;色彩太鲜艳,不够协调;人像一般化,个性不突出。有些票子的背面图是应该互相掉换,如原5元券的背面图景是"石油矿井",原2元券的背面图景是"露天煤矿",两者互相掉换,以"露天煤矿"用作5元券的背面图景与其正面炼钢图景配套,以"石油矿井"用作2元券的背面图景与其正面机械工业图景配套,这样更为合理;原设计稿中1角券图景为"干部参加劳动",考虑到1角的票子学生们可能用得多些,要求改为"教育与生产劳动相结合"的图景;连1元券稿样中有一处汉语拼音错误,也被周恩来指明改正。搞样版设计时,邀请了中央美术学院、中央工艺美术学院的著名教授进行座谈,听取意见,因此,这套人民币的质量有了较大提高。

5. 发行意义

第三套人民币自1962年发行至2000年退出使用,是现有人民币中流通时间最长,也是我国首次完全独立设计、印制的第一套流通纸币。第一、二套人民币是苏联帮助印刷的纸币,面对外国制币技术的垄断,周总理带领一批独立的科研人员自行研发。这套人民币经历"文化大革命",经历"上山下乡运动",经历"土地改革",聚集着人们对那个年代特有的情怀和美好回忆,凝聚着新中国成立初期国民淳朴的社会风气,和人们艰苦奋斗、努力开拓、建设美好家园的精神风貌。

6. "五珍"

第三套人民币是现有的人民币中流通时间最长的,也是我国首次完全独立设计、印制的一套纸币。每套人民币中都有其珍品,那么,第三套人民币中的珍品都有哪些呢?

① 1960版枣红壹角。为什么枣红色壹角会成为第三套人民币中的"币王"呢?该角券是新中国唯一一次使用于纸正背面双凹印刷的纸角币,油墨颜料也是工人们自己研制的永不褪色的色粉。"枣红壹角"没有像其他纸币一样实行数次或多次印制发行,且纸张质量好、工艺精湛、发行量少、色调明快,从而使得"枣红壹角"的成本较高。由于当时的历史原因,该券币遭到严苛的回收销毁,存世量骤减,因此枣红色壹角券富有技术含量和历史意义,自然而然地成为了稀有珍品。

② 背绿水印壹角。该票于1966年发行,字体花纹、银行名等票面正面单凹印刷,触摸有较强的凹凸感,与普通的壹角券票面无异,但背面却有部分颜色为墨绿色,故习惯称之为"背绿水印"。背面图案为国徽菊花图案,主色为深棕色、浅绿色,看上去像一只展翅的蝴蝶,故有人称之为"蝴蝶券"。但由于流通中极易与同年代发行的贰角券背面颜色相混淆,发行仅1年人民银行就决定将其收回。因此背绿壹角券成为第三套人民币中发行量最少、发行时间最短、存世量最少的纸币。背绿壹角由于印刷时采用的钞票纸不同,有带水印和无水印两种版式,其中带五星水印的"背绿壹角"存世量十分稀少,也是第三套币中当之无愧的"票胆"。

③ 1960版贰圆古币水印券。票券正面图案是车床工人生产作业,象征工业为主导。票面正面主色是墨绿色和黑色,触摸票正面的花纹有极强的凸凹感,背面图案为国徽、石油矿井作业,背面主色为绿色、粉红色、黑色,古币水印存世量相当少,是三版币"五珍"之一。

④ 1960版古币水印壹圆券。票面正面图案女拖拉机手,正面主色为红色,背面图案

为国徽、棉花、梅花、牧场,背面主色为黑色、红色、蓝色、黄色,分古币水印和空心五角星水印两个版别,这是三版币中较珍稀的品种,票面正面图案为拖拉机手,象征农业为基础,背面的羊群象征发展畜牧业。

⑤1960版五角星水印伍元券。它是我国纸币中的精品,主图描绘的是工人手握钢钎,钢钎所指之处,配以放射状底纹,使人仿佛看到了画外炉火通红,钢水四溅,轰轰烈烈的炼钢场面,达到了创作艺术与雕刻艺术的完美结合,堪称绝无仅有的杰作,还赢得了国际钞界"最佳钞票及世界最佳纸币"设计大奖。

第三套人民币纸币一览表

券别	正面	背面	主色	发行时间
1角	教育与生产劳动相结合	国徽和菊花	枣红、橘红、蓝绿	1962.04.20
1角	教育与生产劳动相结合	国徽和菊花	深棕、浅紫	1966.01.10
1角	教育与生产劳动相结合	国徽和菊花	深棕、浅紫	1967.12.15
2角	武汉长江大桥	国徽和牡丹花	墨绿	1964.04.15
5角	纺织厂	国徽、棉花和梅花	青莲、橘黄	1974.01.05
1元	女拖拉机手	国徽和放牧	深红	1969.10.20
2元	车床工人	国徽和石油矿井	深绿	1964.04.15
5元	炼钢工人	国徽和露天采矿	深棕、咖啡、黑	1969.10.20
10元	人民代表步出大会堂	国徽和天安门	黑	1966.01.10

第三套人民币硬币一览表

券别	正面	背面	材质	直径	发行时间
1元硬币	国徽、国名、年号	长城、面额	铜镍合金	30	1980.04.15
5角硬币	国徽、国名	齿轮、麦穗、面额、年号	铜锌合金	26	1980.04.15
2角硬币	国徽、国名	齿轮、麦穗、面额、年号	铜锌合金	23	1980.04.15
1角硬币	国徽、国名	齿轮、麦穗、面额、年号	铜锌合金	20	1980.04.15

四、第四套人民币

为了适应经济发展的需要,进一步健全中国的货币制度,方便流通使用和交易核算,中国人民银行自1987年4月27日至1997年4月1日止,发行了第四套人民币(如上图)。第四套人民币在设计思想、风格和印制工艺上都有一定的创新和突破。主景图案集中体现了在中国共产党领导下,中国各族人民意气风发,团结一致,建设有中国特色的社会主义的主题思想。

第四套人民币

1. 设计理念

第四套人民币在设计思想、风格和印制工艺上都有一定的创新和突破。主景图案集中体现了在中国共产党领导下，中国各族人民意气风发，团结一致，建设有中国特色的社会主义的主题思想。在设计风格上，这套人民币保持和发扬了中国民族艺术传统特点，主币背面图景取材于中国名胜古迹、名山大川，背面纹饰全部采用富有中国民族特点的图案。在印制工艺上，主景全部采用了大幅人物头像水印，雕刻工艺复杂；钞票纸分别采用了满版水印和固定人像水印，它不仅表现出线条图景，而且表现出明暗层次，工艺技术很高，进一步提高了中国印钞工艺技术水平和钞票防伪能力。

2. 面值及券别

第四套人民币共有 1 角、2 角、5 角、1 元、2 元、5 元、10 元、50 元、100 元 9 种面额，其中 1 角、5 角、1 元有纸币、硬币两种。1 角、2 角、5 角、5 元、10 元只有 1980 年版一种，2 元、50 元、100 元有 1980 版、1990 版两种，1 元有 1980、1990、1996 版三种。与第三套人民币相比，增加了 50、100 元大面额人民币。第四套人民币全套图片为适应反假人民币工作需要，1992 年 8 月 20 日，又发行了改版后的 1990 年版 50、100 元券，增加了安全线与无色荧光油墨印刷等新技术。

3. 发行时间

1987 年 4 月 27 日，发行了 50 元（1980 版）、5 角纸币；

1988 年 5 月 10 日，发行了 100 元（1980 版）、2 元（1980 版）、1 元（1980 版）和 2 角纸币；

1988 年 9 月 22 日，发行了 10 元、5 元、1 角纸币；

1992 年 6 月 1 日，发行了 1 元、5 角、1 角硬币；

1992 年 8 月 20 日，发行了 1990 版 50 元、100 元纸币；

1995年3月1日,发行了1990版1元纸币;
1996年4月10日,发行了1990版2元纸币;
1997年4月1日,发行了1996版1元纸币。
第四套人民币于1999年起停止发行并开始回收。

4. 防伪特点

(1) 在纸张上加强了防伪

纸张是印制钞票的主要材料。人民币钞票纸的主要成分是短棉绒,纸张光洁、坚韧、耐折、挺度好,并有一定的抗化学腐蚀性,可以在较长的时间内使用而不易损坏。第四套人民币除3种角币券没有水印外,主币均采用水印防伪。1元到5元券采用方圆古钱四方连续水印钞票纸,由胡福庆设计制。10元到100元券采用固定人物头像水印钞票纸:10元券为陕北农民头像,50元券为炼钢工人头像,100元券为毛泽东侧面浮雕像。人物头像水印与几何图案水印不同,它不仅要表现线条,而且要表现出明暗层次,因此在工艺技术上也要复杂得多,这也是中国钞票纸生产工艺的一大进步。这些固定水印头像均由侯一民、邓澎设计绘制,参与水印图像雕刻的有郑新臣、胡福庆、骆富文、夏冠英等。

(2) 加强油墨防伪

油墨是钞票印制中的主要构成成分之一,第四套人民币使用了多种防伪油墨,如无色荧光油墨、同色异谱油墨、磁性油墨等。

① 无色荧光油墨:一种本身无颜色,但在紫外光照射下能发出明亮荧光的油墨,如1990年版100元、50元券左右都有用此油墨印的阿拉伯数字和汉语拼音面值,在紫外光下发出黄色荧光清晰可见。

② 同色异谱油墨:在太阳光或灯光下与一般油墨没有区别,但在紫外光下就会发亮或变成另外一种颜色。例如:1元券正面中间部位平凸印的黄绿色的桃花树干;2元券正面中间部位平凸印的土黄偏绿色的翠竹竹干;5元券正面中间部位平凸印的橘红色花纹(即仙鹤的头顶、颈、翅膀);10元券正面中间部位平凸印的橘红色的凤凰;50元券背面右上角衬托面值平凸印的橘红色花团,即"50"面值部位的橘红色;100元券正面四领袖像左边橘红色的花纹等,都采用了同色异谱油墨。

③ 磁性油墨:需要专门的仪器才能检测出来。第四套人民币各票券的号码,以及50元、100元券正面下边颜色较深的花边都采用这种油墨。

(3) 在制版、印刷工艺上加强防伪

第四套人民币(如下表)在制版和印刷工艺上主要采用手工雕刻凹版印刷、凹印接线技术、套印对印技术和平凸版接线技术等,大大提高了人民币的防伪功能。手工雕刻凹版印刷工艺一直是国际上通用的钞票防伪的重要手段,它的主要特点是墨层厚、手感强、难以复制。

人民币的主景图案都是手工雕刻凹版印刷,尤其是1990年版50元、100元券,正、背面主景及装饰花边、花球、面额文字等凹印部分版纹加深,使雕刻凹版印刷图案更具有立体感。由于第四套人民币各票面全部采用人物头像做主景,因此,对凹版雕刻工艺的要求也比前几套人民币要高得多,不同民族,不同年龄、性别,不同身份,不同服饰的人物,都要通过各种不同的刀法加以细致的刻画和区别。这从各个票券的票面上可以看到,一幅幅雕刻凹版印刷的人物头像,线条清晰,刀法流畅,很好地体现了人物的精神风貌,每一幅头像都是一件精美的艺术品。凹印接线技术也是钞票的一种专用印制技术,其特点是色彩较为明显,颜色衔接自然过渡、无漏白、无错位,线条在高倍放大镜下观察成线状。套印、对印技术就是采用一些特殊的工艺,使钞票正背面图案一次印刷成形,使特定部位的图案正背面完全重合。例如:1元、2元、5元券正面左下角的小花束和背面的小花束完全是对应吻合的。平凸印接线技术是人民币采用的比较可靠的防伪技术,它的特点是一条完整的线上印几种不同的颜色时,不产生重叠、缺口现象。上述所有先进印刷工艺和新型印钞材料的采用,大大提高了第四套人民币的防伪性能,它标志着中国的印钞造币技术已达到了世界先进水平。

第四套人民币一览表

券别	正面	背面	主色	发行时间
1角	高山族、满族人物头像	国徽、民族图案	深棕	1988.09.22
2角	布依族、朝鲜族人物头像	国徽、民族图案	蓝绿	1988.05.10
5角	苗族、壮族人物头像	国徽、民族图案	紫红	1987.04.27
1元	侗族、瑶族人物头像	长城	深红	1997.04.01
1元	侗族、瑶族人物头像	长城	深红	1988.05.10
1元	侗族、瑶族人物头像	长城	深红	1995.03.01
2元	维吾尔族、彝族人物头像	南海南天一柱	绿	1988.05.10
2元	维吾尔族、彝族人物头像	南海南天一柱	绿	1996.04.10
5元	藏族、回族人物头像	长江巫峡	棕	1988.09.22
10元	汉族、蒙古族人物头像	珠穆朗玛峰	黑蓝	1988.09.22
50元	工、农、知识分子头像	黄河壶口	黑茶	1987.04.27
50元	工、农、知识分子头像	黄河壶口	黑茶	1992.08.20
100元	毛、周、刘、朱浮雕像	井冈山	蓝黑	1988.05.10
100元	毛、周、刘、朱浮雕像	井冈山	蓝黑	1992.08.20

第四套人民币硬币一览表

券别	正面	背面	材质	直径	发行时间
1元硬币	国徽、国名、汉语拼音、年号	牡丹花、面额	钢芯镀镍	25	1992.06.01
5角硬币	国徽、国名、汉语拼音、年号	梅花、面额	铜锌合金	20	1992.06.01
1角硬币	国徽、国名、汉语拼音、年号	菊花、面额	铝镁合金	22.5	1992.06.01

五、第五套人民币

第五套人民币(如下图)于1999年9月28日以后发行。改革开放以来,随着社会主义市场经济持续、健康、快速发展,社会对现金的需求量也日益增大。经济发展的客观形势对人民币的数量与质量、总量与结构都提出了新要求。第四套人民币的设计、印制囿于当时的条件,本身存在一些不足之处,如防伪措施简单,不利于人民币反假;缺少机读性能,不利于钞票自动化处理;等等。凡此种种,都要求适时发行新版人民币。

第五套人民币

1. 基本简介

1999年10月1日,在中华人民共和国成立50周年之际,根据中华人民共和国国务院第268号令,中国人民银行陆续发行第五套人民币。第五套人民币共8种面额:100元、50元、20元、10元、5元、1元、5角、1角。第五套人民币根据市场流通中低面额主币实际起大量承担找零角色的状况,增加了20元面额,取消了2元面额,使面额结构更加合理。第五套人民币采取"一次公布,分次发行"的方式。1999年10月1日,首先发行了100元纸币;2000年10月16日发行了20元纸币、1元和1角硬币;2001年9月1日,发行了50元、10元纸币;2002年11月18日,发行了5元纸币、5角硬币;2004年7月30日,发行了1元纸币。

为提高第五套人民币的印刷工艺和防伪技术水平,经国务院批准,中国人民银行于2005年8月31日发行了第五套人民币2005年版100元、50元、20元、10元、5元纸币和不锈钢材质1角硬币。第五套人民币1角硬币材质由铝合金改为不锈钢,色泽为钢白色。正面为"中国人民银行"、"1角"和汉语拼音字母"YIJIAO"及年号。

第五套人民币继承了中国印制技术的传统经验,借鉴了国外钞票设计的先进技术。在防伪性能和适应货币处理现代化方面有了较大提高。

2. 主要特点

在原材料工艺方面做了改进,提高了纸张的综合质量和防伪性。固定水印立体感强、形象逼真。磁性微文字、安全线、彩色纤维、无色荧光纤维等在纸张中有机运用，并且采用了电脑辅助设计手工雕刻、电子雕刻和晒版腐蚀相结合的综合制版技术。特别是在二线和三线防伪方面采用了国际通用的防伪措施，为专业人员和研究人员鉴别真伪，提供了条件。与第四套人民币相比，第五套人民币的防伪技能由十几种增加到二十多种，主景人像、水印、面额数字均较以前放大，便于群众识别。

实践证明，传统的一些防伪技术是行之有效的。研制开发第五套人民币时，加强了对传统防伪技术更深层次的研究，在质量和可靠程度上下功夫，重点是提高其技术含量。例如：雕刻人像，重点突出人像的层次；安全线，增加了缩微文字和磁性、全息开窗等；雕刻凹版印刷，突出其凹印手感；等等。

同时，第五套人民币还应用了多项成熟的具有国际先进水平的防伪技术，主要包括：光变油墨印刷、编码荧光油墨印刷、隐形面额数字、横竖双号码、双色横号码、阴阳互补对印图案、胶印缩微文字、红蓝彩色纤维、凹印手感线、防复印标记、白水印等多项防伪技术。此外，还有多项专家防伪技术。与第四套人民币相比，第五套人民币在防伪技术上一项重要的突破就是增加了机读技术，便于现代化机具清分处理。第五套人民币各面额正面均采用毛泽东同志新中国初期的头像，底衬采用了中国著名的花卉图案，背面主景图案分别选用了人民大会堂、布达拉宫、桂林山水、长江三峡、泰山、杭州西湖。通过选用有代表性的寓有民族特色的图案，充分表现了我们伟大祖国悠久的历史和壮丽的山河，弘扬了伟大的民族文化。

第五套人民币(1999年版)的发行是中国货币制度建设的一件大事，也是为新中国成立五十周年献上的一份厚礼。中国人民银行负责人就发行第五套人民币答记者问时指出：发行第五套人民币是必要的。

货币制度需要随着经济发展变化的实际情况进行适时调整。中国第四套人民币的设计、印制始于改革开放之初，由于当时的条件，第四套人民币本身存在一些不足之处，例如：防伪措施简单，不利于人民币的反假；缺少机读性能，不利于钞票自动化处理；等等。这位负责人还指出：发行第五套人民币时机是成熟的，在党中央的正确领导下，中国政治稳定，经济持续、快速、健康发展，社会各项事业不断取得进步，国际地位显著提高，香港已顺利回归祖国，澳门也即将回归祖国，统一祖国的大业正有力地向前迈进。同时，中国的金融事业在改革开放中稳步健康发展。所有这些都为第五套人民币的顺利发行提供了有力的保证。

第五套人民币与前四套人民币相比具有如下一些鲜明的特点：

第一，第五套人民币是由中国人民银行首次完全独立设计与印制的货币，这说明中国货币的设计印制体系已经成熟，完全有能力在银行系统内完成国币的设计、印制任务，且此套新版人民币经过专家论证，其印制技术已达到了国际先进水平；

第二，第五套人民币通过有代表性的图案，进一步体现出我们伟大祖国悠久的历史和壮丽的山河，具有鲜明的民族性；

第三，第五套人民币的主景人物、水印、面额数字均较以前放大，尤其是突出阿拉伯数字表示的面额，这样便于群众识别，会收到较好的社会效果；

第四，第五套人民币应用了先进的科学技术，在防伪性能和适应货币处理现代化方面

有了较大提高,可以说,这是一套科技含量较高的人民币;

第五,第五套人民币在票幅尺寸上进行了调整,票幅宽度未变,长度缩小。

另外,第五套人民币的面额结构在前四套人民币基础上也进行了一些调整,取消了2元券和2角券,增加了20元券。这是因为:随着经济的发展,在商品交易中2元券、2角券的使用频率越来越少,取消这两个券种不但对流通无碍,而且还能节省印制费用。但从收藏的角度看,这两种票券极具升值的潜力。随着物价水平的不断提高,在商品交易中10元面额的主币逐步承担起找零的角色,相对其他面额的货币来讲,10元面额票券的使用量较多,致使客观上需要一种介于50元与10元面额之间的票券担当重任,以满足市场货币流通的需要。因此,为了调整人民币流通结构,完善币制,第五套人民币增加了20元券。

3. 花卉图案

第五套人民币做工细致,图案精美,六种币值中分别择中国一种传统名花图案置于纸币中央,使此版人民币外观典雅,古朴而不失时代感。另外还具有防伪效果。

(1) 1元纸币

兰花,风姿绰约,幽香远溢,为花中四君子之一,四季名花之司春使者,在中国有着悠久的栽培史。

孔子赞美此花为"兰当为王者香"。兰花因其有"高洁、典雅和坚贞不渝"的品格与伟大的爱国主义诗人屈原英雄相惜(如下图)。

1元纸币

(2) 5元纸币

水仙,叶姿秀美,亭亭玉立,雅号"凌波仙子",深受国人喜爱。每到农历春节,家家户户的厅堂中都要摆上一盆水仙花,黄蕊白披如金银的水仙总是会捎给人们新一年的喜气与财运(如下图)。

5元纸币

(3) 10元纸币

月季,姿态婀娜,瑰丽多彩,被誉为"花中皇后"。中国是月季的原产地,后月季传入欧洲,赢得了西方世界的青睐,后披着"玫瑰"的华丽外衣荣归故里,已经是蜚声四海。

作为"世界四大切花"之一,月季为世界经济与社会的发展作出了巨大的贡献,实乃花卉中的"外交官"(如下图)。

10元纸币

(4) 20元纸币

荷花,号称"花中君子",四季名花之司夏使者,其拥有"出淤泥而不染"的高贵品格,早在周朝时期就有栽培的记载。欧洲人误认为荷花起源于印度,而实际上荷花(莲花)由中国传至印度,莲在印度佛教中的应用使其得到了长足的发展,后"莲花佛国"又深深地影响了中国的历史,或许荷莲正是开在中印两国之间的友好之花。荷花因其"清廉正直"的品性广受中国人民的爱戴(如下图)。

20元纸币

(5) 50元纸币

菊花,迎风斗霜,从容狂放,为花中四君子之一,四季名花之司秋使者,此花有霸气,张艺谋执导的《满城尽带黄金甲》算是把菊花的豪气抒放得酣畅淋漓。菊花在中国一直被看作是长寿之花,只是由于西方人的影响,菊花倒成了清明节的主角。不过,菊花还有另一面:是采菊东篱式的恬淡和重阳登高式的相思。有时候,一杯甘冽的菊花茶竟会让我们疲惫的身心得到很好的缓解,这便是菊花的魅力(如下图)。

50 元纸币

(6) 100 元纸币

茶花,茶花是中国传统名花,也是云南省省花。因其植株形姿优美,叶浓绿而光泽,花形艳丽缤纷,而受到全世界园艺界的珍视(如下图)。

100 元纸币

(7) 硬币

第五套人民币硬币(如下图)分兰花 1 角、荷花 5 角、菊花 1 元。

自古以来人们就把兰花视为高洁、典雅、爱国和坚贞不渝的象征。兰花风姿素雅,花容端庄,幽香清远,历来作为高尚人格的象征。在中国传统四君子梅、兰、竹、菊中,和梅的孤绝、菊的风霜、竹的气节不同,兰花象征了一个知识分子的气质,以及一个民族的内敛风华。

第五套人民币硬币

4. 背面图案

(1) 1 元纸币背面:三潭印月

第五套人民币 1 元背面图案并非完全写三潭印月(如下图)实景,摄影师所在角度只能拍到两座石塔。三潭印月,杭州西湖十景之一,位于西湖中部偏南,与湖心亭、阮公墩鼎足而立合称"湖中三岛",犹如中国古代传说中的蓬莱三岛,故又称小瀛洲。北宋时已成为湖上赏月佳处。明人张宁诗云:"片月生沧海,三潭处处明。夜船歌舞处,人在镜中行。"

1元纸币(背)

(2) 5元纸币背面:泰山

泰山(如下图)又称岱山、岱宗、岱岳、东岳、泰岳等,实为全国名山之冠。泰山之称最早见于《诗经》,"泰"意为极大、通畅、安宁。《五经通义》云:"宗,长也,言为群岳之长。"泰山突兀的立于华北大平原边上的齐鲁古国,同衡山、恒山、华山、嵩山合称五岳,因地处东部,故称东岳。

5元纸币(背)

(3) 10元纸币背面:夔门

10元纸币(背)

夔门(如上图):在瞿塘峡入口处,是长江三峡的西大门,夔门又名"瞿塘关",在巍峨壮丽的白帝城下,是出入四川盆地的门户。从白帝城向东,便进入长江三峡中最西面的瞿塘峡,全长约8公里,在三峡中最短,却最为雄伟险峻。杜甫诗云:"白帝高为三峡镇,瞿塘险过百牢关。"

(4) 20元纸币背面:桂林山水

桂林山水(如下图)。桂林山水甲天下,国家的名片上怎么能少了这"天下第一"的风景?桂林是世界著名的风景游览城市,漓江水清澈秀丽,有着举世无双的喀斯特地貌。"山清、水秀、洞奇、石美"是桂林"四绝"。

20元纸币(背)

(5) 50元纸币背面:布达拉宫

布达拉宫(如下图)。为了制作第五套人民币50元券的布达拉宫,上海印钞造币厂的两位高级美工来到拉萨考察。他们寻找很久,最终在一个水厂的厂房顶上找到"最佳角度"。他们先在这里拍照片、画素描图,经过反复修改和雕琢,最终设计出人民币上的图案。布达拉宫始建于公元7世纪,是藏王松赞干布为远嫁西藏的唐朝文成公主而建。在拉萨海拔3700多米的红山上建造了999间房屋的宫宇,宫体主楼13层,高115米。

50元纸币(背)

(6) 100元纸币背面:人民大会堂

人民大会堂(如下图)。人民大会堂为新中国成立10周年首都十大建筑之一,也是北京的地标性建筑。它于1958年10月动工,1959年9月建成,仅用了10个多月的时间就建成了,是中国建筑史上的一大创举。它位于北京市中心,天安门广场西侧,西长安街南侧,是中国全国人民代表大会开会地点;是全国人民代表大会和全国人大常委会的办公场所;是党、国家和各人民团体举行政治活动的重要场所;也是中国国家领导人和人民群众举行政治、外交、文化活动的场所。整体建筑坐西朝东,南北长336米,东西宽206米,高

46.5米,占地面积15万平方米,建筑面积17.18万平方米。

100元纸币(背)

5. 防伪特征

(1) 水印

第五套人民币50元、100元为毛泽东头像固定水印;1元、5元、10元、20元为花卉固定水印。

(2) 红蓝纤维

在第五套人民币1999版5元、10元、20元、50元、100元面额纸币票面上,可看到纸张中水印处随机分布有红色和蓝色纤维。

在2005年版中取消红蓝纤维。

(3) 安全线

第五套人民币1999版50元、100元为磁性微文字安全线;20元为明暗相间的磁性安全线。1999版5元、10元为全息磁性开窗安全线。2005版5元、10元、20元、50元、100元为全息磁性开窗安全线。

在2005年版中安全线变为部分可见、部分不可见。

(4) 手工雕刻

第五套人民币纸币正面主景毛泽东头像,均采用手工雕刻凹版印刷工艺,形象栩栩如生,凹凸感强。

(5) 隐形数字

第五套人民纸币正面右上方有一装饰图案,1999版纸币观察方法为将票面置于与眼睛接近平行的位置,面对光源作平面旋转45度或90度角,可看到面额数字字样。2005版纸币观察方法为将票面置于与眼睛接近平行的位置,面对光源做上下倾斜晃动,可以看到隐形面额数字部分出现纸币面额的阿拉伯数字字样。

(6) 白水印

第五套人民币1999版5元、10元,2005版5元、10元、20元、50元、100元位于正面横号码下方,迎光透视,可以看到透光性很强的面额水印字样。

(7) 光变数字

第五套人民币100元纸币正面左下方用新型油墨印刷了面额数字,当与票面垂直观察其为绿色,而倾斜一定角度则变为蓝色,50元纸币的面额数字由金色变为绿色。

(8) 阴阳图案

第五套人民币 2005 版 10 元、20 元、50 元、100 元纸币和 1999 版 10 元、50 元、100 元正面左下角和背面右下方各有一圆形局部图案,透光观察,正背面图案组成一个完整的古钱币图案。

(9) 凹版印刷

第五套人民币中国人民银行行名、面额数字、盲文面额标记、凹印手感线等均采用雕刻凹版印刷,用手指触摸有明显凹、凸感。

(10) 冠字号码

第五套人民币各券别冠字号码均采用两位冠字,八位号码。第五套人民币 1999 版 100 元、50 元纸币均为横竖双号码,横号均为黑色,竖号分别为蓝色和红色;20 元、10 元、5 元为双色横号码(左半部分为红色,右半部分为黑色)。第五套人民币 2005 版 100 元、50 元纸币调整为双色异形横号码(左侧为暗红色,右侧为黑色),其字符变化特点是由中间向左右两边逐渐变小。

(11) 编码荧光油墨印刷

第五套人民币纸币 1999 版冠字号码部分采用无色荧光油墨印刷,在特定波长的紫外光下可以看到荧光冠字号码。

(12) 胶印缩微文字

第五套人民币纸币安全线多处印有胶印缩微文字"RMB100"、"RMB50"等字样。

(13) 专用纸张

第五套人民币纸币采用特种原材料,由专用抄造设备抄制的印钞专用纸张印制,在紫外光下无荧光反应。

(14) 变色纤维

第五套人民币纸币在特定波长的紫外光下可以看到纸张中随机分布有黄色和蓝色荧光纤维。

(15) 无色荧光图

第五套人民币纸币在正面行名下方胶印底纹处,在特定波长的紫外光下可以看到面额字样,该图案采用无色荧光油墨印刷,可供机读。

(16) 有色图案

第五套人民币 100 元背面主景上方椭圆形图案中的红色纹线,在特定波长的紫外光下显现明亮的橘黄色;20 元券背面的中间,在特定波长的紫外光下显现绿色荧光图案。

(17) 胶印接线印刷

第五套人民币 100 元正面左侧的中国传统图案是用胶印接线技术印刷的,每根线均由两种以上的颜色组成。

(18) 凹印接线印刷

第五套人民币 100 元背面面额数字"100",20 元正面左侧面额数字"20"是采用凹印接线技术印刷的,两种墨色对接自然完整。

(19) 凹印缩微文字

第五套人民币纸币在正面右上方装饰图案中印有凹印缩微文字,在放大镜下,可看到

"RMB100"、"RMB20"等字样。

（20）磁性标记

用特定的检测仪检测，100元、50元的黑色横号码；20元、10元、5元的双色横号码的黑色部分以及各面额人民币的安全线有磁性，可供机读。

（21）防伪

2005版第五套人民币各面额纸币（包括1999版1元纸币）的水印周围，有一些特殊排列的圆圈，其作用是防止纸币被复印或打印。很多彩色复印机、扫描仪、打印机和图像处理软件（如Photoshop）均有识别此特殊图案的功能，发现带此图案的原稿就会拒绝复印或打印。

（22）凹印手感线

2005版第五套人民币各面额纸币（包括1999版1元纸币）的正面右侧，自上而下，有规律地排列着一列线条。用手触摸时，凹凸感明显。

6. 防伪技巧

（1）100元新币

根据中华人民共和国第268号国务院令，中国人民银行于1999年10月1日在全国发行第五套（1999年版）人民币100元券。新版人民币发行后与现行人民币等值流通，具有相同的货币职能。

1）钞票特征

主色调为红色，票幅长155mm、宽77mm。正面主景为毛泽东头像，左侧为椭圆形花卉图案，票面左上方为中华人民共和国"国徽"图案，右下方为盲文面额标记。背面主景为"人民大会堂"图案，左侧为人民大会堂内圆柱图案，票面右上方为"中国人民银行"汉语拼音字母和蒙、藏、维、壮四种民族文字的"中国人民银行"字样和面额。

2）防伪特征

① 固定人像水印：位于正面左侧空白处，迎光透视，可见与主景人像相同、立体感很强的毛泽东头像水印。

② 红、蓝彩色纤维：在票面的空白处，可看到纸张中有红色和蓝色纤维。

③ 磁性微文字安全线：钞票纸中的安全线，迎光观察，可见"RMB100"微小文字，仪器检测有磁性。

④ 手工雕刻头像：正面主景毛泽东头像，采用手工雕刻凹版印刷工艺，形象逼真、传神，凹凸感强，易于识别。

⑤ 隐形面额数字：正面右上方有一椭圆形图案，将钞票置于与眼睛接近平行的位置、面对光源作平面旋转45度或90度角，即可看到面额"100"字样。

⑥ 胶印缩微文字：正面上方椭圆形图案中，多处印有胶印缩微文字，在放大镜下可看到"RMB"和"RMB100"字样。

⑦ 光变油墨面额数字：正面左下方"100"字样，与票面垂直角度观察为绿色，倾斜一定角度则变为蓝色。

⑧ 阴阳互补对印图案：票面正面左下方和背面右下方均有圆形局部图案，迎光观察，正背面图案重合并组合成一个完整的古钱币图案。

⑨ 雕刻凹版印刷:正面主景毛泽东头像、中国人民银行行名、盲文及背面主景人民大会堂等均采用雕刻凹版印刷,用手指触摸有明显凹凸感。

⑩ 横竖双号码:正面采用横竖双号码印刷(均为两位冠字、八位号码)。横号码为黑色,竖号码为蓝色。

(2) 50 元新币

第五套人民币 50 元纸币采用了 10 项公众防伪措施,具体如下:

① 固定人像水印:位于正面左侧空白处,迎光透视,可以看到与主景人像相同、立体感很强的毛泽东头像水印。

② 红、蓝彩色纤维:在票面上,可以看到纸张中有不规则分布的红色和蓝色纤维。

③ 磁性缩微文字安全线:钞票纸中的安全线,迎光透视,可以看到缩微文字"RMB50"字样,仪器检测有磁性。

④ 手工雕刻头像:正面主景毛泽东头像,采用手工雕刻凹版印刷工艺,凹凸感强,易于识别。

⑤ 隐形面额数字:正面右上方有一装饰图案,将钞票置于与眼睛接近平行的位置,面对光源作平面旋转 45 度或 90 度角,即可以看到面额数字"50"字样。

⑥ 胶印缩微文字:正面上方图案中,多处印有胶印缩微文字"50"、"RMB50"字样。

⑦ 光变油墨面额数字:正面左下方面额数字"50"字样,与票面垂直角度观察为金色,倾斜一定角度则变为绿色。

⑧ 阴阳互补对印图案:正面左下角和背面右下角均有一圆形局部图案,迎光透视,可以看到正背面图案合并组成一个完整的古钱币图案。

⑨ 雕刻凹版印刷:正面主景毛泽东头像、"中国人民银行"行名、面额数字、盲文面额标记及背面主景"布达拉宫"图案等均采用雕刻凹版印刷,用手指触摸有明显凹凸感。

⑩ 横竖双号码:正面采用横竖双号码印刷,横号码为黑色,竖号码为红色。

(3) 20 元新币

第五套人民币 20 元的防伪措施有:固定花绘水印、红蓝彩色纤维、安全线、手工雕刻头像、隐形面额数字、胶印微缩文字、雕刻凹版印刷和双色横号码等 8 项防伪措施。

(4) 10 元新币

第五套人民币 10 元纸币采用了 10 项公众防伪措施,具体如下:

① 固定花卉水印:位于正面左侧空白处,迎光透视,可以看到立体感很强的月季花水印。

② 白水印:位于双色横号码下方,迎光透视,可以看到透光性很强的图案"10"水印。

③ 红、蓝彩色纤维:在票面上,可以看到纸张中有不规则分布的红色和蓝色纤维。

④ 全息磁性开窗安全线:正面中间偏左,有一条开窗安全线,开窗部分可以看到由缩微字符"￥10"组成的全息图案,仪器检测有磁性(开窗安全线,指局部埋入纸张中,局部裸露在纸面上的一种安全线)。

⑤ 手工雕刻头像:正面主景毛泽东头像,采用手工雕刻凹版印刷工艺,凹凸感强,易于识别。

⑥ 隐形面额数字:正面右上方有一装饰图案,将钞票置于与眼睛接近平行的位置,面

对光源作平面旋转45度或90度角,可以看到面额数字"10"字样。

⑦ 胶印缩微文字:正面上方胶印图案中,多处印有缩微文字"RMB10"字样。

⑧ 迎光透视,第五套人民币。

⑨ 雕刻凹版印刷:正面主景毛泽东头像、"中国人民银行"行名、面额数字、盲文面额标记和背面主景"长江三峡"图案等均采用雕刻凹版印刷,用手指触摸有明显凹凸感。

⑩ 双色横号码:正面印有双色横号码,左侧部分为红色,右侧部分为黑色。

2005年版为了提高第五套人民币的防伪水平,经国务院批准,中国人民银行定于自2005年8月31日起,在全国范围内发行2005年版第五套人民币100元(如下图)、50元、20元、10元、5元纸币,1角硬币。现公告如下:

一、2005版第五套人民币100元、50元、20元、10元、5元纸币规格,主景图案,主色调,"中国人民银行"行名和汉语拼音行名,面额数字,花卉图案,国徽,盲文面额标记,民族文字等,均与现行流通的1999年版第五套人民币同面额纸币相同。

二、2005版第五套人民币的防伪技术、防伪布局等实现了统一。20元纸币新增加了全息开窗安全线、阴阳互补图案、凹版印刷等技术。

三、2005版第五套人民币100元、50元、20元、10元、5元纸币正面主景图案右侧增加凹印手感线,背面主景图案下方为面额数字和汉语拼音"YUAN",年号为"2005年"。

100元、50元券调整防伪布局。2005年版第五套人民币100元、50元纸币正面左侧中间处,背面右侧中间处为阴阳互补对印图案,左下角为光变油墨面额数字,其上方为双色异形横号码。

2005版第五套人民币100元、50元、20元纸币正面左下角增加白水印面额数字。另外,在20元纸币正面左下角和背面右下角增加阴阳互补对印图案。

四、第五套人民币1角硬币材质由铝合金改为不锈钢,色泽为钢白色。即正面为"中国人民银行"、"1角"和汉语拼音字母"YIJIAO"及年号,背面为兰花图案及中国人民银行的汉语拼音字母"ZHONGGUO RENMINYINHANG",直径为19毫米。

五、在2005版第五套人民币的水印处增加了"防复印图案"。这是一些特殊排列的圆圈,作用是防止纸币被复印或打印。很多彩色复印机、扫描仪、打印机和图像处理软件都有识别此特殊图案的功能,发现带此图案的原稿就会拒绝复印或打印。

2005年版第五套人民币发行后,与现行1999年版第五套人民币等值流通。

7. 两版区别

(1) 基本区别

① 固定人像水印。位于正面左侧空白处,迎光透视,可见与主景人像相同、立体感很强的毛泽东头像水印。

② 红、蓝彩色纤维。在票面的空白处,可看到纸张中有红色和蓝色纤维。

③ 磁性微文字安全线。

④ 手工雕刻头像,正面主景毛泽东头像,采用手工雕刻凹版印刷工艺,形象逼真、传神、易于识别。

⑤ 隐形面额数字。正面右上方有一椭圆形图案,将钞票置于与眼睛接近平行的位置,面对光源作平面旋转45度或90度角,即可看到面额"100"字样。

⑥ 胶印缩微文字。正面上方椭圆形图案中,多处印有胶印缩微文字,在放大镜下可看到"RMB"和"RMB100"字样。

⑦ 光变油墨面额数字。正面左下方"100"字样,与票面垂直角度观察为绿色,倾斜一定角度则变为蓝色。

⑧ 阴阳互补对印图案。票面正面左下方和背面右下方均有圆形局部图案,迎光观察,正背图案重合并组成一个完整的古钱币图案。

⑨ 雕刻凹版印刷。正采用雕刻凹版印刷,用手指触摸有明显凹凸感。

⑩ 横竖双号码。正面采用横竖双号码印刷(均为两位冠字码黑色,竖号码为蓝色),是2005年版第五套人民币的防伪特征与1999年版的区别。

⑪ 调整了防伪特征布局

2005年版第五套人民币100元、50元纸币正面左下角胶印对印图案调整到主景图案左侧中间处,光变油墨面额数字左移至原胶印对印图案处,背面右下角胶印对印图案调整到主景图案右侧中间处。

⑫ 调整防伪特征

隐形面额数字:调整2005年版第五套人民币各券别纸币的隐形面额数字观察角度。2005年版第五套人民币各券别纸币正面右上方有一装饰性图案,将票面置于与眼睛接近平行的位置,面对光源做上下倾斜晃动,分别可以看到面额数字字样。

⑬ 全息磁性开窗安全线

全息磁性开窗安全线:2005年版第五套人民币100元、50元、20元纸币将原磁性缩微文字安全线改为全息磁性开窗安全线。2005年版第五套人民币100元、50元纸币背面中间偏右,有一条开窗安全线,开窗部分分别可以看到由缩微字符"¥100"、"¥50"组成的全息图案。2005年版第五套人民币20元纸币正面中间偏左,有一条开窗安全线,开窗部分可以看到像缩微字符"¥20"组成的全息图案。

⑭ 双色异形横号码

2005年版第五套人民币100元、50元纸币将原横竖双号码改为双色异形横号码。正面左下角印有双色异形横号码,左侧部分为暗红色,右侧部分为黑色,字符由中间向左右两边逐渐变小。

⑮ 雕刻凹版印刷

雕刻凹版印刷：2005年版第五套人民币20元纸币背面主景图案桂林山水、面额数字、汉语拼音行名、民族文字、年号、行长章等均采用雕刻凹版印刷，用手触摸，有明显凹凸感。第四套人民币100元票面中也使用了该技术，图像层次丰富、色泽鲜明、立体感强、用手摸角有凹凸感。

（2）其他区别

在1999版和2005版的人民币的区别中，我们可以看出，工艺增减、改进和更换材质，版面内容更改，即在纸币背面主景图案下方的面额数字后面，增加人民币单位的汉语拼音"YUAN"，年号改为"2005年"。毛主席的纽扣由"二"字针法改为"x"形针法。如果说仅仅由于对1999年版第五套人民币机读和防伪技术的创新和提高，而在那么短的时间内进行人民币更迭，使人产生是否有必要的疑问，毕竟那样会造成极大的成本浪费。

因冠号投放完毕而重新发行2005版人民币的理由也不成立，除了修正后的1元券，面值最低的5元券实物发放冠号种类为107种，最少的是50元券为78种，而投放时间最早的100元券的冠号实物达402种。除非意外情况发生，否则没有理由出现低面值券种冠号投放少于高面值券种的现象。排除以上原因，我们从央行发言人答记者问的分析，那么原因就显而易见了，因为是版式设计出现了变动。

1) 1角区别

第五套人民币1角硬币材质由铝合金改为不锈钢，色泽为钢白色。其正背面图案、规格、外形与现行流通的第五套人民币1角硬币相同，背面为兰花图案及中国人民银行的汉语拼音字母"ZHONGGUO RENMINYINHANG"，直径为19毫米。

2) 5元区别

2005年版第五套人民币5元纸币规格、主景图案、主色调、"中国人民银行"行名和汉语拼音行名、面额数字、花卉图案、国徽、盲文面额标记、民族文字等票面特征，固定花卉水印、白水印、全息磁性开窗安全线、手工雕刻头像、胶印微缩文字、雕刻凹版印刷、双色横号码等防伪特征，均与现行流通的1999年版的第五套人民币5元纸币相同。第五套人民币5元纸币的2005年版与1999年版还有以下区别：

① 调整隐形面额数字观察角度。正面右上方有一装饰性图案，将票面置于与眼睛接近平行的位置，面对光源做上下倾斜晃动，可以看到面额数字"5"字样。

② 增加凹印手感线。正面主景图案右侧，有一组自上而下规则排列的线纹，采用雕刻凹版印刷工艺印制，用手指触摸，有极强的凹凸感。

③ 取消纸币中的红蓝彩色纤维。

④ 背面主景图案下方的面额数字后面，增加了人民币单位元的汉语拼音"YUAN"，年号改为"2005年"。

附：

第五套人民币纸币一览表

券别	正面	背面	主色	发行时间		
	毛泽东头像			第一版	第二版	第三版
100元纸币		人民大会堂（北京）	红色	1999.10.01	2005.08.31	2015.11.12
50元纸币		布达拉宫（拉萨）	绿色	2001.09.01	2005.08.31	
20元纸币		桂林山水（桂林）	棕色	2000.10.16	2005.08.31	
10元纸币		长江三峡（重庆）	蓝黑色	2001.09.01	2005.08.31	
5元纸币		泰山（泰安）	紫色	2002.11.18	2005.08.31	
1元纸币		三潭印月（杭州西湖）	橄榄绿	2004.07.30		

第五套人民币硬币一览表

券别	正面	背面	材质	直径	发行时间
1元硬币	行名、面额、拼音、年号	菊花	钢芯镀镍	25毫米	2000.10.16
5角硬币	行名、面额、拼音、年号	荷花	钢芯镀铜合金	20.5毫米	2002.11.18
1角硬币	行名、面额、拼音、年号	兰花	铝合金	19毫米	2000.10.16
1角硬币	行名、面额、拼音、年号	兰花	不锈钢	19毫米	2005.08.31

8. 纪念币

普通纪念币是具有特定主题、限量发行的人民币。中国人民银行从1984年发行第一套普通纪念币至今，共发行了63套75枚（张）普通纪念币，总发行量约8.5亿枚（张）。这些纪念币选题丰富多彩，设计独具匠心，规格材质多种多样，图案新颖美观，面额有1角、1元、5元、10元、50元、100元不等，将中华人民共和国50多年的辉煌成就及重大历史事件浓缩于纪念币的方寸之间。这些纪念币是人民币系列的重要组成部分，丰富和完善了中国货币制度，弘扬了中国货币文化，并不断探索和创新，为促进商品流通和经济发展、扩大对外交流发挥了积极作用。

普通纪念币和贵金属纪念币同属于纪念币的两种不同类别，都是中华人民共和国法定货币，但两者有着很大的区别：

第一，材质。普通纪念币一般由黄铜合金等普通金属材质铸造，而贵金属纪念币一般是由金、银、铂等贵金属铸造，从材质而言，后者较前者更加贵重。

第二，流通性。普通纪念币与现行流通人民币具有相同职能，与同面额人民币等值流通；而贵金属纪念币的面额只是一个货币符号，不计入市场现金流通量，它不参与货币流通，但具有国家法偿性。

第三，发行量。普通纪念币发行量一般远大于贵金属纪念币。（详见"中华人民共和国流通纪念币"词条）

第二章 点钞的基本要求和方法

点钞技术是指对人民币或其他货币进行的整点技术,它包括对纸币和硬币的整点技术。点钞技术可分为手工点钞和机器点钞两种。在手工点钞中,根据点钞方法的不同,又可分为手按式点钞、手持式点钞、扇面点钞等方法;根据每次所点张数及所用手指多少的不同,又可分为单指单张点钞、单指多张点钞、多指多张点钞等。

第一节 手工点钞的基本要求

点钞是一门技术性很强的技能,它要求清点人员掌握一套过硬的操作本领和技巧,在手工点钞的整点工作中要做到点数准确、残钞挑净、平铺整齐、把捆扎紧、盖章清楚这五项基本要求。

在整点钞票的过程中,一般要通过拆把、持钞、清点、计数、墩齐、扎把和盖章这七个基本环节,因此,点钞人员在操作中须做到以下几项要求。

一、坐姿端正

点钞人员的坐姿直接影响到的点钞技术的发挥与速度的提高。对其坐姿要求是:身正、腰直、挺胸,全身自然放松,双肘平放在桌面上,点钞时,左手持钞,手腕自然接触桌面,右手腕部稍抬起。

二、点钞用具定位,钞票分格摆放

点钞用具要求,点钞人员工作所需用账册、算盘、计算器、图章、印台、沾水缸、小封条及其他点钞用品都要根据自己日常工作习惯,按固定位置摆放好,在点钞时使用方便,得心应手。钞票分格摆放,要求点钞前要把钞票分不同券种及残好程度按固定位置放好,不要随意变换。

三、点数准确

在点钞过程中,准确地清点和计数是关键,在操作过程中要求点钞人员注意力集中:眼到、手到、脑到,即眼睛要看清钞票,左手压钞、持钞,右手清点钞票,大脑计数,只有这样,才能做到清点计数准确,有效防止差错的发生。

四、动作连贯

动作连贯包含两方面的内容：一是清点过程的每个环节必须环环相扣，紧密配合，动作协调；二是清点时动作要连贯，要求清点钞票时左右手协调，清点时的动作要连贯，要求清点钞票时左右手动作协调，清点速度均匀，不拖张。

五、钞票墩齐

点钞人员每点完 100 张钞票后要进行扎把，在扎把前应该先把钞票墩齐，扎把时要求钞票的四边成水平状，不露头或错开，钞票的卷角应拉平。

六、钞票捆紧

钞票捆紧包括小把要扎紧，大捆要捆紧。小把扎紧的标准是以提起一张不散落为止；大捆捆紧的标准是以捆好时用力推不变形，抽不出票为标准。大捆捆紧应以"井"字形或双"十"字形捆扎。

七、盖章清晰

盖章是点钞工作最后的环节，要求点钞人员把钞票整点好后必须盖章，且图章要清晰明了，以明确责任。

第二节 手工点钞

一、单指单张点钞

单指单张点钞法是基本的点钞方法，多指多张法则是在此基础上演变、发展出来的。可分为手按式和手持式单指单张点钞法。

（一）手按式单指单张点钞法

这种点钞方法揭示的票面幅度大，容易看清票面，便于辨别假票和挑剔残缺币。其缺点是单张清点，速度上较慢，劳动强度也较大。它适用于临柜收、付款项，特别是零星收付和残缺票券多的收付业务中经常使用。其操作可分为以下几个步骤。

1. 拆把持钞

左手持钞，把钞票压成瓦形，用右手退下腰条。左手将钞票一端向右手拍打一下，以使钞票松散,便于清点。之后将钞票横放在桌上,正对着点钞员。

2. 捻钞清点

用左手四指、五指按住钞票的左上角,用右手拇指托起右下角的部分钞票,右手食指捻动钞票(食指干燥时可在海绵缸内沾水少许或点钞蜡少许),每捻起一张,在左手拇指即往上推动送至二、三指之间夹住,即完成了一次点钞动作,以后依次连续操作。清点时应注意右手拇指托起的钞票不宜太多或太少,否则将影响点钞速度,一般每托起 20 张即置于前方,然后继续清点。

3. 大脑记数

在捻下钞票的同时,大脑要将清点的数字随时记住。单指单张点钞每次只捻一张钞票,记数也必须一张一张记,最多记到 100 张。由于从"1"到"100"的数中,大部分是两位数,往往因记数速度跟不上捻钞速度而影响点钞,所以必须掌握诀窍。记数通常有两种方法:一种是 1、2、3、4、5、6、7、8、9、1(即 10);1、2、3、4、5、6、7、8、9、2(即 20)依此类推,直至记到 1、2、3、4、5、6、7、8、9、10(即为 100)。另一种是 1、2、3、4、5、6、7、8、9、0(即 10);2、3、4、5、6、7、8、9、0(即 20);以此类推,直至记到 0、2、3、4、5、6、7、8、9、10,即为 100 张。第三种是 1、2、3、4、5、6、7、8、9、1(即 10);2、2、3、4、5、6、7、8、9、2(即 20)依此类推,直至记到 0、2、3、4、5、6、7、8、9、10(即为 100)。这三种记数方法可将两数变成一位数来记,即准确又迅速,能满足点钞捻钞速度与记数迅速一致的要求。

4. 墩齐扎把

钞票点清后墩齐,进行扎把。扎把的方法主要有两种:一种是缠绕式扎把,将墩齐的钞票横立,左手拇指在钞票前,三、四、五指在后面,食指在上侧把钞票中间分成一条缝,右手将腰条在票面插入缝内,抽出左手二指并移至背面,拇指掐住插纸处下压,使钞票呈瓦状,右手将腰条由外向里缠绕两圈,再折成 45 度,用拇指将尾端插入圈内,最后将钞票按平。另一种是拧结式扎把,将墩齐的钞票横立,右手取腰条,三、四、五指在背面,然后,右手用拇指和食指捏住腰条长的一端由里向外缠绕半圈,用四指和三指夹住短的一头拉下,同时将钞票压成瓦形,两头在钞票背后合拢拉紧,左手将钞票向外转动半圈,拧好纸条打成蝴蝶结。这种方法捆扎的钞票美观、牢固,但因中间有结,捆钞时中间高,两头低。同时必须选用拉力强、质软的纸做腰条。

(二)手持式单指单张点钞法

这种点钞方法是点钞中适用范围较广的一种,可用于临柜收款、付款和整点各种新旧大小钞票。它与手持式单指单张点钞法的优点基本一致:持钞所占的票面小,能看到的票面大,比较容易发现假票和残票。其操作方法与手持式单指单张点钞相同,现只介绍它的持钞和捻钞清点方式。

1. 持钞

拆把后,用左手三、四指夹住钞票的左端的中央,拇指、食指在上面,四指、五指自然弯曲。然后左手拇指在钞票正面左侧约占票面的三分之一处用力将钞票向上推,再向外推,使钞票呈约 120 度弧度,捏住钞票左侧边缘,使钞票呈约 70 度的扇面,以便于清点。右手拇指、食指、三指在海绵缸里沾少许点钞蜡作点钞准备。

2. 捻钞清点

点钞正面对胸前，从右上角开始，用右手拇指向下捻动钞票，每次捻下一张。捻动的幅度要小，动作幅度太大会影响清点速度。每捻下一张，四指要将捻动的钞票往里弹，食指在钞票的背面配合拇指捻动，三指略微翘起，不要触及钞票，以免影响四指的动作。清点时拇指的蜡用完了，可向三指稍沾一下，即可点完100张。在清点过程中如发现残缺币不必急于抽出，左手三、四指放松，右手三指和四指夹住残缺券折向外边，待100张钞票全点完后，抽出残缺券，补上完整券。

二、多指多张点钞

多指多张点钞是指用两个或两个以上指头捻钞，每次捻下两张以上钞票的点钞方法。多指多张点钞有很多种具体的操作方法，归纳来说，手按式主要有：双指双张、三指三张、四指四张点钞法；手持式主要有：双指双张、三指三张、四指四张、五指拨动点钞法；此外，还有手扳式点钞；等等。这些点钞方法各有其特点，出纳人员可根据自身情况选用。

（一）手按式多指多张点钞法

1. 双指双张

它与手按式单指单张的操作步骤基本相同，只要捻钞清点与记数的方法不同。其优点是点钞速度比单指单张快，缺点是不便挑剔残缺币。

捻钞清点时，把钞票斜放在桌面上，左手的四、五指压住钞票的左上方约1/4处，右手拇指、食指和三指沾少许点钞蜡，随即用拇指托起右下角的部分钞票。右臂倾向左前方，之后用三指向上捻第一张，食指捻第二张，两张钞票由左手拇指往上推送至食指、三指之间夹住，即完成一次点钞动作，依次循环。

在脑子里采取分组记数形式，每两张一组，记一个数，数到50即100（记数应默记，不应嘴上出声，记数出声一则影响周围的人，二则不雅观）。

2. 三指三张和四指四张点钞

这种点钞方法适合于临柜收、付款和整点各种新旧票币。其优点是速度比单张、双张点钞法快，缺点是能看到的票面小，不便于在点钞过程挑剔残缺票币。其操作过程分为放钞、清点、记数、扎把几个步骤。

（1）放钞。钞票斜放桌面，使其右下角稍伸出桌面，坐的椅子向右斜摆，使身体与桌子成三角形，便于右手肘部枕在桌面上，操作时省力。同时，右手食指、三指、四指、五指在海绵缸内沾少许点钞蜡，以作清点准备。

（2）捻钞清点。以左手四、五指按在钞票的左下角，右手肘部枕在桌面上，拇指托起右下角的部分钞票，五指弯曲。三指三张是以四指先捻起第一张，随后三指、食指以此捻起第二张、第三张；四指四张是以五指捻起第一张，随后四指、三指、食指依次捻起第二、第三、第四张。捻起的三张或四张钞票用左手拇指向上推送到食指和三指间夹住。点数时手指动作幅度应小。

（3）记数。采用分组记数法，其中三指三张点钞每三张一组，记一个数，数到33最后剩一张,即为 100 张;四指四张点钞每四张一组,记一个数,数到 25 即为 100 张。

(二) 手持式多指多张点钞法

双指双张、三指三张和四指四张点钞法,是一种适用范围很广的点钞方法,其特点是速度快、效率高。特别是四指四张点钞,技术熟练者时速可达三万张。多指同时动作,一次多张,且能看见的票面大,便于发现、挑剔残缺票币。其操作步骤如下:

1. 持钞

将钞票理齐,不必拆下腰条,只需将腰条移至钞票的四分之一处即可。左手持钞,钞票横立,左手手心向下,第三指在前,向手心弯曲,食指、四指、五指在后,将钞票夹住,四指按在腰条上。然后,以三指为轴并自然弯曲,使第二关节背面顶住钞票,向外用力,食指与四指、五指同时向手心用力,将钞票弯成"U"形,"U"口朝里,手心转动 90 度朝胸,使钞票的一侧向外,一侧向里,凸面向右,即"U"形。三指和四指夹住钞票,食指移到钞票侧面,拇指轻轻按住钞票的外上角,向里且向下推动,使钞票展开一个坡形扇面食指用指尖在侧面管住钞票,以免滑出。

2. 捻钞清点

左手持钞在下,右手在上。右手拇指轻轻托住右下角少量钞票;食指及三、四、五指自然弯曲呈蛋形。双指双张的,三指捻下一张钞票,食指捻下第二张,即为一组;三指三张的,四指捻下第一张钞票,三指、食指依次捻下第二、第三张钞票,即为一组;四指四张的,五指捻下第一张钞票,四指、三指、食指依次捻下第二、第三、第四张钞票,亦即一次点钞动作完成。

3. 记数

均采取分组记数的方法。双指双张的,两张一组,记完 50 即 100 张;三指三张的,三张一组,记完 33 组再加一张即为 100 张;四指四张的,四张一组,记完 25 组即为 100 张。

4. 墩齐扎把

这种点钞方法在清点过程中,为便于操作,可不必拆下腰条,但清点后旧腰条应拆下废弃,采用前述扎把方法进行捆扎并盖上带有行号的点钞人员名章,以明确责任。

(三) 手持式五指拨动点钞

适用于临柜收、付款及票币的整点工作,它的优点是速度快,记数省力,因而效率高。其操作方法除把、清点、记数外,其余与单指单张点钞相同。

1. 拆把持钞

一左手拇指、五指放在钞票正面,其余三个手指放在背面,将钞票压成瓦形,右手退下腰条。

2. 清点

右手五个手指同时沾少许的点钞蜡,从五指开始,按五、四、三、食指、拇指顺序逐一触及钞票上端,轻轻向外推动,到拇指收尾。每指拨动一张,每组 5 张为一组。

3. 记数

采用分组记数法,每组 5 张为一组,记一个数,记满 20 为 100 张。

(四) 手扳式点钞方法

这种点钞方法的优点是速度快,且钞票整点后不松散变形,点完后稍墩一下即可捆扎,可节省操作时间。缺点是能看见的面值小,不易发现假票及挑剔残缺票币。故它适用于各种主币的清点和进行票币复点,尤其适用于清点整把主币。对新旧残破票币混在一起时,不宜采用这种方法。

其操作方法是:双手持钞,两手拇指在票面,其余各指在票后,分别捏住票面的四分之一,将其竖立,正面朝向点钞员。然后以左手拇指向右手拇指方向右推,右手四个手指向左推,下端伸出桌面约2公分。左手三、四、五指按住钞票的左下角,拇指和食指悬空自然弯曲,清点时右手拇指和食指从钞票右下角扳起票子,然后左手拇指在扳起的钞票中部一次扳多张(采用这种点钞法至少每次可扳5张),每扳一次用食指和三指夹住。应该注意的是:每次扳钞时应用眼睛看准,且每次扳起的钞票张数应一致,以免影响计数的准确性。记数时,亦采用分组计数的方法,如每次扳5张的,5张为一组,记一个数,记满20即为100张;每次扳6张的,6张为一组,记一个数,记满16再加4张即为100张,依此类推。

第三节 机 器 点 钞

机器点钞就是使用点钞机,以代替手工整点。机器点钞可以减轻出纳人员的劳动强度,提高工作效率。使用机器点钞,一般时速可达50000~70000张,最高时速可达80000~100000张,为手工操作的2~3倍。因此说,机器点钞是提高出纳人员工作效率的重要途径,是每一位出纳人员应知应会的操作项目之一。但由于点钞机有时出现"吃钞"、记数误差等方面的差错,因此就目前情况来说,机器点钞还不能完全取代手工点钞,只有两者相互配合、交替使用,才能达到既快又准、不错不乱的点钞效果。

一、准备工作

1. 点钞机摆放

一般是放在点钞员桌面的正前方,离前胸约30公分处,临柜收付款的可放在桌子旁边,点钞员的座位高低适当,以右臂伸到托钞板前不抬起来为宜。

2. 检查机器

点钞机使用前,应检查是否安装好可靠的接地线,以保证集成电路不被静电击穿损坏,并防止操作人员触电。然后接上电源,打开电源开关,使整机运转,观察荧光数码显示"00",如不是,可按置"0"按钮,使其复"00"位。整机运转正常后,开始调试托钞板:扭动螺母,用一张钞票插入捻钞轮和钞板之间,当机器一捻住,马上用手抽出,以捻得动,抽得出为宜,但不能轻轻一抽即出,要略用力。通常调至不松不紧、不夹、不堵塞时即可。

3. 放置好钞票和必备的工具

机器点钞是连续作业,操作紧张,票币和一些必备工具的位置必须定型,才能做到忙而不乱。钞票放在右侧,按大小票面顺序排列,或从小到大,或从大到小,切不可大小票面夹杂排列,以免频繁地调节拍打器。各种用具的放置要适当、顺手。

4. 试机

上述准备工作完成后,用一把钞票开动机器试机,看看机器的捻钞、计数、运送、拍打整钞等各个功能是否正常。试机时,一般是将一把钞票点到三分之一时停机,检查传送带上的钞票排列是否均匀、整齐。若出现排列不均匀现象,说明下一张速度不均,要查出原因,或调节托钞底部螺丝;若出现不整齐、票面歪斜现象,说明托钞板与两边捻钞轮吻合不均,吻合紧的一边下张快,钞票一端向整钞台倾斜,反之,则下张慢,另一端向托钞板倾斜,在传送带上呈一斜面排列。此时,应将托钞板两边的螺丝进行微调,左边下张快应调紧右边螺丝,右边下张快则调紧左边螺丝,直至调好为止。

二、机器点钞的操作步骤

归纳来说,要完成拆把放票、清点记数、扎把盖章三道工序,必须做到如下几点。

1. 拆把放钞

用右手持钞,拇指在钞票中心,三、四、五指在票后,捏住钞票。然后食指将钞票中心向外推,拇指与三、四、五指同时将钞票横捏成半弧形,左手将腰条抽出,准备下钞。

2. 清点记数

将折成梯形的钞票轻轻放在托钞板上,这时,捻钞轮会迅速将钞票捻下,并随着捻钞的进行,托钞板上的钞票会自然下滑,这时不要用力推(如用力推挤,会使钞票阻塞而捻不动)。在下钞的同时,眼睛要注意观察传送带的左上角,看钞票中是否夹有残缺券或其他票券,用眼睛的余光观察荧光数码管的显示情况。在清点过程中要根据票面的大小,将整钞盒调整到适当位置,以便把钞票拍打整齐。

3. 机器点钞记数

机器点钞记数是靠钞票经过光电管和电珠之间时,通过光的遮蔽次数来反映的。当托钞板和传送带上的钞票下张完毕,要查看数码管上反映的数字是否为100张,如果反映的是其他数字,应将显示数字复"00"位,重新点一次。例如:数码管反映的数字为"99",表明此次清点的数为99张,应将原把钞票复点,并保留好原腰条。经过复点仍是此数,若无其他异常因素时,说明这把钞票只有99张,应连同原腰条一起,另作处理。

为了加快点超速度,提高工作效率,一把点完,计数为100张,则以左手取出钞票,右手随即将第二把钞票放入。

4. 扎把盖章

左手取出清点完毕的钞票时,右手放入第二把,同时将点过的钞票墩齐,进行扎把。扎把方法与前述手工点钞情况相同,但眼睛仍要关注传送带上的钞票及数码管显示情况。扎把完毕,左手把钞票放在点钞机左侧,抹掉桌上第一把钞票的旧腰条,如此反复,连续作业。全部钞票清点结束后,点钞人员要逐把盖好名章,整理入库。

为了便于学习者掌握机器点钞的要点,可熟记以下口诀:

认真操作争分秒,左右连贯用技巧。
右手投下欲点票,左手拿出捻毕钞。
两眼查看票面跑,余光扫过记数表。
顺序操作莫慌乱,环节动作要减少。
原钞腰条必须换,快速扎把应做到。
维修保养经常搞,正常运转工效高。

五、机器点钞常见差错及其防范

1. "留张"的防范

点钞员从整钞盒内取钞时,有时会发生漏拿,造成此把少一两张,下一把多一两张的差错。防止方法:取尽整钞盒内的钞票,或采取不同票面交叉清点方式。

2. "吃钞"的防范

如果传送带装备不当,间距较大,有时会使较旧的钞票卷进传送轴上或带进机肚里面,或由于出钞歪斜等原因,引起输钞紊乱、挤轧,有可能被下对轮带进机肚里面。防止方法:调整好面板、调节螺丝等部件,使下钞流畅、整齐。输钞紊乱、挤轧时应再清点一遍。每次工作结束,要检查机器底部和前后传送轴是否有钞票夹住。

3. 计数误差的防范

除了电路毛病和钞票本身问题外,光导管、小电珠积灰,电源、电压大幅度升降都会造成多计数或少计数,从而造成点钞误差。防止方法:要经常打扫光导管、小电珠。对荧光管突然计数不准,应立即停止使用,检查机器线路部分和测试电压。此外,在清点角票、旧票时,容易出现"飞张"而多计数;开档破票、残留纸条、杂物等夹杂在钞票内,会造成多计数。防止方法:可将钞票调头重点一遍。

第四节　钞票的捆扎

一、手工捆钞

捆扎时,两手各取5把钞票,合在一起并墩齐,票面向下,面上垫纸,将票面的1/4伸出桌面,左手按住钞票,右手用拇指和中指持捆钞绳,把捆钞绳放在伸出桌面一头的票面处,然后左手食指按住绳子,右手拿绳由右往下上绕一圈与绳子的另一端合并,将钞票自左向右转二下,打起一个"麻花结",再将钞票向外倾斜,将绳子从钞票底面绕一圈,绕到左端票面的1/4处再打一个"麻花结",然后将钞票再翻转并拧一个"麻花结",最后右手食指按住"麻花结",左手食指捏住绳子一头,从横线穿过,结上活扣,然后在垫纸上贴上封签,在封签上(活扣处)注明行名、券别、金额、封捆日期,并加盖点钞员、捆钞员的印章。

准备已扎把的钞票(实训用练功券即可)10把,垫纸若干,捆钞绳若干,自己的印章一枚，用手工捆钞的方法把 10 把钞票捆扎好，并按捆钞要求完成各项操作训练。

二、机器捆钞

机器捆扎钞票的操作程序可分为以下几个步骤。
1. 调整机器螺丝
根据要捆的钞票券种调整捆钞机的螺丝，使之适合要捆券种的松紧度，然后固定好螺丝。
2. 挂捆钞绳
将捆钞绳挂在捆钞机的挂绳处，注意捆钞绳的两头留的长度要相等。
3. 放钞
两手各取 5 把钞票，合在一起墩齐，将钞票放在捆钞机的放钞台上，下面放好垫纸，钞票的正面朝上，垫纸要切去一角。
4. 压钞
用右手扳下压力扶手，使钞票压到已调整好的紧度。
5. 系绳
两手分别捏住捆钞绳的两头，从上端绳套穿过，然后双手各自拉紧，从两侧把绳子绕到钞票的正面，使绳子的两端并拢交叉一周，然后左手按住交叉点，右手拉住绳子的一头从钞票上面竖线穿过，结上活扣，在垫纸上贴上封签，在封签上（活扣处）注明行名、券别、金额、封捆日期，并加盖点钞员、捆钞员的印章。

三、捆扎钞票的有关规定

（1）捆钞时要坚持按正确的操作程序进行操作，必须按每只手各取五把成一捆的规定，以防止多把或少把，发生差错。

（2）整捆钞券在扎捆时要垫衬纸，用于粘贴封签，衬纸垫在钞券封签上一起捆扎，封签贴在捆扎绳外，要注意衬纸与封签都必须切去一角，以看清票面。

（3）捆扎绳不能有结，最后的活扣结一定要打在衬纸表面，并用封签纸粘住。

（4）不论是手工捆扎还是机器捆扎，都要以"捆紧"为原则，要通过拉紧扎钞绳，进行交叉固定，使钞券不易松开。

（5）捆扎钞券完毕，要在封签上注明行名、券别、金额、封捆日期，并加盖点钞员、捆钞员的印章，做到手续清楚、责任分明，以便于查找差错。

主要参考书目

1. 中国人民银行金融消费权益保护局编:《金融知识普及读本》,2014年版。
2. 戴小平主编:《商业银行学》,复旦大学出版社,2010年版。
3. 邓超主编:《金融理论与实务》,湖南人民出版社,2007年版。
4. 河南省职业技术教育教学研究室编:《财政与金融基础知识》,2008年版。
5. 中华人们共和国财政部制定:《小企业会计准则2011》,经济科学出版社,2011年版。
6. 财政部会计司编:《小企业会计准则释义》,中国财政经济出版社,2011年版。
7. 《中华人民共和国会计法》,法律出版社,1999年版。
8. 《会计基础工作规范》研究组编著:《会计基础工作规范解读》,中国宇航出版社,2015年版。
9. 贺志东编著:《企业会计准则操作实务》,电子工业出版,2015年版。
10. 企业会计准则编审委员会编著:《企业会计准则案例讲解》,立信会计出版社,2015年版。
11. 全国会计从业资格考试辅导教材编写组:《会计基础》,经济科学出版社,2014年版。
12. 全国会计从业资格考试辅导教材编写组:《财经法规与会计职业道德》,经济科学出版社,2014年版。
13. 刘太安主编:《珠算与点钞》,中国财政经济出版社,2012年版。